21世纪高等职业教育精品教材·房地产类

张雪玉 主编

裴艳慧 李娜 副主编

物业管理概论

WUYE GUANLI GAILUN

（第五版）

东北财经大学出版社
Dongbei University of Finance & Economics Press
大连

图书在版编目（CIP）数据

物业管理概论/张雪玉主编．—5版．—大连：东北财经大学出版社，
2023.8（2024.7重印）

（21世纪高等职业教育精品教材·房地产类）

ISBN 978-7-5654-4874-4

Ⅰ.物… Ⅱ.张… Ⅲ.物业管理-高等职业教育-教材 Ⅳ.F293.33

中国国家版本馆CIP数据核字（2023）第154433号

东北财经大学出版社出版

（大连市黑石礁尖山街217号 邮政编码 116025）

网 址：http://www.dufep.cn

读者信箱：dufep@dufe.edu.cn

大连图腾彩色印刷有限公司印刷 东北财经大学出版社发行

幅面尺寸：185mm×260mm 字数：367千字 印张：16.25

2023年8月第5版 2024年7月第2次印刷

责任编辑：李丽娟 刘 佳 责任校对：何 群

封面设计：张智波 版式设计：原 皓

定价：39.00元

物业管理行业作为现代社会的"朝阳产业",在我国经历了从无到有、不断发展壮大的过程。作为经济的重要增长点和提高居民生活品质的重要载体,该行业目前仍处于成长期。物业服务企业也在不断改造传统服务内容,积极探索增值服务领域,以满足业主多维度、高品质的服务需求。随着市场竞争的加剧,物业服务企业要适应市场的需求,首要任务是培养和吸纳优秀的专业人才。为了满足物业管理专业人才的培养需求,为学习者特别是专业学生提供一本符合高等职业院校学生特点的教材,我们对原有教材进行了修订,更新并增加了部分内容,希望能为业界奉献微薄之力!

本教材的特色主要体现在:

1. 构建了学习目标、案例分析、实战演练、知识链接、基础知识练习、实践操作训练"六位一体"的学习体系,可以激发学生的学习兴趣,丰富学习内容,使学生通过不同的训练方式实现知识和能力的融会贯通。

2. 引入二维码技术,将辅助教材内容理解的有关知识点、行业的前沿动态等拓展内容,以二维码的形式嵌入书中。学生可通过手机扫描二维码获取更多的学习资源,以此作为教材内容学习的补充方式,实现学习资源从静态书本到动态动画、视频等网络在线资源的动态转变,以增强学生学习的主动性、知识的前沿性和视野的开阔性。

3. 实践操作的目的性、可操作性、成果的可评价性有效提升,使学生通过每一部分内容的实践操作,检验理论知识学习的效果以及实践应用能力的熟练程度,也能够进一步促进对理论知识的理解和掌握,通过实训成果的展示,学生能够实现自我评价和形成竞争意识,提升综合能力。

4. 设定课程素养目标。本书结合每章内容为教师提炼出应该引导和教育学生提高的素养目标,并与教材中相关内容相呼应,方便教师在教学中融入课程思政内容。

本教材可以作为高等职业教育物业管理专业和房地产等相关专业的教学用书,也可以作为物业管理行业从业人员的学习和培训用书。

本教材由张雪玉担任主编,裴艳慧、李娜担任副主编。具体编写分工为:内蒙古建筑职业技术学院张雪玉负责编写第一章、第二章;内蒙古建筑职业技术学院李娜负责编写第三章、第四章;内蒙古建筑职业技术学院裴艳慧负责编写第五章、第六章;内蒙古建筑职业技术学院吴晨欣负责编写第七章;内蒙古建筑职业技术学院刘燕负责编写第八章。张雪玉负责全书的统稿工作。

在本教材的编写过程中,曾得到国内同行业专家、学者的指导和大型物业服务企业的支持,呼和浩特市物业管理协会段露芳会长对教材中实操内容和案例的选定提出了宝贵意见。同时,我们参考了国内外一些相关的著作及文献资料、新闻稿件、行业专业网站的内容,东北财经大学出版社编辑人员对本教材的出版也付出了心血。在此，对上述企业、行业组织和人员表示诚挚的谢意！

　　由于编者水平有限，书中若存在不妥之处，恳请各位专家和读者批评指正，以便日后完善！

张雪玉

2023 年 5 月

第一章 物业管理概述

◆ 学习目标

[知识目标]

理解现代物业管理的基本内涵；了解物业管理的发展过程；掌握物业管理的含义和内容。

[能力目标]

能够将物业管理的含义和内容、物业管理的起源与发展、物业管理的性质与作用等基本理论内容在物业管理实际工作中灵活运用。

[素养目标]

让学生到物业企业实地考察了解情况，获得真实而准确的信息，使学生在实践中学会观察和分析问题，对物业服务企业形成深刻、理性、全面的看法，培养学生独立思考、甄别事实的意识和能力。

▶▶▶▶▶▶ 引例

物业管理行业的起源

很多人会问，物业服务究竟是什么？是门口站个保安维持秩序？是保洁打扫卫生？还是搀扶步履蹒跚的老奶奶？都是，似乎又都不是。那到底什么是物业管理？物业管理行业起源于什么？

物业含有多种业态，如办公楼宇、商业大厦、住宅小区、别墅、工业园区、酒店、厂房仓库等多种物业形式。物业管理条例中所称物业管理，是指业主通过选聘物业服务企业，由业主和物业服务企业按照物业服务合同约定，对房屋及配套的设施设备和相关场地进行维修、养护、管理，维护相关区域内的环境卫生和秩序的活动。

物业管理在我国首先发端于沿海发达城市，逐步向内陆地区延伸。在国外，物业管理已经有100多年的历史。由于我国物业管理行业起步较晚，市场化程度较低，物业管理行业在发展的过程中出现过不少问题。在物业管理行业初创的很长一段时间里，物业管理企业服务水平良莠不齐，管理价质不符、违规、侵权的现象时有发生，投诉率居高不下。

我国物业管理行业虽然已经过30多年的发展，但还存在一些问题，政策法规建设还需要进一步完善，主要包括行业效率低、风险高、物业定位失衡以及行业主体成熟度低等问题。这些传统物业行业所暴露出来的问题需要新的商业模式、政府法规配套完善以及品牌企业的出现来逐步解决。

随着行业标准化集约度的提升，物业管理规范以及服务价格标准的共识将会逐步达成。而社区物业逐步完善的外部驱动因素主要有两个："互联网+"的驱动和房地产进入存量时代的驱动。互联网势力加速向社区物业领域渗透；当房地产由增量市场转变为存量市场，社区物业服务是盘活存量、增加客户黏性、实现企业和品牌增值的关键。在"互联网+"及房地产进入存量时代的双重驱动下，社区物业的价值就突显出来了。

资料来源：佚名. 2019—2025年中国产业园区物业管理行业提升企业核心竞争力战略研究报告［EB/OL］.［2019-05-17］. http://www.doc88.com/p-3943850990444.html.

第一节　物业与物业管理

一、物业概述

（一）物业的含义

"物业"一词来源于我国香港特别行政区对房地产的称谓。在英语国家，并没有"物业"这一概念，"物业"一词的原义为 real estate、real property 或 estate。property 的含义为"财产""资产""房地产"等。尽管我国出台的相关行政法规和物业管理方面的著作中对物业的表述不尽一致，但基本内容相差无几。1996年，国家建设部①房地产业司主持编写的物业管理培训教材把物业定义为"已建成并投入使用的各类建筑物及其相关的设施、设备和场地"。国家行业标准《房地产业基本术语标准》（JGJ/T 30-2015）中给物业下的定义为"已经竣工和正在使用中的各类建筑物、构筑物及附属设施、配套设备、相关场地等组成的房地产实体以及依托于该实体上的权益"。

微课1
什么是物业？

从本质上讲，物业这一概念与房地产没有太大的差别，人们把这两个概念分开来使用，主要出于以下两方面的原因：一是"房地产"通常指一个国家、地区或城市所有的房产与地产，是一个宏观层面上的概念，如"房地产业""房地产市场"等，而"物业"则是指某项具体的房产、地产或房地产，是一个微观层面上的概念；二是我国自20世纪80年代以来，房地产业的快速发展以及随之出现的物业管理，也是从与我国香港、澳门毗邻的南方城市最先发展起来并迅速传播到内地的，于是，"物业"这一词汇也就渐渐地被人们所接受并被赋予了特定的含义。

基于上述分析，"物业"的概念可以定义为：已建成的具有特定使用功能并投入使用的各类房屋、建筑物以及与之相配套的设备、设施和附属场地。由此定义不难看出，物业包含三个基本组成部分：

1.已建成并投入使用的各类建筑物。这些建筑物可以是一个建筑群，如住宅小区、别墅区、工业园区等，也可以是一个单体建筑，如一幢高层或多层住宅楼、商住楼、写字楼、酒店、停车场等，还可以是一个单元房地产，如一个住宅单元等。

2.与建筑物相配套的设施、设备。设施是指与上述建筑物相配套的管线设施以及室外公建设施，如给排水设施、煤气设施、供变电设施、通信网络设施、消防设施、安保

---

① 2008年3月15日，根据第十一届全国人民代表大会第一次会议通过的国务院机构改革方案，"建设部"改为"住房和城乡建设部"。

设施，以及配套建设的学校、幼儿园、医院、公共厕所等。设备是指与上述建筑物相配套的机械、电气设备，如电梯、锅炉、冷水机组、风机、备用发电机等。

3.相关场地。它包括建筑物周围的绿地、庭院、道路、停车场等。

物业的上述三个组成部分是相互联系、相互制约的，它们之间的配套性和互补性如何，决定了物业的整体水平，也直接影响到物业功能的正常发挥。其中，建筑物是物业最基本的要素，设施、设备和相关场地是附属性的，如果没有了建筑物，设施、设备也就失去了存在的价值。当然，设施、设备和相关场地也非常重要，没有了它们，建筑物无疑就成了一座废墟。

（二）物业的分类

1.按物业的使用功能划分，物业可划分为居住物业、商业物业、工业物业和其他类型物业等。居住物业包括住宅小区、单体住宅楼、公寓、别墅、度假村等。根据设施、设备条件的不同，又可以将居住物业划分为普通商品住宅、高档商品住宅等。商业物业包括综合楼、写字楼、购物中心、酒店和康乐场所等。工业物业包括工业厂房、仓库等。其他类型物业包括车站、机场、医院、学校、图书馆、影剧院、文化馆等。

2.按物业的权属关系划分，物业可划分为公共产权物业和私人产权物业等。公共产权物业是产权归国家所有的，向社会提供公共产品和公共服务的物业，如机场、车站、学校、图书馆等。私人产权物业的产权归个人或家庭所有，如属于个人的房产、私营企业的厂房等。

改革开放以来，伴随着住房制度的改革和住房的私有化，就某一具体物业来说，可能同时存在着多个产权主体，我们把这种物业称作异产毗连房屋。所谓异产毗连房屋，是指结构相连或具有共有、共用设备和附属建筑，而为不同产权人所共有的房屋。就异产毗连房屋来说，不同的产权人在行使对房屋的占有、使用、收益和处置等各项权利时，在用水、排水、通行、光照、通风以及环境与安全方面需要相互配合、互谅互让。物业服务企业在对异产毗连房屋的管理过程中，应结合其特点，制定相应的制度和规范，协调好各产权人之间的关系，营造一种团结、向上、健康的人居环境。

二、物业管理的含义

所谓物业管理，简单地说，就是人们对一个特定的物业进行的管理活动。任何物业都是为人们的生产、生活服务的，因此，从这一角度去考察，物业管理的含义要丰富得多。关于物业管理的含义，理论界有广义和狭义之分。

微课2

什么是物业管理？

（一）广义的物业管理

广义的物业管理，是指一切为了物业的正常使用而对物业本身以及物业的所有者、使用者进行的管理和服务活动。它包括房地产开发环节的早期介入、物业的承接查验、物业前期管理、房屋及其设备设施的维修保养、消防、秩序维护、环境卫生、绿化养护、道路养护、停车场管理和物业范围内的商业服务、家政服务、房屋的装修装饰、房屋租赁等内容。总之，任何投入人力、物力、财力使物业能够正常发挥其使用功能而产生的活动都可以纳入广义的物业管理的范畴。显然，广义的物业管理包括物业开发、建设和使用各个环节。

（二）狭义的物业管理

狭义的物业管理，一般只限于对某个已建成投入使用的具体物业在委托管理范围内所进行的管理服务，其主要任务是房屋的维修养护、共用设备和设施的管理、治安保卫、清洁卫生、绿化养护等服务。

建设部在1996年的物业管理培训教材中对"物业管理"所下的定义为："物业管理是由专门的机构和人员，依照合同和契约，对已竣工验收投入使用的各类房屋建筑和附属配套设施及场地以经营的方式进行管理，同时对房屋区域周围的环境、清洁卫生、安全保卫、公共绿化、道路养护统一实施专业化管理，并向住用人提供多方面的综合性服务。"该教材指出，物业管理的对象是物业，服务对象是人，是集管理、经营、服务于一体的有偿劳动，走社会化、专业化、企业化经营之路，其最终目的是实现社会、经济、环境效益的同步增长。

国务院2018年修订的《物业管理条例》中对"物业管理"所下的定义为："物业管理，是指业主通过选聘物业服务企业，由业主和物业服务企业按照物业服务合同约定，对房屋及配套的设施设备和相关场地进行维修、养护、管理，维护物业管理区域内的环境卫生和相关秩序的活动。"该定义包含以下三层含义：

1. 物业服务企业由业主选聘。物业服务企业是按社会化、市场化、专业化要求组建起来的专门从事物业服务活动的法人组织。物业服务企业要从事物业管理活动，必须要经过业主的选择并被业主聘用后才能承担相应的管理和服务活动。也就是说，双方是一种聘用关系。

2. 物业管理存在的基础是物业服务合同。物业服务合同是明确业主与物业服务企业双方权利和义务的协议。物业服务合同既包括与建设单位选聘的物业服务企业签订的前期物业服务合同，也包括与业主大会选聘的物业服务企业签订的物业服务合同。物业服务合同签订后，业主按合同的约定享有相应的权利和义务，接受物业服务企业提供的相应服务，缴纳物业服务费用。物业服务企业按合同约定，开展物业管理活动，提供物业服务，收取物业服务费用。因此，物业服务合同是物业管理关系存在的基础。

3. 物业管理的基本内容是对物业的维修、养护、管理和为业主及物业使用人提供的公共服务。物业管理的内容可以在业主与物业服务企业双方签订的物业服务合同中约定，但对房屋及配套的设施设备和相关场地进行维修、养护、管理，维护相关区域内的环境卫生和秩序，则是物业管理的基本内容。物业服务合同中所确定的物业管理和服务的内容应以此为基础。

三、物业管理的性质

从本质上讲，物业管理是一种与房地产开发相配套的综合性服务，它集高度统一的管理、全方位多层次的服务、市场化经营于一体，寓经营管理于服务之中，是一种服务性产品。

西方经济学中有"公共产品"这一概念。凡是"公共产品"必须具备两个基本条件：非排他性和非竞争性。非排他性是指限制任何一个消费者对公共产品的消费是困难的，甚至是不可能的。非竞争性是指在任一给定的公共产品产出水平下，向一个额外的消费者提供该产品不会引起产品成本的任何增加，即消费者人数的增加所引起的产品边际成本等于零。物业管理作为一种服务产品，如果用上述标准去衡量，在一个特定的物业区域内，只具有非排他性而不完全具有非竞争性，因而属于一种准公共产品。按照社会产业划分的标准，物业管理属于第三产业的范畴。从具体内容上讲，物业管理具有以下四个基本特性：

（一）社会化

物业管理的社会化是指它摆脱了传统体制下那种自建自管的封闭式管理模式的束缚，解决了由物业产权多元化所带来的物业的管理、维护和保养问题，替多个产权人找到了一个"总管家"，变多个产权人、多个管理部门的多头、多家管理为物业服务企业的社会化管理。在委托授权的范围内实施集中统一的管理，克服了传统体制下管理部门各自为政、相互扯皮、相互推诿等弊端，有利于发挥物业的整体功能，为广大业主和非业主使用人创造一个安全、健康、文明、和谐的工作和生活环境。

从法律意义上来说，业主或非业主使用人享有宪法和法律所赋予的各项财产权利，在是由自己管理还是委托物业服务企业管理方面享有自治权。虽然我国现行法律法规禁止作为业主代表的业主委员会从事经营活动，但从发展的观点看，随着社会专业化服务水平的提高，对于那些规模较小的物业，由业主进行自我管理也必然是物业管理的方式之一。对于规模较大的物业，由以物业管理服务为经营对象的物业服务企业来实施统一的管理，无疑具有明显的专业化分工优势。物业的所有权、使用权与物业的经营管理权的相互分离是物业管理社会化的必要前提条件。

（二）专业化

物业管理的专业化是指物业管理这种服务活动应由专门的物业服务企业根据物业服务合同的约定，对物业实施专业化的管理与服务。物业管理的专业化是同社会化相联系的，它的具体内容包括：

1.组织机构的专业化。它是指物业服务企业通过设立科学、合理的组织机构，能够满足专业化管理与服务的需要。

2.管理人员的专业化。它是指物业服务企业的管理与服务人员，应具有良好的专业基本知识与技能，能够胜任专业化的管理与服务工作。

3.管理手段的专业化。它是指物业服务企业配备有专门的工具和设备，能够采用先进的管理手段对所委托的物业实施专业化的管理与服务。

4.管理技术和方法的专业化。它是指物业服务企业通过建立科学、规范的管理制度和工作程序，具有科学的管理理念以及先进的物业维修养护技术和手段。

（三）企业化

物业管理的企业化是指物业管理服务属于一种企业行为，物业服务企业要按照社会主义市场经济体制的要求，通过建立现代企业制度，实行自主经营、自负盈亏、自我发展、自我约束的体制，成为独立的市场竞争主体。

（四）经营型

物业管理的经营型是同企业化相联系的，它是指物业服务企业要面向物业管理市场，积极参与物业管理市场竞争，实行有偿服务、合理收费、以收抵支，实现资本的保值增值，做到以业养业，良性发展。

四、物业管理的模式

物业管理的模式是指物业管理的运行机制和组织模式。随着我国社会经济的发展和物业管理行业法律、法规的完善，物业管理的基本模式也在不断地发生变化。目前，物业管理的基本模式大体上有以下几种：

（一）独立的物业服务公司管理模式

根据国务院颁布的《物业管理条例》的规定，从事物业管理活动的企业应当具有独立的法人资格。最近几年，随着物业管理行业的快速发展，社会上出现了一大批专门为从事物业管理活动而注册的具有法人资格的物业服务企业。这类企业不隶属于任何组织，有多种产权组织形式，通过投标或协议的方式从社会上承揽物业管理项目，具有社会化、专业化、企业化、经营型的特征，代表着物业管理经营模式的发展方向。

（二）隶属于房地产开发企业的物业服务公司管理模式

这种管理模式是我国目前物业管理行业的一种主流形态。它的基本做法是：房地产开发企业为了对自己开发建设的物业项目实施管理，注册成立一个隶属于自己的物业服务企业。这类物业服务公司虽然在法律上是独立的，但在实际的经营活动中处处受到房地产开发企业的制约，经营上缺乏必要的自主权。由于与房地产开发企业是"父子"关系，不能严格划分房地产开发建设与物业管理之间的界限，一部分企业机制僵化，人员素质不高，竞争意识不强，服务水平较低。

（三）政府房屋管理部门管理模式

由政府房屋管理部门管理国有住房，是中华人民共和国成立后相当长时期内的一种房屋管理模式。随着房屋管理体制的深化和住房管理体制的改革，隶属于政府房屋管理部门的房管所已大多转变为企业化的物业服务公司，但相当一部分房屋管理机构转变得还不够彻底，有的虽然已改名为物业服务公司，却仍然实行事业单位企业化管理体制，所管理的物业项目也大多为政府部门开发建设的物业。在物业管理活动中，即使收一点物业管理费，也远远达不到商品房的收费标准，仍然带有一定的福利性质。

（四）企事业单位自行管理模式

这种管理模式主要出现在较大的企事业单位，特别是企事业单位自行开发建设，用于分配给本单位职工或以优惠价格出售给本单位职工，以及通过职工集资建设的住宅区。应当说，这种管理模式在我国存量房产的管理中还占有较大的比重。但已有相当一部分企事业单位正在探索新型的管理模式，如有的企事业单位把过去隶属于后勤部门的房屋管理机构独立出来，成立企业化的物业服务公司，为了支持物业服务公司的发展，把过去给职工发放的房屋水电补贴由暗补变为明补；有的企事业单位通过公开招标或议标的方式，为隶属于本单位的物业项目选聘专业化的物业服务企业来实施管理。

五、物业管理行业的经营模式

（一）物业管理服务的不同阶段

物业管理服务通常可分为前期物业管理服务与业主大会成立后的物业管理服务两个

阶段。由于在物业项目完成销售并向业主进行交付前，尚无法确定物业的业主且无法由业主选聘物业服务企业，根据《物业管理条例》，在业主、业主大会选聘物业服务企业之前，由建设单位（通常为房地产开发企业）通过招投标或其他方式选聘物业服务企业，并由选聘的物业服务企业提供前期物业管理服务。物业项目完成销售并交付后，物业项目的业主可以通过成立业主大会、业主委员会并由业主大会做出决议，或经专有部分占建筑物总面积过半数且占总人数过半数的业主表决的方式，对物业服务企业进行重新选聘，在该种情况下，由业主或业主大会选聘的物业服务企业向业主提供的物业服务为业主大会成立后的物业管理服务。

（二）物业管理项目的获取模式

根据《物业管理条例》和《前期物业管理招标投标管理暂行办法》的规定，前期物业管理招标投标应当遵循公开、公平、公正和诚实信用的原则；住宅及同一物业管理区域内非住宅的建设单位，应当通过招投标的方式选聘物业服务企业；投标人少于3个或者住宅规模较小的，经物业所在地的区、县人民政府房地产行政主管部门批准，可以采用协议方式选聘物业服务企业；对于其他类型的物业，国家提倡通过招投标的方式选聘物业服务企业。随着近年来我国物业管理行业的持续发展与规范化，目前前期物业管理项目大多采用公开招投标的方式确定物业管理服务的提供方，物业服务企业则需在各地建设行政主管部门、房地产行政主管部门的监督和管理下经过投标、评标、中标的流程，方可获取前期物业管理项目。

根据《业主大会和业主委员会指导规则》的规定，对于已成立业主大会、业主委员会的物业管理项目，由业主大会决定选聘或解聘物业服务企业，并由业主委员会与选聘的物业服务企业签订合同。相关规定对于业主大会选聘物业服务企业的方式未进行限定，通常可通过业主、业主大会、业主委员会与原物业服务企业或新物业服务企业进行协商谈判、公开招投标或其他方式进行。

（三）物业管理服务的收费模式

根据《物业服务收费管理办法》的规定，业主与物业服务企业可以采取包干制或者酬金制等形式约定物业服务费用。其中，包干制是指由业主向物业服务企业支付固定物业服务费用，盈余或者亏损均由物业服务企业享有或者承担的物业服务计费方式。在该种模式下，物业服务企业根据管理项目的情况制定服务方案、成本预算及预期利润，并相应确定报价、参与招投标或协议流程。取得物业管理项目后，物业服务企业通过向物业提供有效的管理服务，在保证服务质量的前提下降低物业运营、养护维修成本，取得预期的利润水平及因成本降低而取得的超额收益。酬金制是指在预收的物业服务资金中按约定比例或者约定数额提取酬金支付给物业服务企业，其余全部用于物业服务合同约定的支出，结余或者不足均由业主享有或者承担的物业服务计费方式。现阶段，物业管理行业的收费模式以包干制为主。《2018—2024年中国物业管理行业市场需求现状分析与投资战略评估研究报告》显示，纳入数据收集范围的30 322个项目中实行包干制收费的项目数量为26 054个，占比达到85.92%。

第二节 物业管理的产生与发展

一、物业管理的起源

　　物业管理是社会经济发展到一定阶段的必然产物。物业管理起源于19世纪60年代的英国。当时英国的工业正处于从工场手工业向机器大工业过渡的时期，对劳动力的需求很大。由于城市人口难以满足工业发展的需要，于是大量农村人口涌入城市，而城市建设却跟不上人口急剧增长的需要，城市住房的空前紧张成为突出的社会问题。于是，一些房地产开发商开始相继修建一些简易的住宅，以低廉的租金租给贫民和工人家庭居住。由于人口高度密集，住宅设施极为简陋，环境条件较差，承租人拖欠租金现象严重，同时人为破坏房屋设施的情况也时有发生，严重影响了业主的经济利益。这时，在英国的第二大城市伯明翰，一位名叫奥克塔维亚·希尔（Octavia Hill）的女房主，为了改变这种状况，为其出租的物业制定了一套规范，要求承租者严格遵守，以约束租户的行为。同时，希尔女士也及时对损坏的房屋设备、设施进行修缮，维持了起码的居住环境。希尔女士的做法，收到了良好的效果，不仅有效地改善了居住环境，而且还使业主与承租人的关系由原来的对立变得友善起来。这可以说是最早的"物业管理"。随后，英国政府也在宏观管理上采取了一些相应的管理措施，促进了物业管理这种模式的推行。随后，这种管理模式又被欧洲各国所借鉴，物业管理逐渐被业主和政府有关部门重视，开始普遍推广于世界各国。

二、现代物业管理的兴起

　　物业管理虽然起源于英国，但真正意义上的现代物业管理却是在美国形成并发展起来的。19世纪末20世纪初，美国经济进入垄断资本主义阶段，垄断资本在积累巨额财富的同时，也推动了工业的快速发展，人口的积聚则加速了美国城市化的进程。美国政府出于环境保护和长远的考虑，对城市土地的使用进行了严格的控制。同时，技术进步推进了建筑新结构、新材料、新工艺、新方法的出现和运用。于是，高层建筑在美国大城市中得到迅速发展，一幢幢摩天大楼拔地而起，鳞次栉比，蔚为壮观。然而，高层建筑由于高度大、层数多、功能复杂、设备设施种类较多，导致技术要求高、人口稠密，使消防和秩序维护任务变得更为繁重。大厦的日常管理、服务、维修、养护等专业技术要求大大超出传统的物业管理要求。更重要的是，摩天大楼的业主通常不是一个或几个，而是数十个甚至数百个，他们面临着不知由谁来管理的难题。结果，一种适应这种客观需要的专业性物业管理机构便应运而生。这类机构应业主的要求，对楼宇提供统一的管理和系列服务，可以说是现代物业管理的雏形。

　　现代物业管理兴起的另一个标志是物业管理行业组织的诞生。随着物业管理的发展、物业管理机构的增加，为增进相互了解和沟通，交流物业管理的经验，协调物业管理机构的运作，出现了物业管理的行业组织。这应该归功于芝加哥摩天大楼的所有者和管理者乔治·霍尔特。乔治·霍尔特在管理工作中发现，同行之间的相互学习和交流，能够解决不少管理工作中的疑难问题。在他的策划下，1908年，来自美国各地的75名代表在芝加哥成立了"芝加哥建筑物管理人员组织"（Chicago Building Managers Organization，CBMO），宣告了世界上第一个专业物业管理行业协会的诞生。

"芝加哥建筑物管理人员组织"诞生后的 3 年中，其先后在底特律、华盛顿、克利夫兰等美国大城市举行了年会，这不仅促进了其自身的发展，扩大了其社会影响，而且推动了一个全国性业主组织"建筑物业主组织"（Building Owners Organization，BOO）的成立。CBMO 和 BOO 的成立，对美国物业管理的发展起到了积极的推动作用。在此基础上，美国又组建了"建筑物业主与管理人员协会"，它是一个地方性和区域性组织的全国联盟，代表着物业管理过程中业主和管理者的共同利益。后来，类似的组织也在加拿大、英国、南非、日本、澳大利亚等国纷纷成立，于是这个组织也就更名为"国际建筑物业主与管理人员协会"。

地方性和世界性物业管理行会的诞生，促进了物业管理的交流与合作，培养和造就了一大批物业管理的专业人才，进一步推动了物业管理行业的发展。

三、我国物业管理的产生与发展

我国对物业管理的探索和尝试始于 20 世纪 80 年代初期。当时，被列为沿海开放城市的广州和深圳经济特区，为废除旧住宅管理体制的弊端，在借鉴国外和我国香港地区先进管理经验的基础上，结合我国内地的实际，大胆探索，在对一些涉外商品房屋的管理中，开始尝试专业化的物业管理模式。

1981 年 3 月 10 日，深圳市第一家涉外商品房管理的专业公司——深圳市物业服务公司正式成立。该公司是一家以管理涉外商品房为主，独立核算、自负盈亏的国有企业。其在学习和引进我国香港地区物业管理方法和经验的基础上，开始对深圳经济特区的涉外商品房实施统一、专业化的物业管理。到 1988 年底，深圳市由企业实施管理、市住宅局实施业务指导和监督的住宅区管理体制已基本形成。1993 年 6 月，深圳市成立了我国第一个物业管理行业协会——深圳市物业管理协会，这标志着物业管理作为一个新兴行业的社会地位开始确立。

建设部在总结沿海开放城市物业管理试点经验的基础上，于 1989 年 9 月在大庆市召开了第一次全国住宅小区管理工作会议，正式把住宅小区的管理工作提上议事日程，并于 1990 年 9 月发出了《关于在全国开展住宅小区管理试点工作的通知》，在全国范围内开展住宅小区管理试点工作。

1994 年 3 月，建设部颁布了 33 号令，即《城市新建住宅小区管理办法》，明确指出："住宅小区应当逐步推行社会化、专业化的管理模式，由物业服务公司统一实施专业化管理。"从而正式确立了我国物业管理的新体制，为房屋管理体制的改革指明了方向并提供了法律依据。自建设部颁布 33 号令以来，全国新建住宅小区，特别是沿海和经济发达地区大中城市的新建住宅小区普遍实行了专业化、企业化、社会化的物业管理模式，不少城市的老住宅区也在尝试走物业管理之路。

1995 年 3 月，建设部发出了《关于印发〈全国优秀管理住宅小区标准〉及有关考评验收工作的通知》，提出在全国范围内推行"优秀管理住宅小区"达标活动，从整体上提高了物业管理的服务水平和服务质量。

1996年2月，国家计划委员会、建设部联合颁布了《城市住宅小区物业管理服务收费暂行办法》，对物业管理企业物业管理服务的收费行为进行规范，以维护物业产权人、使用人和物业服务企业的合法权益。

1996年9月，建设部发出了《关于实行物业管理企业经理、部门经理、管理员岗位培训持证上岗制度的通知》，开始实行管理人员的持证上岗制度。岗位培训持证上岗制度的实施，促进了物业管理培训工作的开展，为物业管理企业培养了大批管理人才和专业人才。

1998年3月，财政部颁布了《物业管理企业财务管理规定》。该规定对物业维修基金的管理和使用、物业管理企业成本和费用的核算与管理、营业收入及利润的范围和管理等做了具体规定。《物业管理企业财务管理规定》的出台，对规范物业管理企业的财务行为，促进企业之间公平竞争，加强财务管理和经济核算具有重要意义。

2000年5月，建设部在对1995年颁发的《全国优秀管理住宅小区标准》及1997年颁发的《全国城市物业管理优秀大厦标准及评分细则》进行修订的基础上，出台了新的《全国物业管理示范住宅小区标准及评分细则》《全国物业管理示范大厦标准及评分细则》《全国物业管理示范工业区标准及评分细则》，从2000年开始执行。修订后的标准在考核条款的设置和评分细则上都有了较高的要求，适应了物业管理行业的快速发展和物业管理服务水平不断提高的要求，进一步推动了物业管理体制的建立和物业管理行业整体服务水平和服务质量的提高。

在一部分省市相继成立物业管理行业协会的基础上，2000年10月15日，中国物业管理协会在北京成立，这是以物业管理企业为主体的行业性、全国性的自律组织。中国物业管理协会的成立，对推进我国物业管理行业的发展具有重要的作用。

2003年6月8日，国务院正式颁布《物业管理条例》，并自2003年9月1日起施行。该条例共七章七十条，对业主及业主大会、前期物业管理、物业管理服务、物业的使用与维护、法律责任等方面做出了明确的规定。该条例的公布实施，对规范物业管理活动、维护业主和物业管理企业的合法权益、改善人民群众的生活和工作环境、促进物业管理的健康发展具有十分重要的意义。

2003年6月26日，建设部颁布了《业主大会规程》。该规程对业主大会的筹备、业主大会的成立、业主大会的职责、业主大会的会议形式、业主大会决议的产生、业主委员会的产生、业主委员会委员的条件、业主委员会的职责、业主委员会委员的资格终止等方面做了具体的规定。《业主大会规程》的出台，对促进业主大会的成立和业主委员会的建立，规范业主大会的活动，维护业主的合法权益具有重要意义。

2003年6月26日，建设部颁布了《前期物业管理招标投标管理暂行办法》。该办法对前期物业管理招标原则，招标方式，招标、投标、开标、评标、中标的过程和要求都做了具体规定。《前期物业管理招标投标管理暂行办法》的出台，对规范物业管理招标投标活动，保护招投标当事人的合法权益，促进物业管理市场的公平竞争，具有重要意义。

2003年12月，国家发展和改革委员会、建设部联合下发了《物业服务收费管理办法》。该办法对物业服务收费原则、收费形式、物业服务成本构成、物业服务费用的结算等作了明确的规定。《物业服务收费管理办法》的出台，对规范物业服务收费行为，维护业主和物业管理企业的合法权益，具有重要意义。

2004年初，中国物业管理协会公布了《普通住宅小区物业管理服务等级标准（试行）》。该标准根据普通住宅物业服务需求的不同情况，将物业管理服务由高到低设定为三级，服务等级的判定分别由基本要求、房屋管理、共用设施设备维修养护、协助维护公共秩序、保洁服务、绿化养护管理等六项内容组成。级别越高，表示物业服务水平越高，相应的物业服务收费也就越高。这就为物业管理企业与业主之间进行物业服务内容、质量和相应的服务收费的协商提供了依据。

2004年4月，建设部颁布了重新修订的《物业管理企业资质管理办法》，2007年又更名为《物业服务企业资质管理办法》①。该办法规定物业服务企业资质等级分为一、二、三级，并规定了各资质等级的条件。新设立的物业服务企业，其资质等级按照最低等级核定，并设1年的暂定期。《物业服务企业资质管理办法》的正式出台，对加强物业管理活动的监督管理，规范物业管理市场秩序，提高物业管理服务水平，具有重要意义。

2004年7月，国家发展和改革委员会、建设部又联合颁发了《物业服务收费明码标价规定》。该规定中明确物业服务企业实行明码标价，应当遵循公开、公平和诚实信用的原则，遵守国家价格法律、法规、规章和政策。《物业服务收费明码标价规定》的出台，进一步规范了物业服务收费行为，提高了物业服务收费的透明度，有利于物业管理行业的健康发展。

2007年，我国又颁布了《中华人民共和国物权法》②（以下简称《物权法》），明确了物权是指权利人依法对特定的物享有直接支配和排他的权利，包括所有权、用益物权和担保物权。这部法律对我国物业管理实践活动中调整房地产开发企业、物业服务企业和业主之间的关系，以及业主与业主的关系都起到了至关重要的作用。

2007年，为了与《物权法》接轨，国务院又对2003年开始实施的《物业管理条例》进行了修改，其中比较突出的是将传统的"物业管理企业"修改为"物业服务企业"，将"业主公约"修改为"管理规约"，同时对业主大会决定涉及全体业主的重大事项作出了新的规定。

2016年，中华人民共和国国务院令第666号《国务院关于修改部分行政法规的决定》第三十五条规定：删去《物业管理条例》第三十三条、第六十一条。《物业管理条例》原第三十三条内容：从事物业管理的人员应当按照国家有关规定，取得职业资格证书。《物业管理条例》原第六十一条内容：违反本条例的规定，物业服务企业聘用未取得物业管理职业资格证书的人员从事物业管理活动的，由县级以上地方人民政府房地产行政主管部门责令停止违法行为，处5万元以上20万元以下的罚款；给业主造成损失的，依法承担赔偿责任。

2017年1月21日，国务院发布《国务院关于第三批取消中央指定地方实施行政许可事项的决定》（国发〔2017〕7号），文件附第12项提到"取消物业服务企业二级及以

---

① 已于2018年3月8日废止。
② 《物权法》已于2021年1月1日随《中华人民共和国民法典》（以下简称《民法典》）的实施而废止，其中的所有权部分、用益物权部分、担保物权的一般规定已纳入《民法典》物权编。

下资质认定"，同时提出"取消资质后，住房和城乡建设部要研究制定物业服务标准规范，通过建立黑名单制度、信息公开，推动行业自律等方式，加强事中事后监管"。2017年9月6日的国务院常务会议上取消物业服务企业一级资质核定。物业服务将突出属地管理主体责任，主管部门从行业管理向市场监管转变。具体而言，监管思路将从"管主体"向"管行为"转变，监管重点将从"管企业"向"管项目"转变，原来监管物业行业是房地产主管部门一家的工作，今后将形成由城市管理、民政、公安、价格等有关部门共同完成对物业服务企业的管理服务的监管工作。总的来说，对物业行业将带来四大影响：第一是服务的提供将更加趋向完善。依约而行、诚信履约将成为物业公司的发展方向，成为业主的福音。第二是服务价格将更加合情合理。优质优价、质价相符、公开透明将会成为物业行业下个发展阶段的主旋律。第三是更加凸显业主自治的地位。随着前期服务的终结，业主自治将走向前台；物业公司竞争加剧，将给业主更多选择权；法律法规的不断完善及业主法治意识的不断提升，业主自治将更加合法合情，业主委员会暗箱操作时代将一去不复返，真正地按大多数业主意愿自治、阳光治理终将实现。第四是好的物业公司将走向前台。用心做物业，视业主为亲人，给业主带来更好的服务体验的物业公司将赢得市场的青睐。

2018年3月19日，中华人民共和国国务院令第698号《国务院关于修改和废止部分行政法规的决定》对《物业管理条例》进行了修正，规定县级以上人民政府住房和城乡建设或者房地产行政主管部门（以下简称物业管理行政主管部门）负责本行政区域内物业管理活动的监督管理工作；物业管理用房由建设单位无偿配置，其费用列入开发建设成本，产权属全体业主共有，任何单位和个人不得买卖、抵押，未经业主大会同意，不得改变用途。业主委员会办公用房从物业管理用房中安排，其面积不低于20平方米。

《国务院关于修改和废止部分行政法规的决定》删去了《物业管理条例》原第二十四条中的"具有相应资质的"，第三十二条第二款修改为："国务院建设行政主管部门应当会同有关部门建立守信联合激励和失信联合惩戒机制，加强行业诚信管理"；删去第五十九条；第六十条改为第五十九条，删去其中的"情节严重的，由颁发资质证书的部门吊销资质证书"；第六十一条改为第六十条，删去其中的"物业服务企业挪用专项维修资金，情节严重的，并由颁发资质证书的部门吊销资质证书"。

住宅物业的建设单位，应当通过招投标的方式选聘物业服务企业；投标人少于3个或者住宅规模较小的，经物业所在地的区、县人民政府房地产行政主管部门批准，可以采用协议方式选聘物业服务企业。

2020年11月24日，住房和城乡建设部等部门下发了《住房和城乡建设部等部门关于推动物业服务企业发展居家社区养老服务的意见》，提出充分发挥物业服务企业常驻社区、贴近居民、响应快速等优势，推动和支持物业服务企业积极探索"物业服务+养老服务"模式，切实增加居家社区养老服务有效供给，着力破解高龄、空巢、独居、失能老年人生活照料和长期照护难题，促进家庭幸福、邻里和睦、社区和谐，推动物业服务企业发展居家社区养老服务。

2020年12月4日，住房和城乡建设部等部门印发了《住房和城乡建设部等部门关于推动物业服务企业加快发展线上线下生活服务的意见》，文中提出要加快建设智慧物业管理服务平台，补齐居住社区服务短板，推动物业服务线上线下融合发展，满足居民多样化多层次生活服务需求。

2020年12月25日，住房和城乡建设部等部门印发了《住房和城乡建设部等部门关于加强和改进住宅物业管理工作的通知》，该文件明确提出要加快发展物业服务业，推动物业服务向高品质和多样化升级。

全国各地根据国家的有关法律、法规、规章，结合本地的具体情况，相继出台了适用于当地的物业管理地方性法规、条例、制度、办法等，对加强我国物业管理的法治化建设起到了积极作用。

目前，我国物业管理的覆盖面正逐步扩大，物业管理行业已经形成了包括房屋及相关设备的维修养护、小区治安、环境保洁、绿化养护、居民服务、房屋中介等在内的一系列配套专业服务，物业管理已在房地产业与其他服务业相结合的基础上，发展成为和我国经济、社会协调发展，与广大人民生活、工作息息相关的一个相对独立的新兴行业。

[知识链接1-1]

引入专业化物业公司，老旧小区管理难题破解了

近一年来，广州市针对老旧小区改造提升与管理运营发布了多项政策，持续探索超大型城市系统更新、实现高质量发展的新路径。

目前广州市正试点引入专业化的物业公司，让物业公司承担起老旧小区管理"大管家"的角色。通过多措并举、疏堵结合的方式，针对性破解老旧小区管理难题，结合老旧小区改造、城市更新等政策，用整体思维推进交通管理、加装电梯、管网改造、外墙修缮等改善老旧基础设施工作，优化老旧小区硬件形象，提升老旧小区居住体验。

引入专业化物业公司，破解老旧小区交通管理难题

广州市老旧小区普遍存在公共空间稀少、停车位不足等问题，严重影响老旧小区居民的日常交通出行。

为解决这一问题，试点镇街引入专业化的物业公司，针对性地破解老旧小区交通管理混乱的问题。

天河区天河南街逐步将非机动车充电桩及换电柜的场地使用、机动车车位管理、广告位场地使用等委托试点企业运营，收益补贴反哺到社区微改造及环境品质提升工作中。在花都区新华街道老旧小区更新改造中，积极引入社会投资，盘活小区内低效闲置房屋空地等用以建设停车位等公共设施。

还有部分街区是资源共享，错峰停车。物业公司对老旧小区内可利用的停车位资源进行底数摸查，积极与小区内企事业单位沟通协调，在现有基础上努力实现车位共享。在黄埔区鱼珠街道瓦壶岗试点小区，物业公司积极和辖区内的123中、86中进行友好协商，实现错峰停车，改善出行交通体验。

全域服务治理新思维，提升老旧社区居住体验

2月初，广州市住房和城乡建设局在广州市物业管理行业协会召开广州市物业服务行业高质量发展交流座谈会，19家物业服务企业负责人或高管出席会议。副局长李朝晖表示，物业服务企业要结合广州市物业服务行业的现状、特点、形势及任务，加强物业管理业务培训，健全物业管理标准化体系，加大重点研究和探索，提升业主满意度。

目前广州市有1 200多家物业服务企业。近5年，广州市物业行业从业人员数量增长近5万人。截至2022年底，广州市物业行业从业人员达31万余人。

走高质量发展之路，提高服务质量，成为物业服务企业的共识。广州珠江城市管理服务集团股份有限公司副总经理喻勇表示，将持续推进智慧科技赋能物业智能化改造，将城镇化内涵与物业服务创新发展有机融合，坚持党建引领作用，多措并举实现高质量发展。

当前，广州市将全域服务治理贯穿城市规划、建设、管理、养护等全过程，所引入的物业公司也结合老旧小区改造、城市更新等政策，用整体思维推进加装电梯、管网改造、外墙修缮等改善老旧基础设施工作，优化老旧小区硬件形象，提升老旧小区居住体验。

例如在荔湾区，白鹤洞街通过红色物业联盟串联多元主体，建立从小区到社区"问题收集—协商—解决—反馈"的最短路径，同时引入大型物业公司对5个无物业管理老旧小区实施全域治理。街道发动党员组建"鸿鹤群防共治队"，及时处置交通整治、纠纷化解、反诈宣传、防盗宣传等工作。沙面街试点企业积极疏导交通、清洁环境、强化巡查，助力打造景区旅游服务标杆。桥中街试点企业参与保洁与垃圾清运服务，加强卡口管理，疏导车辆，营造安全文明的环境。

资料来源：中国物业管理协会. 引入专业化物业公司，老旧小区管理难题破解了［EB/OL］.［2023-02-28］. http://www.ecpmi.org.cn/NewsInfo.aspx? NewsID=14298.

第三节 物业管理的内容

物业管理作为一项多功能全方位的管理服务工作，涉及的管理内容相当广泛，概括起来主要有以下四个方面。

一、物业的维护保养

为了发挥物业应有的功能，必须使物业的房屋建筑、供水供电、公共照明、空调、电梯等动力设备及公共设施时时处于良好的工作状态，而良好的工作状态则必须通过经常性的维护保养和计划修理才能达到。因此，物业的维修保养是物业管理最基本的内容，也是保持物业完好、延长其寿命和价值的重要保证。物业的维护保养包括以下内容：

（一）建筑物管理

建筑物管理是指物业服务企业对物业的房屋建筑进行定期保养和计划维修，使之保持良好的使用状态。为了提高建筑物管理的水平，物业服务企业应为各类房屋建立物业维修保养档案。

（二）设备管理

设备管理是指物业服务企业对与物业相配套的供水、供电、公共照明、空调、电梯、通信、燃气等设备进行定期保养和计划维修，使之保持良好的使用状态。设备管理一般由相应的专业公司和物业服务企业的专业技术人员负责。

（三）设施管理

设施管理是指物业服务企业对物业辖区内的市政公用设施和基础设施进行规范性的操作和经常性的保养及计划性的维修，使之保持良好的可使用状态。设施管理包括规划部门划定的物业红线范围内的基础设施和市政配套设施，如辖区内的道路、路灯、供电设施、供水管网、排水管网、二次加压设施、生活污水处理、燃气与供热等。

二、物业综合管理

物业综合管理包括以下几个方面的内容：

（一）治安管理

治安管理包括物业区域范围内的安全、保卫、警戒等，目的是排除各种干扰，保持居住区的安静，确保业主或住户的生命财产安全，使之形成安全、宁静的工作、生活环境。

（二）清洁管理

清洁管理包括对物业区域范围内的垃圾、各种废物、污水、雨水进行定时定点的排泄、清除等，以保持物业及周围环境的外貌清洁，使之形成干净、整洁的工作、生活环境。

（三）绿化管理

绿化管理包括对物业区域范围内的绿化建设及保养，尽可能达到现行规划规定的绿化面积不少于总占地面积的30%、绿化覆盖率不低于25%的指标要求，使之形成清新宜人的生态环境。

（四）消防管理

消防管理包括在物业区域范围内制定并执行消防制度，建立专、兼职的消防队伍，配备消防器械，使消防队伍和消防器械常年100%处于良好的备战状态。

（五）车辆交通管理

车辆交通管理包括统一管理物业区域范围内的车辆停放，统一管理小区内的平行交通和大楼内的垂直交通（电梯和人行扶梯），清理通道、屋顶等空间，保养路灯，以保证物业辖区内交通的畅通。

三、特色服务

物业管理的特色服务包括以下两个方面的内容：

（一）特约服务

特约服务是指物业服务企业接受业主或住户的委托，提供内容丰富的各种服务项目。它包括房屋代管、室内清洁、土建维修、装饰工程、家电维修、车辆保管、家政服务、代换煤气、代收代交水电煤气供热费用、代付各种公用事业费、代办保险与税收、代收与分送报刊信件、代聘保姆、代送病人、家庭护理和接送小孩等。

（二）便民服务

便民服务主要是指物业服务企业与社会企事业单位联合举办的服务项目。它包括建立商业网点，如在物业辖区内开办超级市场、小型商场、副食品市场、饮食店、公用电信服务网点、储蓄所、家电维修部、洗衣房、美容美发店等，以方便业主或住户；开办教育卫生机构，如与教育部门合作在物业辖区内开设幼儿园、中小学校，与卫生部门协作在物业辖区内设立社区诊疗所、保健站等，使辖区内设施进一步配套；开设文体娱乐项目，如开设俱乐部、文娱活动室、小型健身房、阅览室、展览室、青少年游戏室、舞厅、有线电视台等，以利于各类居住人员的健身娱乐活动；设立交通网点，如与公共交通部门协作在物业辖区周围增设公共交通网点，以改善交通条件，为用户出行提供便利；举办社会福利项目，如兴办老人活动室，照顾物业辖区内的孤寡老人等。

当然，物业服务企业举办的特约服务和便民服务项目应当是有偿的且明码标价的，业主和物业使用者可以根据自身的需要自行选择。

[知识链接 1-2]

因地制宜开展社区增值服务

随着社会的进步，物业服务企业所处的环境发生了巨大的变化，采用传统的服务方式已经不能使物业服务企业长久地保持竞争力。如何以良好的基础服务为支点，创造可持续增长的经营商机，为业主提供更多便捷的服务，是物业服务企业近年来不断探索和研究的课题之一。笔者认为，物业服务企业应本着"扎实做服务、大胆做经营"的工作思路开展社区增值服务，围绕社区资产运营，开展多元化增值服务，不断满足居民的延展需求，积极开展如房产经纪、社区电商、养老服务、新能源汽车服务等业务。

挖掘资源优势　拓展房产经纪业务

房屋租售是高频高产值的业务类型，开展这项业务，不仅能满足居民对房屋租售的需求，还能有效提升物业服务企业的利润。笔者所在的西安经发物业股份有限公司（以下简称经发物业）就积极开展房产经纪业务，将这项业务定位为增值服务的主要方向。物业服务企业在开展房产经纪业务时，除了专攻自管社区物业资源的开发以外，还要挖掘周边资源，紧抓学区房等资源，利用集团公司的优势资源，拓展一手房代理等业务。

开展房产经纪业务，最重要的是加强团队建设；要梳理房屋租售中心组织架构，制定物业服务企业特色的房屋租售标准流程；划分管理区域，按照区域进行业务管理，做到权责明确；适时调整激励机制，增设销冠奖，鼓励先进的同时，发挥骨干的榜样力量，带动全体员工形成比、学、赶、超的竞争氛围；固定开展评级考核工作，根据激励机制落实考核要求；增加自由房产经纪人编制（无底薪模式），鼓励全员参与房产经纪业务；充分利用已有的资源，促使房产经纪人利用媒体资源宣传，通过短视频的拍摄、人设的建立、客户维护等方式，打造有话题、有故事、有温度的经纪团队。

"线上＋线下"结合建设社区电商

在线上电商大火的今天，物业管理行业内的头部企业积极利用互联网来经营网络商城，如何在强手如林的电商市场中找到适合物业服务企业的独门秘籍，做好业主的生活管家，是物业服务企业建立社区电商的重中之重。有的物业服务企业基于近年来疫情给群众带来的"买菜难、买菜贵"问题，推出线上商城便民服务新模式，填补了以往的服务空白，依托社区团购的优势，逐步扩大到文化旅游、生鲜果蔬到家、特色美食等服务项目。但疫情过后，随着生活回归正常化，线上商城的热度有所降低，商城运营单位的稳定性不高，商城上架产品品类不足、价格不够亲民，导致客户复购率较低。

社区电商与业主日常生活息息相关，但对于业主而言，其拥有的选择众多，因此物业服务企业需要面对很多的外部竞争者。笔者认为，面对竞争，物业服务企业应采用线上"拉新"与线下活动促销相结合的方式，提高自家商场和产品的辨识度，培养居民复购习惯；不断参与线下推荐与促销活动，与物业自管项目形成联动，了解客户的第一手信息，增强客户的黏性；建立线下便利店、自提中心，方便居民购物和收货；以社区为"圈"，以自提中心为"点"，建立由点辐射到圈、圈圈相扣的运营机制和服务体系，以求增加客户黏性；开展商城进社区、进企业活动，让业主切实了解和体验产品，展示产品力，引导居民到线上持续消费；与社区公益活动结合，在服务中贯穿商品推广，使得业主更容易接受商品推荐。

线上购买生鲜果蔬，意味着平台代为挑选产品或服务，而产品一旦出现质量问题，消费者对平台的包容度将大大降低，平台将面临被消费者抛弃的风险。作为销售方，物业服务企业的社区电商选择产品时不应局限于生鲜领域，而应倾向于保质期长，而且不易受挤压、不易腐烂的商品，例如电器、日用品、米面粮油等。

扩建供应商库，加强供应商筛选。与具有优质资源的企业进行对接，整合全国区域优质产品，提高供应商考核标准，加强市场比价和供应商筛选，严格把控质量关卡。发掘各业态B端客户，围绕多元化的B端客户输出产品组合。笔者所在的经发物业联合运营商推出"寻找儿时最美记忆"的社区O2O销售新模式，联合经营"经发甄选线上商城"，形成委托运营为主、高附加值经营为辅的经营双轨机制，取得了良好效果，可供其他企业参考。

发挥优势开展养老服务

物业服务企业在社区养老领域的优势非常明显，拥有社区的服务资源和设施资源，并掌握业主相关信息，这些对于很多养老机构来说是可望而不可即的。中央及多地均发布专项文件鼓励有条件的物业服务企业拓展社区养老服务，不少物业服务企业也开始涉足社区养老服务，但是限于养老服务的专业性壁垒，以及其业务孵化时间长、盈利较难等特点，开展养老服务难度较高。

笔者所在的经发物业，结合自身特点，探索特色的"物业＋社区"养老服务新模式。在采取自营方式开展养老服务时，聘请成熟的养老机构进行指导，引进智慧养老管理平台，结合智能产品，做到实时监测老人的身体状况。"自营＋合作"的方式，能让物业服务企业扬长避短，更好地为老人服务。

挖掘新能源汽车服务市场

近年来，在新能源汽车快速普及的情况下，为居民解决停车难、充电贵等问题，成为企业挖掘新能源汽车服务市场的当务之急。面对千亿规模的新能源汽车充电市场，物业服务企业需梳理整合区域内停车场资源，做好区域内公共停车资源运营管理、新能源充电站建设运营、车辆租赁等服务。

物业服务企业需要不断完善充电站的运营和管理，以优质的服务赢得消费者；做好数据记录工作，为后期市场开拓提供数据支撑；搭建停充运营管理一体化平台，为居民充电和出行提供便捷服务；搭建智慧用车全场景，丰富用车生态服务，实现产业链全覆盖。

资料来源：西安经发物业股份有限公司. 因地制宜开展社区增值服务 [EB/OL]. [2023-04-26]. http://www.ecpmi.org.cn/NewsInfo.aspx？NewsID=14427.

四、多种经营

在我国城市居民总体收入水平还不高的情况下，仅靠向业主和物业使用人收取的物业管理费还难以保证物业服务企业的健康发展。因此，在物业管理活动中，必须贯彻"一业为主、以业养业"的原则，利用开展多种经营获取的收入来弥补物业管理经费之不足。多种经营的内容主要包括以下四个方面：

（一）开展房屋的租赁经营

物业服务企业可以参与办公楼宇的租赁经营，酒店、商场及工业楼宇的租赁经营，也可以通过与业主或业主委员会协商参与固定停车场的租赁经营活动等。

（二）组织建筑设计施工

物业服务企业可以在物业辖区内利用租赁的公建设施开展属于业主自管范畴的房屋和附属设施设备维修及改建工程施工，室内装饰装修设计及工程施工，设备安装施工，经营建筑材料等。

（三）开办商业经营网点

物业服务企业可以经营商场、餐饮、游泳池、电影院等各种生活文化娱乐设施等。

（四）开展中介咨询服务

中介咨询是指物业服务企业开展的不动产投资咨询、住房置换、中介交易、法律咨询等服务活动。

物业管理的上述四项内容具有相互促进、相互补充的内在有机联系。其中，物业的维护保养和综合管理是物业服务的基础工作，属于物业服务企业面向全体物业使用人开展的常规性的公共服务，物业服务企业要树立良好的管理服务形象，必须首先做好这两项物业管理服务工作。物业管理行业对物业服务企业管理服务水平的评价，也主要从这两个方面进行考察。而特色服务则是物业服务企业在做好管理基础工作后的进一步拓展，是从广度上和深度上进一步满足业主和广大住户的需要。它对树立物业服务企业良好的品牌形象，拉近管理者与业主之间的距离至关重要。多种经营则是物业服务企业的副业，是物业服务企业根据实际情况，顺应业主及社会的需要来安排的，物业服务企业必须以物业管理的基础工作为主，在此基础上拓展业务，切不可本末倒置。

第四节 物业管理的地位和作用

物业管理是随着房地产业的发展和房地产管理体制改革而产生的一种新型管理模式，是从房地产综合开发经营过程中分化出来的独立的产业部门，具有重要的社会经济功能。

一、促进国民经济的发展

随着我国经济体制改革的推进，房地产管理体制的改革也在不断向纵深发展。住房商品化和货币化分配住房的新体制，不仅打破了传统体制下单一的产权结构格局，而且也使传统房屋管理体制被新的物业管理模式所取代，形成了物业产权多元化和物业管理社会化的新格局。从对公房出售后居民心态的调查可以看出，广大居民最关心的问题是购房后的物业管理和维修问题。这一问题解决好了，就可以有效地解除居民的后顾之忧，激发人们的购房积极性，房地产市场的规模和容量也会因此得到有效扩张，这是房地产业发展的基础。

世界各国经济发展的经验表明，房地产业是国民经济的先导性和基础性产业，无论从开发建设过程所需的上游产品来看，还是从建成后的服务对象和依托关系来看，都是一个产业关联度很高、产业链很长的产业部门，它涉及建筑、建材、能源、交通、冶金、化工、机械、电子、通信等50多个产业部门。据世界银行统计，房地产业产值每增长4个百分点，可以带动整个经济增长1.5~2个百分点，房地产业是对国民经济贡献率较高的产业部门之一。

二、促进房地产投资效益的提高

就一个房地产项目来说，其可以划分为可行性论证、投资开发、经营和管理等几个环节，物业管理是其中非常重要的环节，离开了物业管理，可以说房地产业就是不完整的。通过加强物业管理，用现代化的管理手段向广大业主和非业主使用人提供全面、高效、优质的物业管理服务，能够有效地刺激房地产市场的消费需求，不断扩大房地产市场规模，促进房地产投资的循环和周转。我国改革开放初期，在房地产业发展战略的安排上，由于没有处理好开发建设同物业管理之间的关系，存在严重的重开发、轻管理的倾向，使得大量已建成的房屋严重积压，房地产业一度陷入非常严重的危机，直到现在，这一问题也还没有得到根本性解决。最近几年房地产业的高速增长，除了得益于政府宏观政策等因素以外，也得益于物业管理的不断完善和发展。

三、促进物业的保值增值

建筑物在使用过程中由于物质实体方面的损耗会造成其价值的损失。这种损耗一方面是自然因素的作用所引起的，如自然界的物理作用和化学作用导致房屋及其设备的自然老化，使用时间越长，损耗就越大；另一方面是人为的使用和维修不当所引起的。

建筑物寿命有自然寿命（从建成之日起到不堪使用时）和经济寿命（从建成之日起到预期产生的收入大于营运费用时）之分。建筑物在使用中的年限又分为实际使用年限和有效使用年限。

如果建筑物的使用维修保养正常，则实际使用年限等于有效使用年限；如果建筑物的使用维修保养较好，则实际使用年限大于有效使用年限，此时建筑物的剩余经济寿命相应较长；如果建筑物的使用维修保养较差，则实际使用年限小于有效使用年限，此时建筑物的剩余经济寿命相应较短。因此，如果没有物业管理或物业管理较差，房屋设备未能得到及时维修养护，就会缩短房屋及设备的经济寿命，而良好的物业管理，则会延长房屋及设备的经济寿命。

四、提高城市居民生活质量

随着社会的发展，我国提出了建设小康社会的目标。建设小康社会，必须大力提高人民的生活质量。人民生活质量的提高不仅表现在收入增加、消费增长、衣食住行水准提高等方面，而且表现在工作条件、生活条件、居住条件改善，享受多方面的服务等方面。而良好的物业管理，是人民群众生活质量提高的重要内容之一。

物业管理通过实施物业的维修保养和治安、保洁、绿化、车辆道路管理等活动，使住宅小区或物业大厦干净整洁、环境优美、赏心悦目、安全舒适，能够为业主和住户创造良好的工作、生活和居住环境。

物业管理还通过推动精神文明建设，组织有益的、丰富多彩的社区活动，协调业主、住户之间的社会人际关系，建立互惠互利、和睦共处的邻里关系，以及互助互谅、团结友爱的社会风气，有利于促进人们的身心健康，有效减少烦恼、焦虑、矛盾、摩擦及某些危害社会的行为。这无疑是构建和谐社会和人民生活素质提高的重要前提和保证。

五、树立良好的城市形象，促进城市经济的发展

首先，一个社区就是一个城市的缩影。一个规划设计合理、环境优美、功能齐全的住宅小区，不仅是人们居住、休闲的场所，也是一座城市经济建设成就的缩影和进行精神文明建设的重要阵地。对一个城市来说，其功能和形象是与这个城市的物业管理水平密切联系的。

其次，物业管理也已成为现代城市经济发展不可分割的重要组成部分。物业管理作为一个经济产业部门，依靠自身所提供的管理和服务，创造了巨大的经济价值，已经成为新兴的"朝阳产业"。随着物业管理行业的迅速发展，其创造的社会经济价值将会不断增加。

再次，物业管理促进了房地产业的发展，繁荣了城市经济。房地产业的发展，催生了物业管理行业的诞生。而物业管理的发展，又为房地产业的发展提供了条件和保障。在许多城市，良好的物业管理已成为推动房地产销售的亮点，这也印证了房地产与物业管理两者相互促进、相辅相成的密切关系。

最后，物业管理拓宽了城市就业渠道，推动了第三产业的发展。物业管理本身属于第三产业的范畴，也是劳动密集型产业之一，可以吸纳大量的剩余劳动力。随着我国市场经济的发展，城市许多企业职工下岗，大量农村劳动力进城，使城市就业压力不断增加，发展物业管理，利用物业管理行业秩序维护、保洁等对服务人员劳动技能要求较低的特点，无疑是解决城市就业问题的一条有效途径。

第五节 物业管理的发展趋势

一、传统物业管理的发展趋势

物业管理行业的发展与社会经济发展、人们生活水平和生活方式息息相关。物业管理行业虽然在我国起步较晚，但随着我国社会主义市场经济的繁荣发展，越来越多的人在改善居住条件的同时更关心物业的保值增值。好的物业管理是物业增值的保障，但要做到真正优质的物业管理，除了物业服务企业自身要不断提高整体素质、变管理为服务之外，还需要不断完善法律法规作为外部支撑。概括来讲，未来物业管理的发展趋势主要是向专业化、法治化和人性化方向发展。

1.专业化。物业管理被当今许多人认为是个伺候人的差事，人人都能干，没什么技术含量。也正是受这些认识的影响，在许多小区还遗留着房管所年代管理员的工作作风，物业服务企业工作人员学历较低、年纪偏大、服务意识差成为普遍现象。其实，物业管理作为一个行业，和其他行业一样也具有自身独特的专业性，既需要高学历、高素质的人才，也需要网络等先进的科学技术，更需要现代化的企业管理方法。无人化管理、智能化管理是未来物业管理的发展方向，物业管理将由劳动密集型管理向知识密集型管理、科技型管理转变。

2.法治化。物业管理法律法规是物业管理有序运作的基本前提和重要保障。在一些发达国家，物业管理法规不仅对物业管理的各个环节都有详细、周到、具体的政策规定，而且有法律的权威性予以保证执行，明确性、操作性很强。到目前为止，我国物业管理法律还没有形成完整、系统的体系，已经颁布和执行的主要是国务院所属部委及县以上人民代表大会、人民政府所制定的条例、规定、办法、标准、章程等，而高层次、权威性的法律法规则较少，操作性强的法律条文更少，这给依法解决物业管理中存在的纠纷带来了困难。如何妥善处理开发商的遗留问题，被炒掉的物业公司不让位的问题，业主管理委员会有法律地位却没有法人地位、如何能体现其作用的问题，如何约束没有公德意识的业主等亟待解决的问题，这些使物业管理从业人员和业主都大为苦恼。建立像发达国家那样健全的物业管理法律体系是未来我国物业管理的大势所趋。有关物业管理的政策、方针都应以法律的形式存在，一切工作都应以法律为依据，物业管理必将从"人治"转向"法治"。因此，建立完整、科学的物业管理法律体系已成为物业管理工作的当务之急。

3.人性化。在管理区域内注重营造出温馨、和谐的环境气氛。物业管理的核心工作是服务于人，要想服务好，必须在不增加或少增加成本的前提下尽量体现服务的人情味儿，即在管理区域内，从实际需要出发根据不同的住户类型提供不同的服务，体现物业管理"以人为本"的宗旨。

二、物业设施管理的发展

随着经济全球化趋势的逐渐形成、城市化进程的加快、产业经济向知识经济发展，城市的可持续发展成为人们普遍关注的问题。人们对生活质量、工作环境和效用的要求越来越高。那种以"property management"命名的，以对房屋"保值、增值"为主要目标，以"对房屋及配套设施设备和相关场地进行维修、养护、管理，以及维护相关区域内的环境卫生和秩序"为服务内容的"物业管理模式"，已无法满足智能建筑、绿色建筑、生态社区的专业化管理的要求和建立高效、安全、健康、舒适的人居环境的服务要求。同时，对一些功能比较单一的公共物业和设施来说，采用类似于中国香港地区的"公共屋村"的管理模式亦不能满足物业使用者的需要。

20世纪70年代，美国人从他们对军事部门、政府部门以及高等院校的管理经验中得到启发，从事物业管理的职业经理人、科技工作者以及高等院校的教授们根据美国经济和城市的发展情况，开始了对设施管理（facility management，FM）的研究工作。1979年，世界上第一个设施管理机构——美国密歇根州的 Ann Arbor Facility Management Association 首先成立，1980年又创建了全美"国际设施管理协会"，并于1982年更名为 International Facility Management Association（IFMA）。从此，"设施管理"这一术语从北美传遍了世界各地。

设施管理传到中国，首先从香港地区开始。1992年，国际设施管理协会在中国香港设立分部，2000年又成立了香港设施管理学会（HKIFM）。中国经济的高速稳定发展，特别是中国城市化进程的加快，为房地产市场提供了勃勃生机，丰富多样的产品类型以及 GDP 每年的高速增长，显示出中国房地产市场前所未有的繁荣景象，这自然引起了国际设施管理业界的关注。香港以得天独厚的地理优势捷足先登，自2003年3月开始，香港设施管理学会先后在广州、上海、北京等大城市主办了各种类型的设施管理研讨会。2004年8月，国际设施管理协会派出三位最高级别的官员出席在北京召开的"医院设施管理"研讨会，并颁发了在中国内地的第一张"会员资格证"。自此，设施管理正式在中国内地登陆。

国际设施管理协会（IFMA）对设施管理所下的定义是："以保持业务空间高品质的生活和提高投资效益为目的，以最新的技术对人类有效的生活环境进行规划、整理和维护的管理工作。"英国设施管理学会（BIFM）的描述是："设施管理就是像对待核心业务一样对房地产和业务支持服务进行专业化管理。设施管理牵涉业务中的战略、战术和营运这三个层面，其所有活动都以客户核心业务的需求和要求为基础。"所以，设施管理不是简单的对建筑物和设施设备的维护管理，而是对设施生命周期、能耗以及环境的监控，以最大限度满足使用者的要求，保证业务空间高品质的生活和提高投资效益。

根据 IFMA 的分类，设施管理主要服务内容可以概括为：策略性长期规划和年度计划；财务预测及管理；公司不动产的获得及处理；建筑及设备的规划设计和室内空间规划及运用管理；设施和设备在生命周期中的运行与维护管理；建筑的改造更新和设备的功能提升；秩序维护、电信及行政服务；设施支援服务；能源和生态管理；高新科技运用及质量管理。

设施管理既可用于写字楼、医院、学校、博物馆、图书馆、体育场馆、会展中心、金融中心、机场、火车站等城市公用设施的管理，也可用于工厂、工业园区、科技园区、物流港等工业设施的管理；同时，在政府的有效干预下，还可以用于对现代化智能社区的管理。

三、智能建筑物业管理

随着人们生活水平的提高和智能化物业的增多，对物业使用与管理服务的要求也必然越来越高，高素质的员工（精通机械设备、电子、信息技术、现代管理、营销、公共关系、社区文化品位塑造等）和高技术的装备（自动消防、安防装置、集成的设备自动化系统和集中管理监控系统、物业管理信息系统等）必不可少。人类社会正在步入知识经济时代，任何一个行业的领先高效、价值创造都必须依赖知识、科技含量与创新。研究和应用网络化、信息化、智能化的物业管理新技术、新工具、新方法，创新服务方式，招聘、培训高素质、高技能的人才，是全面提升管理服务层次，节约服务成本，提高服务效率，发挥高科技物业应有的效果，最大限度地满足业主需求的必然趋势。

另外，绿色环保型物业管理、物业管理与社区管理一体化的新趋势也正在显现。随着专业化物业公司的大量涌现，物业管理的市场竞争将日趋激烈，兼并重组、选优汰劣、扬长避短、资源整合，其结果是必然会涌现出一些规模大、质量高、信誉好、品牌佳的集团化物业服务企业，它们将在物业管理市场上占主导地位。同市场经济条件下其他竞争性行业一样，物业管理走上规模化、扩大范围、集团经营、塑造品牌之路会成为一种必然趋势。

微课3

"互联网+"时代下的智能物业服务模式

四、"互联网+物业"开启物业管理服务新模式

随着房地产市场的不断发展，物业管理也随之发展，而且变得越来越重要了。物业管理与我们每个人的生活息息相关，在新技术、新思维的影响下，转型升级已经成为一个全新的发展课题。在传统的物业管理方式中，面临着经营收入渠道单一、从业人才匮乏、市场机制不完善、管理方式粗放、成本不断攀升等行业困境，同时，由于劳动密集型特点突出，很多物业服务企业陷入发展困境。2018年，在"互联网+"的创新发展和推动下，我国国内物业管理行业发生了翻天覆地的变化，物业行业由单一的管理型企业逐渐向新兴的带有互联网模式的集成性服务型企业转变。原有的物业业务和盈利模式已经不能适应物业行业的新变革，"互联网+"对物业的发展模式具有非常大的影响，为物业业务和盈利模式发展带来了新的创新。

（一）传统物业管理的困局与挑战

1.定位问题造成的困局

目前，全国物业管理公司作为房地产开发流程的一环，并不完全以营利为目的。开发商在下属物业公司成立前即为其做好了发展定位和运营角色定位：其第一服务对象是房地产公司，体现开发商解决项目的后续管理、服务和运营功能，并且能无缝结合开发商的发展环节，为开发后期兜底，其利润获取和生存发展都严重依赖房地产开发企业，导致物业公司市场化不足、服务性欠缺、盈利差，严重制约了物业行业的发展和进步。

2.传统物业业务模式难以为继

现阶段，物业公司作为劳动密集型企业，其利润获取以物业费为主。2018年，物业服务百强企业研究报告统计显示，在物业服务成本构成中，人力成本占到45%~60%。同时，人力成本不断攀升、成本费用增加、服务价格常年不变等因素多面夹击，造成物业企业举步维艰。

3.产业地位低，人才和人力资源均匮乏

受盈利模式影响，因行业技术含量和平均薪酬较低，难以吸引优秀人才从业，基层操作人员素质较低。在物业企业TOP100中，中专及高中以下学历人员占从业人员总额的80%，因待遇和发展前途不明，行业人才及人力资源匮乏。

4.技术手段和管理方式落后

物业管理和服务水平难以提升。受行业特点、服务性质及从业人员素质的影响，简单的人力投入无法支持精细化和科学化管理，最终造成物业管理服务手段原始，管理粗放，相当数量的物业企业基本上是手工操作，小而全、多而杂的低水平管理是当前物业管理的一大顽症。

（二）"互联网+物业"模式下的物业行业创新发展

1.一线城市物业管理转型升级

随着房地产行业市场的竞争已经从"硬件"升级为服务创新的"软服务"竞争，物业服务企业作为物业项目的管家，天然地具备拥有社区客户资源的优势。其通过与社区住户长期且近距离地接触，掌握了住户的基本信息、消费能力、消费习惯以及各种现实或潜在的需求的大数据内容和流量入口。在"互联网+"的环境中，曾处于利润末端的物业服务变成了新的利润增长点。众多行业标杆型企业针对物业服务企业这一巨大优势，致力于提高物业服务的技术含量、增值服务和产品附加值，通过将物业行业与房地产业分离，引入移动互联网思维，结合新技术、新业态、新方式，用创新、共赢的物业行业商业模式，实现从粗放型传统服务业向集约型现代服务业的转变。

2."互联网+物业"带来的改造

为了跳出困境，向管理和创新要效益，部分物业服务企业通过内涵式改造提升、外延式跨越拓展进行了艰难转型。将"互联网+"和物业行业有机结合起来，促使行业涌现出一批以彩生活、深圳长城、万科物业、龙湖物业等通过移动互联网手段对原有的服务模式进行升级改造的物业企业，借助社区O2O平台，从内嵌入管理工具，对外解决社区商业的"最后一公里"难题，将线上和线下进行了完美的结合。最终实现规模化统筹、集约化管理，起到整合资源、全面集中管控的效果，提升管理的核心价值服务。

3."互联网+物业"对商业模式的深刻影响

随着行业的充盈及发展，在房地产产品与价格很难做出品牌差异化时，服务力反倒成为摆脱同业追击的着力点，成为房地产业发展方向上的"蓝海"业务。原先作为房地产开发链条的末端进行定位的物业行业，在"互联网+"的环境中被赋予新的能力和期望，成为新的利润增长点。彩生活、深圳长城等标杆物业的发展途径及成果，宣告了移动互联网时代物业服务企业发展方式发生了颠覆性改变。它不再是房地产品牌的维护者，而是将房地产企业转型成为生活方式的提供者，房地产开发企业成为物业服务价值产业链条的一环。

（三）"互联网+物业"对物业业务模式的影响

在"互联网+物业"中，原有物业单纯的小而散，只注重线下模式，其需要适应时代要求做出改变。在"互联网+物业"的背景下，物业行业需要做好以下几项工作：

1. 规模化很重要

"互联网+"时代是一个去中心化、以顾客体验为主的时代，不再局限于条块化和标杆企业个体化发展，而是在于通过协同效应形成合力，用规模经济强化了行业在资本和市场上的话语权，促使市场经营变得越来越容易，从而能够取得一种包括成本在内的集群优势。

2. "线上+线下"完美结合

因物业服务的特殊性，物业行业打造的社区O2O不仅强调社交属性，更关注线下产品和服务。因此，在夯实基础物业管理能力并提升向互联网化、智能化转变的基础上，要发挥物业管理核心竞争能力，将物业管理线下与移动互联网线上业务珠联璧合，借移动互联网综合平台之势，做到聚集用户、提升人气、扩大传播、吸纳投资、招揽客户、开拓渠道。

3. 做好服务是根本

社区O2O是为物业行业服务的，我们需要的是物业化的社区O2O，而不是社区O2O化的物业，其推进是在线上为线下服务的基础上做好线上线下融合，而线下基础能否夯实的根本在于物业的基础服务。若物业的基础服务没做好，与业主之间的沟通不到位，会导致社区O2O落地困难，导致线上线下分离。因此，物业为业主提供有价值的服务，这是最基本的底线与尊严。

4. 精细化管理是基础

精细化管理是通过现代管理理念和管理技术，对企业管理规则的系统化和细化，运用程序化、标准化、数据化和信息化的手段，对企业生产经营实行有效管控的精髓。没有规范化和标准化的服务支撑，不解决系统和数据的对接，物业社区O2O业务将无法做到模块化建立，做不到线下向线上的顺利转移。因此，在将管理模式和线下业务向线上推进的基础上，必须以成本管理为核心，强化过程控制主线，先做好物业管理制度和服务的精细化。

（四）"互联网+物业"对物业盈利模式的改变

以往的物业盈利模式以物业费为主，但随着"互联网+物业"模式的推进，在传统的以物业费为主的管理增效盈利方式的基础上扩展了增值服务盈利方式，为物业的健康发展注入了强心剂。

1. 传统物业管理增效盈利法

在传统物业中，通过向管理要效益，降低内部损耗，秉承省钱就是赚钱的原则。某物业企业因率先运用智慧科技，借助智慧科技物业管理软件实现转型升级、减员增效，通过"八大信息管理工具"实现了年人均管理面积由1 474平方米提升到1 932平方米，为其在物业管理方面节省了538万元的人力成本，经营利润增长5倍以上。

2. 增值服务盈利

增值服务盈利是社区O2O平台线上线下结合的终极目标，通过获取流量资源，搭建庞大业主群体和所管项目周边业主加入的社区服务电子平台，筑巢引凤，吸引各类供应商的加盟，用增值服务实现利润最大化。以深圳彩生活为例，其推进路径可概括为

"线下孕育线上—O2O平台—掌握大流量出口—增值服务—线上线下融合"。其本质是拓展了彩生活服务的对象，在所服务的家庭和商家之间建立更广泛、更具黏性的连接，将家庭碎片化商品消费升级为整体一站式消费需求，并覆盖更多的商品，通过这种连接形成社区服务平台，通过服务平台多方获取了收益，拓展了新的价值创造空间。最终平台通过这种新的价值创造获取分成收益，形成一个良性的新生态体系。

综上所述，随着现代化的快速发展和人们生活水平的不断提高，人们对生活品质的追求及业主对物业服务企业的物业管理服务水平也有了更高的要求，传统物业服务水平已经难以满足业主们的更高要求及标准。互联网时代对物业服务的发展产生了深远影响，"互联网+物业"将传统物业服务的局限打破了。通过深度整合物业服务资源，对物业服务价值重构，有利于构建智慧社区，提高物业服务水平和物业公司经济效益。物业企业通过引入"互联网+"的概念，以业主需求为切入点，搭建物业服务平台，如智慧物业管理系统、智慧校园平台、小区物业管理系统等便民服务平台等，通过物业管理平台，业主可在线交费、报修和投诉等便捷服务，从而提升业主们对物业管理服务的满意度。"互联网+物业"对传统物业行业的发展、业务和盈利模式有着非常重要的影响。各物业服务企业需要顺应行业发展趋势，满足行业发展需求，做好"互联网+物业"的推进工作。

📣 本章小结

物业是指已建成的具有特定使用功能并投入使用的各类房屋、建筑物以及与之相配套的设备、设施和附属场地。

物业管理是指业主通过选聘物业服务企业，由业主和物业服务企业按照物业服务合同的约定，对房屋及配套的设施设备和相关场地进行维修、养护、管理，维护相关区域内的环境卫生和秩序的活动。

物业管理具有社会化、专业化、企业化和经营型的特征。

物业管理虽然起源于英国，但真正意义上的现代物业管理却是在美国形成并发展起来的。

物业管理的内容包括物业的维护保养、物业综合管理、特色服务和多种经营。其中，前两项属于物业服务企业实施的常规性公共服务，它是评判物业服务企业服务水平的重要指标。

随着社会的发展，传统的物业管理正在向专业化、法治化和人性化方向发展。同时，设施管理和智能楼宇物业管理也在快速兴起。

◎ 主要概念

物业 物业管理 物业管理模式

💡 基础知识练习

一、单项选择题

1.物业管理起源于（   ）。

A.英国　　　　　　　B.美国　　　　　　　C.法国　　　　　　　D.德国

2.物业管理的基本属性不包括（　　）。

A.社会化　　　　　　B.专业化　　　　　　C.企业化　　　　　　D.经营性

3.目前，指导我国物业管理行业发展的《物业管理条例》在（　　）年开始实施。

A.2003　　　　　　　B.2005　　　　　　　C.2006　　　　　　　D.2007

4.物业的维护保养不包括（　　）。

A.建筑物管理　　　　B.设备管理　　　　　C.设施管理　　　　　D.治安管理

5.不属于传统物业管理的发展趋势的是（　　）。

A.专业化　　　　　　B.法治化　　　　　　C.人性化　　　　　　D.管理化

二、多项选择题

1.物业的使用功能划分为（　　）。

A.居住物业　　　　　B.商业物业　　　　　C.工业物业　　　　　D.私人产权物业

2.物业管理具有以下基本特性：（　　）。

A.社会化　　　　　　B.专业化　　　　　　C.企业化　　　　　　D.经营性

3.物业综合管理包括（　　）方面的内容。

A.治安管理　　　　　B.消防管理　　　　　C.绿化管理　　　　　D.车辆交通管理

4.物业管理的特色服务包括（　　）的内容。

A.便民服务　　　　　B.信息服务　　　　　C.特约服务　　　　　D.网络服务

5.未来物业管理的发展趋势主要是（　　）。

A.法治化　　　　　　C.人性化　　　　　　C.专业化　　　　　　D.管理化

三、判断题

1.物业管理关系存在的基础是物业服务合同。　　　　　　　　　　（　　）

2.物业管理社会化的前提条件是物业所有权和物业经营管理权的分离。　（　　）

3.物业服务存在的主要原因就是业主期望通过物业服务企业的服务获得物业的保值增值。　　　　　　　　　　　　　　　　　　　　　　　　　　　（　　）

四、简答题

1.什么是物业？什么是物业管理？

2.物业管理包括哪些主要内容？

3.我国的物业管理是如何产生的？

4.试分析物业管理对房地产业发展的意义。

5.物业管理的地位和作用是什么？

◎ 实践操作训练

【实训情境设计】

组织参观城市一住宅物业管理项目，了解实施物业管理的意义和日常物业服务的内容。

【实训任务要求】

1.了解该小区开展物业管理活动的状况；

2. 向业主与物业服务公司工作人员调查实施物业管理的意义和物业服务的内容。

【实训提示】

1. 参观前对物业项目进行必要的考察和筛选；

2. 对学生进行分组，与小区业主进行自由交流。

【实训效果评价表】

将实训效果量化，参照表1-1进行评价。

表1-1 实训效果评价表

评价内容	分值（分）	评分（分）
资料的收集	10	
参观过程的组织	30	
与小区业主的交流情况	20	
各组的调研结论	40	
综合评价	100	

注：考评满分为100分，60分以下为不及格；60~69分为及格；70~79分为中等；80~89分为良好；90分及以上为优秀。

拓展阅读

《民法典》对物业管理行业的影响

第二章 物业管理市场

● 学习目标

[知识目标]

了解市场供需双方的权利与义务；理解物业服务企业的组建过程；掌握物业管理市场的发展规律。

[能力目标]

能够认识物业管理市场的构成；理解物业服务企业的性质及组建过程；了解业主及业主委员会的职责与权限；理解物业服务企业与相关机构的关系。

[素养目标]

让学生了解设立一个物业企业必备的条件和程序。通过对物业行业前景的展望，鼓励有条件的同学尝试创立一家物业公司，鼓励同学们刻苦努力提高自身综合素质，为将来成为优秀的物业企业管理者和从业者做好准备。

>>>>>>> 引例

中国物业管理行业市场总体规模及物业管理行业市场发展前景分析

物业管理被普遍称为房地产的第二次开发，是物业服务性功能的一种提升，物业管理提供的服务商品，是一种综合性的管理和全方位的服务，而且这些管理和服务是针对物业本体及其业主和使用人，最终服务于业主和使用人的。物业管理在小区公共设施保养维护、社区服务、小区建设以及提升城市住宅的整体管理水平方面都有千丝万缕的关联。

一、中国物业管理行业市场总体规模分析

1.企业数量结构分析

我国物业服务企业约有20.2万家，从业人员有900多万人，国内行业产值已达到数百亿元，并以平均每年15%以上的幅度递增，物业管理产业经济在我国有着巨大的发展空间。由于国家房地产调控政策，物业管理行业产值2020年增长比以往稍微减速。

2.人员规模状况分析

据统计，2018年我国物业管理行业从业人员规模达到910.5万人，2020年从业人员达到987.5万人，如图2-1所示。

3.行业资产规模分析

2018年以来，我国物业管理面积不断增长，由201.5亿平方米增长到2020年的217.2亿平方米，行业资产规模也不断增长，如图2-2所示。

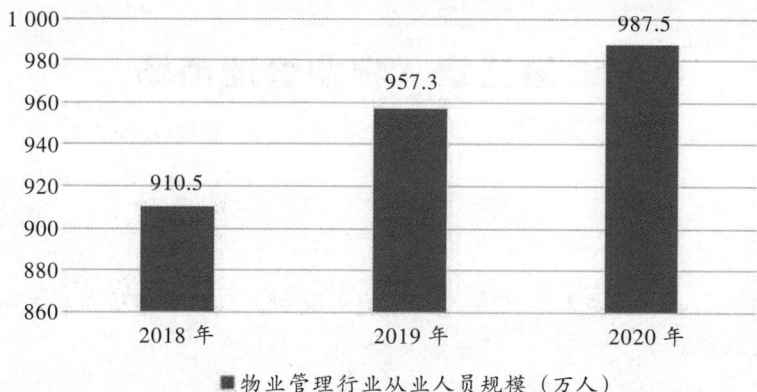

图2-1 2018—2020年中国物业管理行业从业人员规模

数据来源：根据中研普华产业研究院相关数据整理。

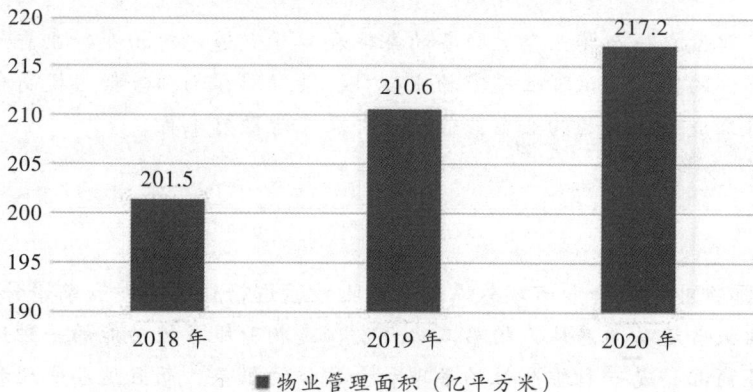

图2-2 2018—2020年中国物业管理行业物业管理面积

数据来源：根据中研普华产业研究院相关数据整理。

二、中国物业管理行业市场发展前景分析

随着中国经济建设蓬勃发展和人民生活水平的不断提高，近年来在中国的一些大、中、小城市相继开发建设了大量的生活小区、写字楼等。为适应市场经济的需要，物业服务企业应运而生，并逐步发展成为一个新兴的行业。

物业管理作为现代房屋管理的一种管理模式，是随着房地产经济市场化和住房商品化的发展而产生的，它是房地产生产、流通、消费领域的延续，也是房地产产业的一个重要分支。物业管理实行的是企业化经营、专业化管理、社会化服务和市场化运作的运行机制，适应了社会主义市场经济体制的需要。

2020年物业管理行业TOP100企业收入均值为27.53亿元，同比涨27.9%。TOP10企业收入均值为90.09亿元，同比涨31.7%，是百强企业均值的3.27倍。从2020年营业收入的构成来看，基础物业服务占比为20.51%、增值服务占比为7.02%。增值业务在百强物业收入、利润结构中占比逐渐扩大，企业利润增长空间大。

目前，整个物业管理行业仍处于高速发展的阶段。在政策利好、技术迭代、人们普遍追求美好生活的时代大背景下，物业管理行业迎来新的发展机遇期。未来十年，物业管理行业规模将提升，预计 2030 年行业规模有望突破 3.2 万亿元。

资料来源：ZhouXun. 中国物业管理行业市场总体规模、物业管理行业市场发展前景分析〔EB/OL〕.〔2022-01-06〕. https：//www.chinairn.com/hyzx/20220106/115412287.shtml.

第一节　物业管理市场概述

一、物业管理市场的含义

市场是商品经济发展到一定阶段的产物，是商品经济的高级形态。商品是用来交换的劳动产品，商品交换需要通过一定的方式或在一定的场所进行交换。市场有广义与狭义之分。从广义上理解，市场是指商品交换关系的总和。市场并不局限于一定场所的空间范围，所有商品交换活动和买卖关系都可纳入市场的范畴，它包括各种有形的市场和无形的市场。从狭义上理解，市场是商品交换的场所，它仅包括各种有形的市场。

随着商品经济的发展，市场也在不断地发展。比如，按照不同的划分标准，市场可以划分为商品市场和要素市场，生产资料市场和消费品市场，区域市场和全国市场，国内市场和国际市场等。

物业管理市场是商品市场的一个有机组成部分，物业管理活动提供的商品是物业服务，属于一种无形商品，它具有商品价值和使用价值的双重属性。物业服务企业向社会提供物业服务这种无形商品，而业主和物业的使用人正好需要物业服务这种无形商品，双方进行物业服务交换的过程，便构成了物业管理市场。因此，物业管理市场，是指以物业服务为交换对象的市场，是提供和购买物业服务这种无形商品的交换关系的总和。

二、物业管理市场的构成

物业管理行业的形成，必然推动物业管理市场的兴起和发展。物业管理市场是指以物业服务为交换对象的市场，与其他市场一样，其内容包括市场主体、市场客体、市场运行环境三个方面。

（一）市场主体

物业管理市场的市场主体是指直接参与或直接影响市场交换的各类行为主体，可分为供给主体、需求主体和协调主体三类。

1. 供给主体。供给主体是指提供物业服务的各种类型的物业服务企业，以及一些提供专门劳务和技术的专业服务公司，如清洁公司、秩序维护公司、维修公司、绿化公司等。

2. 需求主体。需求主体主要是指需要物业服务的各类物业的业主及物业使用人，以及需要进行物业前期管理的房地产开发企业。

3. 协调主体。协调主体主要是指政府行业行政主管部门、政府基层办事机构和物业管理行业协会，如各省、自治区、直辖市以及以下各级政府所辖的建设部门和房地产管理部门等。

（二）市场客体

物业管理市场的市场客体是指物业管理市场上供给主体和需求主体的交换对象，即物业服务。

（三）市场运行环境

物业管理市场的市场运行环境是指构成该市场的一整套制度框架和确立市场运作法则的一系列政策规定。它主要包括以下内容：

1. 基本的社会经济制度和各类相关的专门性法律，包括宪法、经济体制以及民法典等。

2. 房地产业及物业管理行业的法规和政策，如《物业管理条例》和各地结合当地实际出台的物业管理行业管理办法、物业管理的各种服务规范、各种管理规定等。

3. 业主委员会的组建及运作规定，如《业主大会规程》等。

4. 各类物业管理契约，如物业服务合同（示范文本）等。

5. 物业管理市场运作法则，如《前期物业管理招标投标管理暂行办法》等。

第二节　物业服务企业

一、物业服务企业的概念和性质

（一）物业服务企业的概念

所谓物业服务企业，是指依法设立，具有独立法人资格，从事物业管理服务活动的企业。物业服务企业的定义包括以下三层含义：

1. 物业服务企业必须依法设立。物业服务企业是根据社会化、专业化、企业化、经营型的要求，并按照国家规定的法定程序建立起来的企业。物业服务企业的组建要符合法定的条件和程序，要到市场监督管理主管部门进行注册登记，才能从事物业服务活动。

2. 物业服务企业必须是独立的法人企业。按照《物业管理条例》的规定，从事物业服务的企业必须是依法建立的，独立享有民事权利和承担民事义务的经济组织。这类组织具有自主经营、自负盈亏、自我约束、自我发展的运行机制，是一个独立核算的经济实体。

3. 物业服务企业是从事物业服务活动的企业。物业服务企业的根本任务就是提供物业服务，这种服务的中心内容就是对房屋及其配套的设施设备和相关场地进行维修、养护、管理，以及维护相关区域内的环境卫生和秩序，为业主或非业主使用人创造良好的工作和生活环境。

（二）物业服务企业的性质

物业服务企业的性质是由物业管理的性质决定的。物业管理具有服务性，因而物业服务企业也就属于服务型企业。物业服务企业向社会提供的是服务产品，属于第三产业的范畴。物业服务企业的主要职能是通过对物业的管理和提供的服务，为业主和用户创造一个舒适、方便、安全、幽雅的工作和居住环境。物业服务企业从事的活动属于一种经营活动，主要是通过对物业进行维修养护、清洁卫生以及直接为业主和租户提供服务来实现自己的工作目标。从本质上说，物业服务企业向社会提供的是服务产品。

（三）物业服务企业的类型

物业服务企业按照不同的划分标准，可分为不同的类型：

1.物业服务企业按业务性质可以划分为管理服务型物业服务企业、管理型物业服务企业和租赁经营型物业服务企业。

2.物业服务企业按建立形式可以划分为独立型物业服务企业和派生型物业服务企业。独立型物业服务企业是指由社会上独立的个人或组织组建，通过市场竞争取得物业服务项目的物业服务企业。这类企业按社会化、专业化、企业化、经营型要求组建，其独立性强，有较强的市场竞争意识。派生型物业服务企业是指房地产开发企业或企事业单位为了管理自己开发或自己投资的物业而组建的物业服务企业。

3.物业服务企业按组织形式可以划分为有限责任公司和股份有限公司。

4.物业服务企业按投资主体可以划分为国有企业、合伙企业、个人独资企业、外商投资企业等。

二、物业服务企业的设立

作为必须具有法人资格的物业服务企业，在设立时应当根据《中华人民共和国企业法人登记管理条例》《中华人民共和国企业法人登记管理条例实施细则》的有关规定办理注册登记手续。一般说来，物业服务企业在办理注册登记手续时，应具备以下条件：

1.有自己的名称。物业服务企业必须有自己的名称，同时物业服务企业的名称要进行预先审核。国家相关法规对企业名称的使用有一定的限制性规定。

2.有固定的办公及经营场所。物业服务企业要有自己的住所，作为注册登记和组织机构办公的场所。物业服务企业的住所用房可以是自有产权房屋也可以是租赁房屋，如以租赁用房作为住所，必须办理合法的租赁合同，房屋租赁的期限必须在1年以上。

3.有法定代表人。物业服务企业作为企业法人，经国家授权的审批机关或主管部门审批和登记主管机关核准登记注册后，其代表企业行使职权的主要负责人就是企业的法定代表人。物业服务企业的法定代表人对企业的经营管理起着至关重要的作用。物业服务企业法定代表人应在合法的前提下，在企业章程规定的职责内行使职权和履行义务，代表企业法人参加民事活动，对物业服务企业全面负责，并接受本企业全体成员的监督，同时接受政府主管部门和行政机关的监督。

4.有符合要求的注册资本。注册资本是企业从事经营活动、承担债权债务的物质基础。一般来说，注册资本的大小直接决定公司的未来偿债能力和经营能力。我国有关法律法规对各类公司的注册资本有具体的规定，各地对物业服务企业的注册资本数额也有要求，要按照法律的规定和当地的要求办事。目前的规定是物业服务企业的最低注册资本不低于50万元。

5.有公司章程。公司章程是明确企业宗旨、性质、资金状况、业务范围、经营规模、经营方向和组织形式、组织机构，以及利益分配原则、债权债务处理方式、内部管理制度等规范性的书面文件。其内容一般应包括：公司的宗旨；名称和住所；经济性质；注册资金数额以及来源；经营范围和经营方式；公司组织机构及职权；法定代表人产生程序及职权范围；财务管理制度和利润分配方式；劳动用工制度；章程修改程序；

终止程序；其他事项等。

6. 有符合规定要求的专业技术人员和管理人员。物业服务企业从事特许经营活动应该要有符合规定要求的相关人员。

7. 有健全的组织机构和规章制度。物业服务企业应当根据经营管理的需要，设计和建立组织机构，并制定适合本企业的一系列规章制度。

三、物业服务企业的权利与义务

物业服务企业从事物业管理服务活动，必须要履行一定的职责，要履行职责就要享有一定的权利，并承担一定的义务。

（一）物业服务企业的权利

1. 物业服务企业有权根据物业服务合同的约定，实施物业管理活动。物业服务合同中明确规定了管理项目和管理内容，物业服务企业有权根据合同中有关条款的规定，通过制定相应的管理措施对物业实施具体管理。

2. 物业服务企业有权根据有关法规和政策，结合实际情况，制定本物业的物业管理制度。物业服务企业有权根据所管物业实际情况和物业服务委托合同，制定切实可行的各项管理办法、规章制度、实施细则。例如，物业服务企业可规定物业公共设施使用办法，服务收费标准、收费时间、收费办法及违约处理办法等。

3. 物业服务企业有权依照物业服务合同和有关规定收取物业服务费用。对于物业管理费的收取，国家有原则性的规定，物价管理部门也有相应要求。业主委员会在与物业服务企业签订物业服务合同时，应就收费问题在国家有关规定的基础上进行讨论并达成一致意见。物业服务企业将以此为依据，向业主或非业主使用人收取管理服务费。

4. 物业服务企业有权要求业主委员会协助管理。业主委员会和物业服务企业是物业服务合同签约的双方，双方的目标都是设法把物业管理好。需要双方相互配合，在有些问题上，物业服务企业有权要求业主委员会协助。如物业服务企业按规定收取费用时，个别业主无故拒绝交纳，则物业服务企业有权要求业主委员会协助催缴。

5. 物业服务企业有权制止违反本辖区物业管理制度的行为。物业服务企业是一个经营机构，虽然不是执法机构，但具有管理职能，为了保障业主和非业主使用人的合法权益，有权根据业主大会通过的管理规约和物业服务合同中有关条款的约定，制止业主和非业主使用人违反规章制度的行为。

6. 物业服务企业有权根据物业服务合同的约定选聘专营公司（如清洁公司、秩序维护公司等）承担专项管理和服务。在物业管理过程中，对一些专项管理和服务（如保洁、秩序维护、维修），物业服务企业可以自己设置部门从事这方面的工作，也可以选聘专业服务公司。但根据现有法规的规定，不得将整体管理责任及利益转让给其他单位或个人，也不得将专项业务承包给个人。选聘专业公司的权利应当属于物业服务企业，因为这样做便于物业服务企业的统一管理。

7. 物业服务企业可以实行多种经营，以其收益补充管理经费之不足。不同的物业其收费标准有很大的差异。目前，商业楼宇或高档别墅，管理费收费标准较高。但由于住宅小区居民对管理费承受能力有限，因此管理费收费标准普遍较低，加上部分居民拖欠管理费，因此往往无法满足物业管理经费的支出。物业服务企业为了弥补管理经费的不足，有权实行多种经营。

（二）物业服务企业的义务

1. 履行物业服务合同，依法经营。物业服务合同一经签订，就会受到国家法律的保护。物业服务合同中规定的物业服务企业的义务，物业服务企业应全面履行。在合同执行过程中，物业服务企业必须信守合同，不得擅自变更和单方解除物业服务合同。如果发生新的情况，要经双方协议重新达成新的合同。物业服务企业开展各项经营业务时，一定要依法经营。

2. 接受业主和业主委员会的监督。业主委员会是业主大会的执行机构，负有召集业主大会会议，报告物业管理的实施情况，代表业主与业主大会选聘的物业服务企业签订物业服务合同，监督和协助物业服务企业履行物业服务合同，监督管理规约的实施等职责。物业服务企业与业主的关系是受托人和委托人、服务人与被服务人的关系。业主委员会作为委托人和被服务人的代表，有权对物业服务企业的物业管理活动实施监督，以维护业主的正当权益。而物业服务企业接受委托、提供服务，其服务内容和服务标准是否符合合同的约定，这自然要由业主和业主委员会做出评价。所以，物业服务企业要自觉接受业主和业主委员会的检查和监督。

3. 重大的管理措施应提交业主委员会审议，并经业主委员会认可。物业管理的重大措施，涉及全体业主的切身利益，物业服务企业无权自行决定。因此，物业服务企业在出台重大的管理措施之前应提交业主委员会审议，得到批准或获得认可后方可实施。

4. 接受房地产行政主管部门、有关行政主管部门及物业所在地人民政府的监督指导。房地产行政主管部门、有关行政主管部门及物业所在地人民政府是行政管理的主体，要在各自行政范围内实施行业管理和属地管理。物业服务企业必须自觉接受行政主管部门和地方政府的监督和指导，也只有在其监督、指导、协调下，才能有效地开展物业服务活动。

5. 发现违法行为应及时向有关行政管理机关报告。物业服务企业不是国家的执法机构，在物业管理活动中如果发现业主及物业使用人有违法行为又无权追究时，有义务向有关行政管理机关报告，并协助行政管理机关及时采取相应措施制止违法行为的继续发生。

[案例分析 2-1]

如何选聘前期物业服务企业？

《物业管理条例》第二十四条规定，国家提倡建设单位按照房地产开发与物业管理相分离的原则，通过招投标的方式选聘物业服务企业。

住宅物业的建设单位，应当通过招投标的方式选聘物业服务企业；投标人少于 3 个或者住宅规模较小的，经物业所在地的区、县人民政府房地产行政主管部门批准，可以采用协议方式选聘物业服务企业。

案例回顾：2018 年 6 月，如皋某小区业主向我市城管局反映该小区物业公司非法经营，要求依法查处。经查，该小区建设单位选聘物业服务企业，未到市招投标中心按正常程序招标，而是通过在小区内张贴自主招标公告的方式，与物业公司签订了物业服务合同。市城管局对该小区建设单位进行了约谈，并责令其立即整改。

分析：由建设单位通过招标方式选聘物业服务企业的，称为前期物业服务招投标。案例中的建设单位选聘物业服务企业程序违反了《物业管理条例》第二十四条的规定，该条例第五十六条明确"违反本条例的规定，住宅物业的建设单位未通过招投标的方式选聘物业服务企业，或者未经批准，擅自采用协议方式选聘物业服务企业的，由县级以上地方人民政府房地产行政主管部门责令限期改正，给予警告，可以并处 10 万元以下的罚款"。鉴于该小区建设单位积极实施整改，按规定办理了招标备案，按程序实施了招投标，同时也将物业服务合同进行了备案，此次给予警告。

采用招投标方式进行交易活动，一方面，建设单位可以对各物业企业的竞争报价和其他条件进行综合比较，从中选择报价低、技术力量强、管理规范、信誉好、服务质量有保障的物业服务企业；另一方面，有利于遏制协议选聘物业服务企业各种不正当的竞争行为，为物业管理行业创造公平的市场竞争环境，促进物业服务企业提高物业服务的质量。

资料来源：作者根据相关资料整理所得。

四、物业服务企业的机构设置

（一）物业服务企业机构设置的原则

1. 目标明确原则。所谓目标明确，是指物业服务企业的机构设置要围绕物业服务企业的任务和目标进行。要将企业的任务和目标落实到具体的岗位和部门，即要以"事"为中心，做到"因事设岗""因岗择人"。

2. 精干高效原则。物业服务企业的机构设置应做到精干高效。精干高效是在精干的基础上达到高效，精干首先要做到机构精简，管理层次少；其次要做到队伍精干，管理人员和服务人员要具有良好的职业素质和工作作风，精神要饱满。精干可以减少矛盾，提高工作效率，同时可以节约成本、减少开支，降低物业管理费用，提高经济效益，而机构臃肿、层次多、人员多、费用增加、人浮于事、矛盾增加等，必然会降低工作效率。但是，管理机构、管理层次和管理人员并不是越少越好，不能影响物业管理任务的完成和物业管理目标的实现。要以较少的人员、较少的层次、较少的时间完成同样的工作任务，实现同样的工作目标。

3. 责权对等原则。物业服务企业的机构设置要体现责权对等原则。企业组织机构中各个部门、每个岗位都有其职责范围和应承担的责任。在承担责任的同时，必须要赋予相应的权力，即相应的取得和利用人力、物力、财力以及信息等工作条件的权力。所赋予的权力不可太大也不可太小，必须与责任相适应。有责无权会束缚管理人员的积极性和主动性，使责任制度形同虚设，使责任人因无权或权力小而无法承担自己的责任、无法完成自己的任务；而有权无责则会导致滥用权力、瞎指挥和脱离工作范围，造成该管的事无人管、该干的事无人干的局面，同样也无法完成工作任务、实现工作目标。

4. 统一指挥原则。物业服务企业的机构设置要按照统一指挥、分级管理原则办事，既要保证统一指挥，又要做到分级管理。统一指挥要求物业服务企业由企业最高领导人（总经理）全权负责，企业重大决策最后要由总经理做出。但是统一指挥并不意味着事无巨细，都要由总经理来指挥、决定，而是要进行分级管理。各级负责人在接受上级领导和指挥的前提下，有权对本部门范围内的工作做出决策和决定。一个下级只接受一个上级的指挥，不允许多头领导，也不允许越级指挥。如果两个或两个以上领导人同时对一个下级或一件工作进行指挥、做出指令，就会使下级无所适从，不知应服从谁的指令。如果越级指挥，就剥夺了下级应有的在其职责范围内的指挥权，下级也就不能承担其职责范围内的责任，这既违背了统一指挥、分级管理原则，也违背了责权对等原则。

5. 分工协作原则。物业服务企业的机构设置要强调分工协作原则。分工就是把物业管理的任务、目标分成各个层次、各个部门和各个岗位的任务和目标，明确各个层次、各个部门和各个岗位应该做的工作以及完成工作的手段、方式和方法。分工是组织的基本内容，是专业化协作的基本要求，也是完成物业管理任务、实现物业管理目标的有效手段。协作是与分工有密切联系的一个概念，它是指部门与部门之间、岗位与岗位之间的协调与合作。分工不分家，物业服务企业作为服务性企业，特别要强调在分工的基础上加强协作，保证总体物业管理任务的完成和实现整个企业的目标。

6. 柔性经济原则。所谓柔性，是指物业服务企业的各个部门、各个人员都是可以根据组织内外环境的变化而进行灵活调整和变动的。组织的结构应当保持一定的柔性以减小组织变革所造成的冲击和震荡。所谓经济是指组织的管理层次与幅度、人员结构以及部门工作流程必须要设计合理，以达到管理的高效率。组织的柔性与经济是相辅相成的，一个柔性的组织必须符合经济的原则，而一个经济的组织又必须使组织保持柔性。只有这样，才能保证组织机构既精简又高效，避免形式主义和官僚主义作风的滋长和蔓延。

（二）物业服务企业的组织形式

自企业产生以来，随着社会经济的发展和企业规模的不断扩大，出现了诸多企业组织形式，如直线制、职能制、直线职能制、事业部制、矩阵结构、多维立体结构等。目前物业服务企业的组织形式主要有以下三种：

1. 直线制。直线制是最简单的物业服务企业的组织形式。它的特点是企业按照垂直系统直线指挥，不设专门的职能机构，每个上级可领导若干个下级，每个下级只接受一个上级的领导，其组织机构形式如图2-3所示。直线制的优点是指挥统一、命令统一、责权对应、工作效率高。其缺点是对领导者要求比较高，要通晓多种专业知识，亲自处理许多具体业务。直线制一般适用于规模较小的物业服务企业。

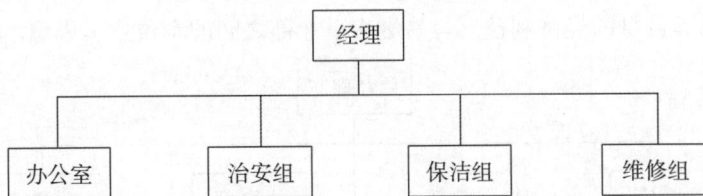

图2-3　直线制组织机构形式

2. 直线职能制。直线职能制是在直线制的基础上发展起来的企业组织形式。它的特点是企业既有直线指挥系统，又有职能参谋系统。直线指挥系统按照隶属关系对下级进行指挥，职能参谋系统作为领导的参谋和助手，对下级没有指挥的权力，其组织机构形式如图2-4所示。直线职能制的优点是既保证了直线系统的统一指挥和统一领导，又发挥了职能机构的参谋作用。其缺点是高层管理者高度集权，难免决策迟缓，对环境变化的适应能力差；职能部门之间横向协调配合困难，不利于沟通信息，影响工作效率；不利于后备人才的培养。直线职能制是我国目前物业服务企业普遍采用的一种组织结构形式，常见的是企业组织机构分成两级，即企业总部和各物业管理处。在企业总部设立若干职能部门，指导各物业管理处开展业务。管理处是物业管理工作的经营实体，负责具体的操作。企业实行总经理负责制，职能部门和各物业管理处均服从总经理的指挥，各物业管理处在业务上接受职能部门的指导与监督。

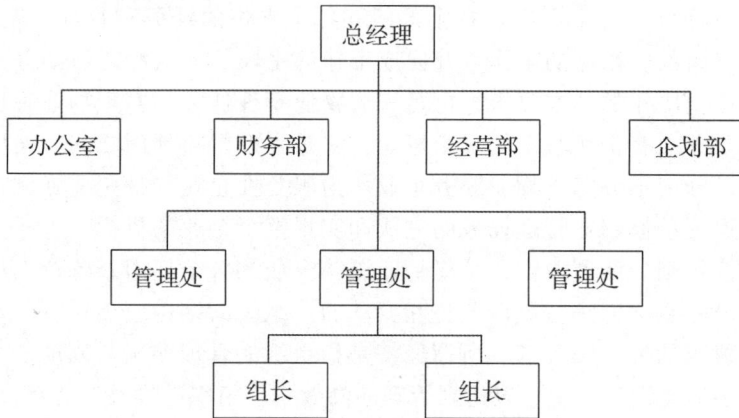

图2-4　直线职能制组织机构形式

3.事业部制。事业部制又称分部制，是指规模较大的物业服务企业把那些相对独立的业务部门划分为各个独立的经营单位或分公司，使之独立核算，每个独立经营的单位都是在总公司控制之下的利润中心，按照集中管理、分散经营的原则，公司最高管理层负责重大方针的制定，掌握影响公司成败的重大问题的决策权，如资金使用、分公司负责人的任免、发展战略的制定等。分公司经理则根据总公司经理的指示，统一负责分公司的管理，其组织机构形式如图2-5所示。分部制的主要优点是各事业部（分公司）在总公司容许的范围内独立经营，既提高了各分部（分公司）的积极性和主动性，增强了管理的灵活性和对市场竞争的适应性，又具有较高的稳定性；最高管理机构能够摆脱日常事务，能够集中精力做好全局性、长远性的战略决策；有利于培养全面的管理人才。其缺点是管理机构重叠，管理人员较多，费用开支较大；各事业部之间的横向联系和协调困难，由于各事业部是单独核算，有其自身的经济利益，容易滋生事业部之间的本位主义思想。

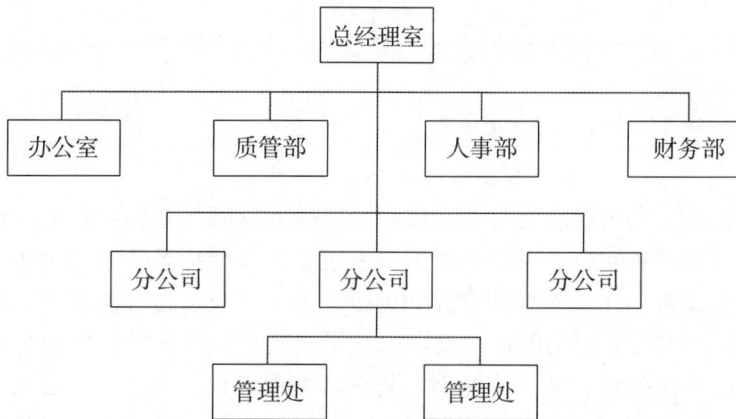

图2-5　事业部制组织机构形式

（三）物业服务企业的部门设置

按照统一指挥、分级管理的原则和事业部制组织结构的特点，物业服务企业一般可设置以下机构：

1. 总经理室。总经理室是物业服务企业的行政指挥、调度、决策中心，实行总经理负责制的总经理是最高一级的指挥决策者。总经理对公司负全面责任，对公司的一切重大问题做最后决策，负责布置和协调各部门经理的工作。总经理室一般设总经理一名，副总经理若干名。副总经理是总经理的助手，在总经理的领导下全面处理分管工作，重大问题报请总经理（或经理例会）处理，及时报告分管工作，提出重大问题的处理意见，完成经理或经理例会安排的其他工作。

2. 办公室。办公室是总经理领导下的综合管理部门，负责行政、接待、档案文件管理、协调和监督检查公司各部门的工作，负责物业服务企业规章制度的制定和修改。

3. 质管部。质管部负责各物业项目物业服务质量检查、督促、指导、协调、评优选先等工作。

4. 人事部。人事部即人力资源管理部，负责公司人员招聘、培训、考核等人力资源管理工作。

5. 财务部。财务部在总经理的领导下，参与企业的经营管理，做好资金运作的日常工作，负责管理服务费的收缴和费用支出，做好财会账册、报表、缴纳税费，并经常向总经理报告公司财务情况。财务部一般设会计、出纳、票据保管等岗位，可采取一人一岗，或一人多岗、一岗多人的办法分工负责。

6. 工程部。工程部是负责物业维修及设备管理的技术管理部门，一般由房屋工程、电气工程、给排水等方面的中、高级技术人员组成，包括房屋、设备设施的检验、维修、更新、改造的计划安排和实施管理，外包工程施工单位或设备维保单位的选聘，工程维修制度的制定和修改，对管理处工程、设备维修人员的业务指导、技术监督和专业培训等。

7. 市场部。市场部是专职于物业管理业务开发的部门，随着物业管理市场的发展，物业服务企业之间的竞争更加激烈。一方面，企业要发展，就应不断拓展业务；另一方面，业主委员会拥有选聘或解聘物业服务企业的权利。因此，企业应居安思危，不断开发新的业务，市场部的主要责任是确定目标，选择物业，进行投标，参与市场竞争。

以上是物业服务企业的一般性机构设置，各物业服务企业可以根据实际情况，灵活设置相应的部门。

（四）物业服务企业的自身建设

随着物业管理市场的不断健全和完善，在优胜劣汰的市场竞争机制下，物业服务企业自身的建设就成为决定企业成败的关键。竞争，既是物业服务企业的压力，又是物业服务企业的动力。全国各地出现的业主委员会炒掉物业服务企业的事件，在社会上引起了广泛的关注。这说明，物业服务企业如果服务不好，就会被市场淘汰。在市场经济中，真正的主人是消费者。竞争的压力要求物业服务企业不断改善服务态度，提高服务质量，提高自身素质，加强企业自身的建设。当前，"创品牌、树形象、练内功、求发展"正在成为各物业服务企业追求的目标。

　　物业服务企业自身的建设包括很多方面，如企业形象的设计，企业文化的建设，企业内部科学有效运行机制的建立，各项规章制度的健全与完善，管理人员和员工素质的提高等，其核心都是围绕如何提高企业的管理水平、确保服务质量这一问题。

　　物业管理的运作与发展，需要高素质的人才。一支高素质的管理人员和职工队伍建立的根本在于教育。培训与继续教育又称"人力资源开发"，是培养人才的关键，对物业服务企业的生存与发展起着决定性的作用。

　　物业管理在我国起步较晚，物业管理的专业人才，尤其是高级管理人才普遍缺乏。长期以来，国内物业管理专业教育不能满足物业管理市场对专业人才的需求。目前从事物业管理的高级管理人员多是从不同行业转入的，普遍缺乏系统的训练与学习。加之物业管理在我国发展的时间还不长，理论上尚不完善，实践中还缺乏经验；而房地产业的迅速发展，新建筑、新功能、新技术的不断出现，又对物业管理提出了新的更高的要求。这都迫切需要加强对物业管理人员的培训与继续教育。

　　国内外大量的实践表明，贯彻和实施ISO 9000质量管理体系是加强物业服务企业自身建设、确保服务质量的有效途径。目前，国内有一大批物业服务企业已经或正在导入ISO 9000质量管理体系，极大地提高了物业服务企业的服务水平。

第三节　业主与业主委员会

一、业主

（一）业主的概念

　　业主是指物业的所有权人，即房屋（包括配套设备设施和附属场地）所有权人和土地使用权人。在物业管理活动中，业主是物业管理市场的主体之一，是物业服务企业的服务对象。业主既可以是自然人，也可以是法人。就一宗物业来说，可能只有一个业主，也可能同时有多个业主，物业的产权归多个业主所共有。业主结构不同，物业管理的运作模式就不同。在多个业主的物业中，根据业主产权的比重不同，又分为大业主和小业主，他们在物业管理中所享有的权利及所承担的义务是不同的。例如，业主参加业主大会时，对物业管理重大事项的表决权，就是根据业主产权比重来设定的，这就好比股份公司，大股东所享有的表决权就要大于小股东。

　　不拥有对物业的所有权，但通过某种形式而获得物业使用权并实际占有和使用该物业的人，称为非业主使用人。

（二）业主的权利

　　根据国家颁布的《物业管理条例》的规定，业主在物业管理活动中，享有以下权利：

　　1.按照物业服务合同的约定，接受物业服务企业提供的服务。物业服务合同是明确业主与物业服务企业双方权利和义务的协议。物业服务合同既包括业主大会选聘物业服务企业，由业主委员会与物业服务企业之间签订的物业服务合同，也包括建设单位选聘物业服务企业，并与之签订的前期物业服务合同。

　　物业服务合同签订后，物业服务企业按合同约定的服务内容和标准，开展物业管理活动，提供物业管理服务。业主则按合同约定交纳物业服务费用，接受物业服务企业提供的相应服务。

2.提议召开业主大会会议，并就物业管理的有关事项提出建议。业主大会由物业管理区域内的全体业主组成。业主作为业主大会的组成成员，有权提议召开业主大会会议。同时，无论是在业主大会会议上，还是在平时，业主均有权就物业管理有关事项向业主大会、业主委员会或物业服务企业提出自己的建议，充分表达自己的意见，以维护业主自身的权益。

3.提出制定和修改管理规约、业主大会议事规则的建议。管理规约是全体业主共同规定在有关物业的使用、维护、管理等涉及业主共同利益时业主应当履行的义务，违反规约应当承担的责任等事项依法做出的约定，对全体业主具有普遍约束力的自律性规范。业主大会议事规则是就业主大会的议事方式、表决程序、业主投票权确定办法、业主大会决议产生办法等事项依法做出的约定。

管理规约、业主大会议事规则是规范业主之间权利与义务关系和业主大会内部运作机制的规章和约定。管理规约、业主大会议事规则事关业主的权益，业主有权对这些规章和约定的制定和修改提出自己的建议。同时，业主委员会在制定和修改管理规约、业主大会议事规则时，也应当充分征求业主的意见，从而使这些规章和约定能集思广益，具有广泛的基础，并不断完善。

4.参加业主大会会议，行使投票权。业主有权参加业主大会会议，行使投票权，这是业主行使业主权利的具体体现。业主的投票权根据业主拥有物业的建筑面积、住宅套数等因素确定。具有投票权的业主，可以在需要投票表决的决议、决定、事项中行使投票权。

5.选举业主委员会委员，并享有被选举权。业主委员会是业主大会的执行机构，负有召集业主大会会议，报告物业管理的实施情况，代表业主与业主大会选聘的物业服务企业签订物业服务合同，监督和协助物业服务企业履行物业服务合同，监督管理规约的实施等职责。

业主委员会委员应由热心公益事业、责任心强、具有一定组织能力的业主担任，由业主大会选派产生。业主可以选举自己认为能胜任的人担任业主委员会委员，同时享有被选举为业主委员会委员的权利。

6.监督业主委员会的工作。业主委员会的基本职能是维护业主的权益，但是目前有些业主委员会没有尽到应有的职责，办事效率低，工作不得力，业主委员会的作用没有很好地发挥。一些业主委员会委员自身素质不高，不是从广大业主利益出发，没有站在公正的立场上来衡量物业服务公司的工作实绩，而是从个人私欲出发，以权谋私，向物业服务公司提出这样那样的要求，在私欲得不到满足的情况下，就故意刁难物业服务公司。有的业主委员会委员滥用业主大会赋予他们的职权，做出种种损害业主利益的行为。为了防止业主委员会委员侵害业主权益情况的发生，每位业主都有权监督业主委员会的工作，督促业主委员会委员更好地履行职责，保证业主委员会规范运作。

7.监督物业服务企业履行物业服务合同。物业服务企业是接受业主的委托提供物业服务，并与委托方签订物业服务合同。物业服务合同是物业管理的基础，物业服务企业按合同约定开展物业管理活动，为业主提供物业管理服务。作为业主，有要求物业服务企业依据物业服务合同提供相应的管理与服务的权利，同时也有对其所提供的服务进行查询、建议、批评、投诉的权利，监督和督促物业服务企业履行物业服务合同，促进物业服务企业不断改进服务质量，提高服务水平。

8.对物业共用部位、共用设施设备和相关场地使用情况享有知情权和监督权。物业共用部位、共用设施设备和相关场地，与业主所拥有的物业有着密切的内在联系，属于全体业主所有，如共用水箱、电梯、泵房、配电房、非经营性停车场、车库等。有的开发商或物业服务公司未经业主许可，擅自对物业共用部位、共用设施设备和相关场地进行处置，侵害了全体业主的合法权益，因此，作为业主，有权对物业共用部位、共用设施设备和相关场地使用情况进行查询、了解和监督，以保证物业共用部位、共用设施设备和相关场地的使用合理、合法，保护业主的权益不受侵害。

9.监督物业共用部位、共用设施设备专项维修资金的管理和使用。物业共用部位、共用设施设备专项维修资金由全体业主筹集，专项用于物业保修期满后物业共用部位、共用设施设备的大修和更新、改造，不得挪作他用。建立物业共用部位、共用设施设备专项维修资金是保障房屋售后的维修管理、维护房屋产权人和使用人共同利益的重要途径。目前，不少地方的专项维修资金的管理混乱、使用不合理，挪用专项维修资金的现象严重，影响了物业共用部位、共用设施设备的维修和长期安全使用，损害了物业产权人和物业使用人的利益。因此，作为业主，有权监督物业共用部位、共用设施设备专项维修资金的管理和使用，以保证专项维修资金管理得当、使用合理。

10.法律、法规规定的其他权利。业主除享有上述权利外，还享有法律、法规规定的其他权利，如业主可依法享有对物业自有部位占有、使用、经营、处置等权利，依法享有使用物业共用部位、共用设施设备和相关场地的权利，依法享有当自己及家人的人身和自有物业受到侵害时要求停止侵害、消除危险、赔偿损失的权利等。

（三）业主的义务

根据权利与义务相对应的原则，业主在物业管理活动中，除享受上述权利外，也必须履行下列义务：

1.遵守管理规约、业主大会议事规则。管理规约对全体业主有共同约束力。制定管理规约的目的是维护全体业主和物业使用人的合法权益，维护物业范围内的环境和秩序，保障物业的安全与合理使用。因此，履行管理规约是业主自身利益的需要，每一个业主都有自觉遵守管理规约的义务。

业主大会议事规则是业主大会运行应当遵循的规则，按此规则办事，才能保证业主大会顺利进行，确保业主大会所做出的决议、决定合法有效。业主大会议事规则对业主具有约束力，所以，每一个业主都有自觉遵守业主大会议事规则的义务。

2.遵守物业管理区域内物业共用部位和共用设施设备的使用、公共秩序和环境卫生的维护等方面的规章制度。建立物业共用部位和共用设施设备使用的规章制度，是为了加强物业共用部位和共用设施设备的使用管理，保证业主和使用人的正常使用，给业主和使用人的工作、学习和生活带来便利。建立公共秩序和环境卫生维护等方面的规章制度，是为了给业主和使用人创造一个良好的工作、学习和生活环境。所以，这些规章制度的建立都是为了维护业主和使用人的共同利益。但是，规章制度只有大家共同遵守，才能行之有效，实现其目的。因此，凡是业主大会制定或授权物业服务企业制定的物业共用部位和共用设施设备的使用、公共秩序和环境卫生的维护等方面的规章制度，业主都有自觉遵守的义务。

3.执行业主大会的决定和业主大会授权业主委员会做出的决定。业主大会的决定和业主大会授权业主委员会做出的决定代表了全体业主的共同意志，其宗旨是维护业主的共同利益。所以，业主有义务遵守和执行业主大会的决定和业主大会授权业主委员会做出的决定。

4.按照国家有关规定交纳专项维修资金。物业共用部位、共用设施设备专项维修资金没有建立或筹集不足，势必影响物业保修期满后的正常维修和更新改造，影响物业的正常安全使用，缩短物业的使用寿命，从而损害业主自身的利益。按照国家有关规定，属于业主所有的专项维修资金需要向业主筹集和再筹集，因此，业主有义务按照国家有关规定交纳专项维修资金。

5.按时交纳物业服务费用。物业服务企业所提供的服务，从根本上来说也是一种商品，它是一种劳务性商品，也具有价值和使用价值。物业服务费就是物业服务企业这种劳务性商品价值的货币表现。业主享受物业服务，实际上是一种购买行为，是业主购买物业服务这种劳务性商品。"花钱买服务，花钱买享受"，这符合等量劳动取得等量报酬的规律。如果享受物业服务但不出钱，物业服务企业所提供的服务得不到价值补偿，那么物业服务这种劳务性商品的再生产就无法进行，而一旦失去物业服务，就会给业主自身的工作、学习、生活带来极大的不便。因此，业主有义务按时交纳物业服务费用。

6.法律、法规规定的其他义务。业主除应履行上述义务外，还应履行法律、法规规定的其他义务，如遵守社会公德，维护安定团结，促进精神文明建设的义务；见义勇为，与坏人坏事作斗争的义务；爱护公私财物，损坏按价赔偿的义务等。

[案例分析 2-2]

业主为什么要交物业服务费？

《物业管理条例》第四十条规定，物业服务收费应当遵循合理、公开以及费用与服务水平相适应的原则，区别不同物业的性质和特点，由业主和物业服务企业按照国务院价格主管部门会同国务院建设行政主管部门制定的物业服务收费办法，在物业服务合同中约定。

《物业管理条例》第四十一条规定，业主应当根据物业服务合同的约定交纳物业服务费用。业主与物业使用人约定由物业使用人交纳物业服务费用的，从其约定，业主负连带交纳责任。

已竣工但尚未出售或者尚未交给物业买受人的物业，物业服务费用由建设单位交纳。

案例回顾：声称保护小区业主安全，湖北省某小区物业将电梯设门禁卡，不交物业费的业主得每月去物业服务中心升级一次门禁卡。根据业主投诉及执法人员的调查，物业公司为加强小区安全管理，设置电梯门禁卡，为每户业主免费发放三张电梯门禁卡。电梯门禁卡有时限设置，如果业主交纳物业服务费就无须每月升级，否则要到物业公司财务室免费升级。根据《湖北省物业服务和管理条例》的规定，该小区物业公司的行为已损害了业主的合法权益。物业管理部门约谈了该物业公司负责人。目前，违法行为已整改到位，电梯门禁卡将不再与业主是否交纳物业费挂钩。

分析：物业服务企业提供物业服务，业主享受物业服务，双方的关系、权利与义务都是依据物业服务合同约定的。因此，物业公司有提供服务的义务，相对而言，业主有支付物业服务费的义务。如果业主不交纳物业费，则属于民事纠纷当中的违约责任。物业服务企业是经营性企业，不是公益机构或行政机构，其经营决策具有市场性质。物业费不能足额收取，将直接造成物业企业利润减少，甚至导致服务质量下降，最终物业服务企业难以经营，直到物业公司撤离。而且物业公司撤离后，仍可通过民事纠纷的起诉来追缴物业费。物业公司加装门禁卡本是好事，但与业主是否交纳物业费挂钩，反倒成了侵权之事。业主们也要多换位思考，主动交纳物业费，共同维护小区的和谐安定。

资料来源：佚名. 住电梯房的注意啦！电梯门禁卡与物业费挂钩是违法的［EB/OL］.［2022-09-20］. http://www.sohu.com/a/249931385_773474.

二、业主大会

业主大会由物业管理区域内的全体业主组成，一个物业管理区域只能成立一个业主大会，业主大会代表和维护物业管理区域内全体业主在物业管理活动中的合法权益，业主大会自首次业主大会会议召开之日起成立。

同一个物业管理区域内的业主，应当在物业所在地的区、县人民政府房地产行政主管部门或者街道办事处、乡镇人民政府的指导下成立业主大会，并选举产生业主委员会。但是，只有一个业主的或者业主人数较少，且经全体业主一致同意，决定不成立业主大会的，由业主共同履行业主大会、业主委员会的职责。

（一）首次业主大会的召开条件

首次业主大会的召开，一般应具备如下条件：

（1）已交付使用的物业建筑面积达到50%；

（2）已交付使用的物业建筑面积达到30%不足50%，但使用已超过1年。

具备上述两个条件中的一条，即可召开首次业主大会。

（二）首次业主大会的筹备

首次业主大会一般由业主筹备召开。业主筹备成立业主大会的，要在物业所在地的区、县人民政府房地产行政主管部门和街道办事处（或乡镇人民政府）的指导下，由业主代表、建设单位（包括公有住房出售单位）组成业主大会筹备组，负责业主大会的筹备工作。

业主大会筹备组成员名单确定后，以书面形式在物业管理区域内公告。

业主大会筹备组应当做好下列筹备工作：

（1）确定首次业主大会会议召开的时间、地点、形式和内容；

（2）参照政府主管部门制定的示范文本，拟订业主大会议事规则（草案）和管理规约（草案）；

（3）确认业主身份，确定业主在首次业主大会会议上的投票权数；

（4）确定业主委员会委员候选人的产生办法及名单；

（5）做好召开首次业主大会会议的其他准备工作。

上述前四项内容应在首次业主大会会议召开15日前以书面形式在物业管理区域内公告。

业主大会筹备组应当自组成之日起30日内在物业所在地的区、县人民政府房地产行政主管部门的指导下，组织业主召开首次业主大会会议，并选举产生业主委员会。以后召开的业主大会，由业主委员会主持召开。

（三）业主大会的职责

业主大会履行以下职责：

（1）制定和修改业主大会议事规则；

（2）制定和修改管理规约；

（3）选举业主委员会或者更换业主委员会成员；

（4）选聘和解聘物业服务企业；

（5）筹集和使用专项维修资金；

（6）改建、重建建筑物及其附属设施；

（7）有关共有和共同管理权利的其他重大事项。

（四）业主大会的形式

业主大会会议可以采用集体讨论的形式，也可以采用书面征求意见的形式。但是，应当有物业管理区域内专有部分占建筑物总面积过半数的业主且占总人数过半数的业主参加。

业主大会会议分为定期会议和临时会议。业主大会定期会议按照业主大会议事规则规定的时间和周期由业主委员会组织召开。业主大会临时会议是因特殊情况而临时举行的会议。有下列情况之一的，业主委员会要及时组织召开业主大会临时会议：

（1）20%以上业主提议的；

（2）发生重大事故或者紧急事件需要及时处理的；

（3）业主大会议事规则或者管理规约规定的其他情况。

（五）业主投票权的确定

对于业主的投票权，国家没有统一的规定，而是由各地自行确定。例如上海市规定，业主的投票权数，住宅物业按套计算，每套计1票；非住宅物业按物业建筑面积计算，100平方米以上的，每100平方米计1票，100平方米以下有房地产权证的，每证计1票。单个业主所持的投票权最高不超过全部投票权的30%。业主大会成立以后，单个业主最高投票权也按照上述规定执行。具有投票权的业主，可以在需要投票表决的决议、决定、事项中行使投票权。

物业管理区域内业主人数较多的，可以幢、单元、楼层等为单位，推选一名业主代表参加业主大会会议。

推选业主代表参加业主大会会议的，业主代表应当于参加业主大会会议3日前，就业主大会会议拟讨论的事项书面征求其所代表的业主意见，凡需投票表决的，业主的赞同、反对及弃权的具体票数经本人签字后，由业主代表在业主大会投票时如实反映。

业主代表因故不能参加业主大会会议的，其所代表的业主可以另外推选一名业主代表参加。

（六）业主大会的决定和决议

业主大会决定的下列事项，应当经专有部分占建筑物总面积2/3以上的业主且占总人数2/3以上的业主同意；决定其他事项的，应当经专有部分占建筑物总面积过半数的业主且占总人数过半数的业主同意：

（1）筹集和使用专项维修资金；

（2）改建、重建建筑物及其附属设施。

业主大会或者业主委员会的决定，对业主具有约束力。

业主大会或者业主委员会做出的决定侵害业主合法权益的，受侵害的业主可以请求人民法院予以撤销。

三、业主委员会

（一）业主委员会的职责

业主委员会是业主大会的执行机构，是在物业管理活动中代表和维护物业辖区内全体业主合法权益的自治性组织。业主委员会对业主大会负责。

业主委员会履行以下职责：

（1）召集业主大会会议，报告物业管理的实施情况；

（2）代表业主与业主大会选聘的物业服务企业签订物业服务合同；

（3）及时了解业主、物业使用人的意见和建议，监督和协助物业服务企业履行物业服务合同；

（4）监督管理规约的实施；

（5）业主大会赋予的其他职责。

业主委员会应当督促违反物业服务合同约定，逾期不交纳物业服务费用的业主，限期交纳物业服务费用。

（二）业主委员会的产生与换届

（1）业主委员会的产生。业主委员会由业主大会选举产生。业主委员会自选举产生之日起3日内应召开首次业主委员会会议，推选产生业主委员会主任1位，副主任1~2位。业主委员会主任、副主任在业主委员会委员中推选产生。

业主委员会应当自选举产生之日起30日内，将业主大会的成立情况、业主大会议事规则、管理规约及业主委员会委员名单等材料向物业所在地的区、县人民政府房地产行政主管部门和街道办事处、乡镇人民政府备案。业主委员会备案的有关事项发生变更的，要按规定重新备案。非经上述程序而产生的业主委员会是不合法的。

（2）业主委员会会议。业主委员会应定期或不定期召开业主委员会会议，研究和部署业主委员会的工作。经1/3以上业主委员会委员提议或者业主委员会主任认为有必要的，应当及时召开业主委员会会议。

业主委员会会议应当作书面记录，由出席会议的委员签字后存档。

业主委员会会议应当有过半数委员出席，做出的决定必须经全体委员人数半数以上同意。

业主委员会的决定应当以书面形式在物业管理区域内及时公告。

（3）业主委员会的换届。业主委员会的任期由业主大会通过的业主大会议事规则决定。业主委员会任期届满2个月前，应召开业主大会会议进行业主委员会的换届选举；逾期未换届的，房地产行政主管部门可以指派工作人员指导其换届工作。

原业主委员会应当在其任期届满之日起10日内，将其保管的档案资料、印章及其他属于业主大会所有的财物移交新一届业主委员会，并做好交接手续。

（三）业主委员会委员的条件及变更

（1）业主委员会委员的条件。担任业主委员会委员应当符合下列条件：

① 本物业管理区域内具有完全民事行为能力的业主；

② 遵守国家有关法律、法规；

③ 遵守业主大会议事规则、管理规约，模范履行业主义务；

④ 热心公益事业，责任心强，公正廉洁，具有社会公信力；

⑤ 具有一定的组织能力；

⑥ 具备必要的工作时间。

（2）业主委员会委员的变更。因各种原因，有时需要对业主委员会委员进行变更。经业主委员会或者20%以上业主提议，认为有必要变更业主委员会委员的，由业主大会会议做出决定，并以书面形式在物业管理区域内公告。

业主委员会委员有下列情形之一的，经业主大会会议通过，其业主委员会委员资格终止：

① 因物业转让、灭失等原因不再是业主的；

② 无故缺席业主委员会会议连续三次以上的；

③ 因疾病等原因丧失履行职责能力的；

④ 有犯罪行为的；

⑤ 以书面形式向业主大会提出辞呈的；

⑥ 拒不履行业主义务的；

⑦ 其他原因不宜担任业主委员会委员的。

业主委员会委员资格终止的，应当自终止之日起3日内将其保管的档案资料、印章及其他属于业主大会所有的财物移交给业主委员会。

因物业管理区域发生变更等原因导致业主大会解散的，在解散前，业主大会、业主委员会应当在区、县人民政府房地产行政主管部门和街道办事处（乡镇人民政府）的指导监督下，做好业主共同财产清算工作。

[案例分析 2-3]

如何管理小区公共收益？

《物业管理条例》第五十四条规定，利用物业共用部位、共用设施设备进行经营的，应当在征得相关业主、业主大会、物业服务企业的同意后，按照规定办理有关手续。业主所得收益应当主要用于补充专项维修资金，也可以按照业主大会的决定使用。

案例回顾：重庆某小区业主委员会因业主共有权纠纷（露天停车位收益和电梯广告位收益）将重庆某物业管理有限公司起诉至法院，法院经一审、二审审理，最终判决如下：1.重庆某物业管理有限公司于本判决发生法律效力之日立即返还重庆某小区业主委员会公共收益491 602.80元；2.重庆某物业管理有限公司于本判决发生法律效力之日立即赔偿重庆某小区业主委员会资金占用损失，该损失以491 602.80元为本金，从2013年4月11日（某物业公司退出物业服务区域）起，按照中国人民银行同期贷款利率计算至本判决生效之日止。

分析：《物业管理条例》第六十三条规定，违反本条例的规定，有下列行为之一的，由县级以上地方人民政府房地产行政主管部门责令限期改正，给予警告，并按照本条第二款的规定处以罚款；所得收益，用于物业管理区域内物业共用部位、共用设施设备的维修、养护，剩余部分按照业主大会的决定使用：（1）擅自改变物业管理区域内按照规划建设的公共建筑和共用设施用途的；（2）擅自占用、挖掘物业管理区域内道路、场地，损害业主共同利益的；（3）擅自利用物业共用部位、共用设施设备进行经营的。

个人有前款规定行为之一的，处1000元以上1万元以下的罚款；单位有前款规定行为之一的，处5万元以上20万元以下的罚款。

本案中该物业公司未经业主大会同意即将业主共有部分经营停车位和广告位，该业主委员会有权要求物业公司将扣除合理成本后的收益给付业主委员会，用于补充专项维修资金或者业主共同决定的其他用途。

资料来源：中共如皋市委宣传部. 为什么要交物业费？如何管理小区公共收益？［EB/OL］.［2022-11-22］. https：//baijiahao.baidu.com/s？id=1616369461183024409.

[**实战演练 2-1**]

怎样重新选聘物业服务企业？

当大多数小区业主对现在实施物业服务的物业服务企业不满意时，应该怎样选聘新的物业服务企业呢？

提示：

（1）组成筹备组，筹备成立业主大会。

（2）通过业主大会，选举产生业主委员会。

（3）业主委员会组织全体业主投票，决定原物业公司的去留。

（4）如果经专有部分占建筑物总面积过半数的业主且占总人数过半数的业主同意，解聘原物业公司，那么双方协商终止合同。

（5）业主委员会筹备选聘新的物业服务企业，并经专有部分占建筑物总面积过半数的业主且占总人数过半数的业主同意后，签订新的物业服务合同。

第四节 物业服务企业与其他相关机构的关系

一、与房地产行政主管部门的关系

房地产行政主管部门主要负责制定物业管理行业政策，对物业管理活动实施指导、监督和管理。

（一）对物业项目招投标活动实施监督管理

国务院建设行政主管部门负责全国物业管理招标、投标活动的监督管理，省、自治区人民政府建设行政主管部门负责本行政区域内物业管理招标、投标活动的监督管理，直辖市、市、县人民政府房地产行政主管部门负责本行政区域内物业管理招标、投标活动的监督管理。

（二）对日常物业管理活动实施监督管理

《物业管理条例》规定，国务院建设行政主管部门负责全国物业管理活动的监督管理工作，县级以上地方人民政府房地产行政主管部门负责本行政区域内物业管理活动的监督管理工作，对违反《物业管理条例》规定的各种行为进行行政处罚或行政处分。

（三）组织物业服务企业参加行业考评和评比

目前，物业管理行业开展了国家、省级和市级三级考核评价活动，以促进物业管理行业的发展。各级房地产行政主管部门的一项主要工作就是组织物业服务企业参加各级评比活动。其中，国家级的荣誉称号就是"全国物业管理示范住宅小区（大厦、工业区）"称号。

二、与市场监督、税务和物价行政主管部门的关系

（一）物业服务企业必须接受市场监督管理部门的监督和指导

物业服务企业在开业之前，必须向市场监督管理部门申请注册登记，经市场监督管理部门审核批准后，颁发企业法人营业执照，方可正式开业。市场监督管理部门每年对物业服务企业依法进行年审，有权对违法经营者进行处罚，直至吊销企业营业执照，对合法经营者给予保护和支持。

（二）物业服务企业要依法向国家纳税

物业服务企业要依法缴纳税费，税务主管部门有权对物业服务企业进行定期与不定期的税务检查与指导，有权处罚违反税务规定的行为。

（三）物业服务企业应接受物价行政主管部门的物价管理

物业服务企业制定的物业服务收费标准，须上报物价行政主管部门备案，未在物价主管部门备案的，物业服务企业不得收费，不得提高收费标准。物价主管部门对物业服务企业的价格实行监督和指导。

（四）物业安全管理工作要接受当地公安部门的监督和指导

安全管理是物业管理的主要工作之一，物业服务企业应认真贯彻"预防为主，人防与技防相结合"的方针，自觉接受当地公安机关的监督和指导。

1.物业服务企业要根据物业管理区域的特点，合理布岗，加强巡逻检查，发现刑事案件、治安案件以及各种灾害事故，应当立即向当地公安机关报告，并协助其做好调查、救助和疏散工作。

2.居住小区规划红线内的机动车停车场（库）、非机动车存车处等交通设施，均由物业服务企业负责维护、管理，设立收费停车场，应由公安交通管理部门审核批准。

3.供水管网及管网上设置的消防井、消火栓等消防设施，由供水部门负责维护、管理，公安消防部门负责监督检查；高低压消防供水系统，包括泵房、管道、室内消防栓以及防火门、消防电梯、轻便灭火器材、消防通道等，由物业服务企业负责维护、管理，并接受公安消防部门的监督检查。

（五）物业环境管理要接受环卫部门和园林部门的监督和指导

1.物业服务企业对违反规定的固体、水体、大气和噪声污染等行为应该予以制止，情节严重的，应报环卫部门处理。对毁坏绿地、树木的行为应该予以制止，情节严重

的，应报园林绿化部门处理。

2. 保洁、垃圾清运要协调好与环卫部门的职责分工。

3. 绿化、美化管理要协调好与园林绿化部门的关系。

三、与供水、供电、供气、供热、通信、有线电视等公用事业单位的关系

物业服务企业与供水、供电、供气、供热、通信、有线电视等单位是分工明确、密切配合的平等关系。

（一）物业服务企业与供水、供电、供气、供热、通信、有线电视等单位分工明确

根据《物业管理条例》的规定，供水、供电、供气、供热、通信、有线电视等单位，应当依法承担物业管理区域内相关管线和设施设备的维修、养护的责任；物业管理区域内供水、供电、供气、供热、通信、有线电视等公用事业单位应当向最终用户收取有关费用。物业服务企业可以接受上述各单位的有偿委托，代收有关费用，但是不得向业主收取手续费等额外费用。

（二）物业服务企业应与供水、供电、供气、供热、通信、有线电视等单位密切配合

为了搞好物业管理工作，在日常工作中，物业服务企业必须加强与各单位的联系，凡属于供水、供电、供气、供热、通信、有线电视等单位维修、养护责任范围内的问题，要及时向有关单位通报，督促其及时解决问题，保证业主和物业使用人的正常生活和工作。

四、与街道办事处和居委会的关系

街道办事处是政府的派出机构，主要承担社区行政管理职责。居民委员会是社区居民群众的自治组织，同时又在街道办事处的领导下，履行最基层政府的职能。物业服务企业、业主委员会都应接受街道办事处和居民委员会的工作指导，并积极配合他们开展社区建设工作。物业服务企业是整个社区的一个成员，应该在社区的统一领导和协调下开展工作，只有互相配合才能克服各种困难，解决各种矛盾，全面推进工作。

在物业管理区域内，业主和业主委员会应当积极配合相关居民委员会依法履行治安管理职责，并接受其指导和监督。住宅小区的业主大会、业主委员会做出的决定，应当告知相关居民委员会，并认真听取居民委员会的建议。业主筹备成立业主大会的，也应在街道办事处和居民委员会的指导下进行。

五、与物业管理行业协会的关系

物业管理行业协会是具有社团法人资格的，以本行业的从业企业为主体，由相关企业参加的，按照有关法律、法规自愿组成的全国性或区域性的自律组织。行业协会的有效工作可以促进本行业的健康、有序发展。我国既有全国性的物业管理行业协会即中国物业管理协会，也有各省市成立的区域性的物业管理行业协会。物业服务企业应积极参加物业管理行业协会的活动，接受其业务指导。

本章小结

物业管理市场是指以物业服务为交换对象的市场，其内容包括市场主体、市场客

体、市场运作环境三个方面。

物业服务企业是指依法设立、具有独立法人资格、从事物业管理服务活动的企业。物业管理具有服务性，因而物业服务企业也就属于服务型企业。

从事物业管理活动的机构必须取得企业法人资格，在领取营业执照后，才能从事物业服务活动。业主是指物业的所有权人，即房屋（包括配套设备设施和附属场地）所有权人和土地使用权人。业主在物业管理活动中，享有规定的权利，并承担相应的义务。

业主大会由物业管理区域内的全体业主组成，一个物业管理区域只能成立一个业主大会，业主大会代表和维护物业管理区域内全体业主在物业管理活动中的合法权益。

业主委员会是业主大会的执行机构，是在物业管理活动中代表和维护物业辖区内全体业主合法权益的自治性组织。

物业服务企业在日常的经营活动中，要接受房地产行政管理机关的管理，接受市场监督、税务和价格部门的监督与指导，处理好与供水、供电、供气、供热、通信、有线电视等公用事业单位的关系，接受街道办事处、居委会和行业协会的指导。

◎ 主要概念

物业管理市场　物业服务企业　业主　业主大会　业主委员会

💡 基础知识练习

一、单项选择题

1.物业管理市场不包括（　　）。

A.市场主体　　　　　B.市场客体　　　　C.市场环境　　　　　D.市场法规

2.不属于业主大会的主要职责包括（　　）。

A.制定管理规约　　　　　　　　B.筹集和使用专项维修资金

C.选聘物业服务企业　　　　　　D.决定维修基金的使用

3.一个物业管理区域可以成立（　　）业主大会。

A.四个　　　　　　　B.三个　　　　　　C.两个　　　　　　　D.一个

4.筹集和使用专项维修资金应当经专有部分占建筑物总面积（　　）以上的业主且占总人数（　　）以上的业主同意。

A.2/3、2/3　　　B.1/3、1/3　　　C.1/2、1/2　　　D.1/3、2/3

5.物业服务企业的组建要符合法定的条件和程序，要在（　　）后，才能从事物业服务活动。

A.银行投入资金　　　　　　　　B.市场监督管理申请取得资质

C.选择合作伙伴　　　　　　　　D.市场监督管理部门进行注册登记

二、多项选择题

1.物业服务企业机构设置的原则包括（　　）。

A.目标明确原则　　　　　　　　B.精干高效原则

C.责权对等原则　　　　　　　　D.统一指挥原则

2.物业服务企业的组织形式包括（　　）。

A.直线制　　　　B.直线职能制　　　　C.市场部制　　　　D.事业部制

3.物业管理市场是指以物业服务为交换对象的市场，与其他市场一样，其内容包括（　　　）。

A.市场主体　　　　B.市场客体　　　　C.市场运行环境　　　　D.市场法规

4.物业服务企业是根据（　　　）、（　　　）、（　　　）、经营型的要求，并按照国家规定的法定程序建立起来的企业。

A.社会化　　　　B.专业化　　　　C.私人化　　　　D.企业化

5.下述哪几项内容应在首次业主大会会议召开15日前以书面形式在物业管理区域内公告？（　　　）

A.确定首次业主大会会议召开的时间、地点、形式和内容

B.参照政府主管部门制定的示范文本，拟订业主大会议事规则（草案）和管理规约（草案）

C.做好召开首次业主大会会议的其他准备工作

D.确认业主身份，确定业主在首次业主大会会议上的投票权数

三、判断题

1.只要有营业执照，物业服务企业就可以开展服务活动，承揽物业服务项目。（　　　）

2.业主的义务不包括按时交纳物业服务费。（　　　）

3.同一个物业管理区域内的业主，应当在物业所在地的区、县人民政府房地产行政主管部门或者街道办事处、乡镇人民政府的指导下成立业主大会，并选举产生业主委员会。否则，选举成立的业主委员会就是不合法的。（　　　）

四、简答题

1.什么是物业管理市场？它包括哪几个组成部分？

2.什么是物业服务企业？它有哪些权利与义务？

3.什么是业主？业主具有哪些权利和义务？

4.什么是业主委员会？业主委员会的性质与地位如何？

5.什么是物业服务企业机构设置的原则？

◎ 实践操作训练

【实训情境设计】

假如你负责筹建一家物业服务企业，试调查了解成立一家物业服务企业的程序和要求。

【实训任务要求】

1.了解国家关于设立企业中对企业设立的规定；

2.到所在市市场监督管理调查在申请成立企业时应当提交的相关材料。

【实训提示】

1.做好前期的资料收集工作，可以登录所在市市场监督管理局的官方网站查询；

2.注意需要准备的各种材料的格式。

【实训效果评价表】

将实训效果量化，参照表2-1进行评价。

表2-1　　　　　　　　　　　　　　　实训效果评价表

评价内容	分值（分）	评分（分）
市场监督管理部门应缴纳哪些资料	20	
税务部门需做哪些登记	20	
物价管理部门核实哪些资料	40	
相关行政部门哪些监督和指导	20	
综合评价	100	

注：考评满分为100分。60分以下为不及格；60~69分为及格；70~79分为中等；80~89分为良好；90分及以上为优秀。

拓展阅读

如何成立业主委员会

第三章 物业管理的基本环节

▶▶▶▶▶▶ 引例

2022年两会中的物业提案盘点

一、破解"企业服务质量"焦点问题

　　全国政协委员管学斌的提案认为，"物业服务"已经成为群众反映最强烈、不可忽视的全国性社会问题。他建议，政府、企业要各司其职，加强责任监督，积极破解"企业服务质量"这一矛盾焦点问题。解决的方向建议为：提高管理级别；修订管理职能；制定监督机制；抓好企业管理，避免三不管；真正落实企业评价机制。

二、强化业主权益保护的建议

　　德力西集团董事局主席胡成中提出关于修改物业管理条例、强化业主权益保护的建议。

　　与美国、日本、欧盟等主要经济体相比，我国的物业管理立法工作比较滞后，自2003年以来，长期以《物业管理条例》进行规范。虽然2007年、2016年、2018年三次对《物业管理条例》进行了修订，但从实践来看，依然没有能够充分体现"人民至上"的立法价值取向，物业服务企业相对强势、业主委员会运行监督难、业主维权难等现象没有得到根本扭转。

　　胡成中认为，在《民法典》出台后，应秉承法典精神，尽快启动《物业管理条例》的修订工作，突出业主权益保护的导向，彻底扭转物业服务企业以"小区管理者"自居的不合理现象，严格限制物业服务企业"坐地起价"等行为，加强对业主委员会的运行监督，封堵常见的侵害业主权益的制度漏洞，降低业主行使监督权、罢免权等权利的门槛。

三、建立透明统一的物业管理收费制度

全国人大代表、农工党天津市委会副主任委员、市中医药研究院主任医师张智龙建议，随着城市化进程的加快，物业管理成为社会治理的重要内容。探索建立透明统一的物业管理收费制度、以居民满意度为核心的考核评价机制等，畅通联络沟通渠道，完善纠纷解决机制，同时增强业主对物业管理有偿服务的认知程度，提高契约意识和法治意识，推进物业费用收缴，提高物业服务水平良性联动。

四、从物业视角解决养老服务模式问题

第十三届全国人大代表、苏宁集团名誉董事长张近东针对我国当前面临的深度老龄化问题，基于近年来部分物业服务企业在养老服务模式上的初步探索和尝试，从物业服务视角提出了进一步的解决方案。

张近东建议政府发挥主导作用，设立居家养老服务专项基金，加快建设国家养老服务管理信息系统，提升政府投入精准化水平，做好养老服务领域信息公开和政策指引，进一步完善以居家为基础、社区为依托、机构为支撑、医养相结合的养老服务格局，推动"政府部门主导、社会力量参与、家庭承担费用、物业企业实施"的养老服务模式。

五、打造智慧城市和智慧小区

来自香港的全国人大代表林龙安提交关于"发展数字经济 建设智能城市"的建议，以满足市民对公共卫生、健康、教育、养老等基本民生保障迫切需求为导向，加大智能便捷的公共服务体系投入，推动公共设施数字化转型，打造智慧医院、智慧校园、智慧养老、智慧社区等一批数字化示范应用场景，提供物业管理功能、拼车、租房、快递物流、电商购物等高效、质优、价廉的公共产品和服务。各地发展数字经济、建设智能城市，精要在于不单是利用各种科技或实体基建，而是通过科技加强城市管理和服务，改善市民生活水平。

六、加快商业物业资产证券化

第十一届和第十三届全国政协委员、中国致公党中央委员会常委、银泰集团创始人兼董事长沈国军围绕商业物业资产证券化等议题提交了"关于加快商业物业资产证券化，为促内需、稳就业作贡献的提案"。

沈国军表示，近两年，受线上消费以及新冠肺炎疫情的冲击，国内众多购物中心、酒店和写字楼等商业不动产纷纷以被动降租来抵御风险。同时，不少商业综合体通过加强线上促销、直播带货以及推行夜市经济等方式提升运营管理能力，实现了逆势崛起，运营管理能力强的权益类资产证券化产品投资价值越来越受到认可。

资料来源：佚名. 行业之声|2022年两会中的物业提案盘点 [EB/OL]. [2022-03-12]. https://mp.weixin.qq.com/s/--pDCwpLJEGFLZKCF7PHOw.

第一节　物业管理招投标

一、物业管理招投标概述

（一）物业管理招投标的概念

物业管理招投标，是指由招标人（通常为建设单位或业主委员会）依据公开、公平、公正和诚实信用的原则，通过向社会发布招标文件或邀请书，为已经或即将建造完成的物业项目选聘物业服务企业的过程。

物业管理招投标分为招标和投标两个方面。物业管理招标，是指建设单位或业主委员会，在为物业项目选择管理服务者时，通过制定招标文件，组织投标和评标，从投标人中选择最佳对象，并与之订立物业服务合同的过程。物业管理投标，是指符合招标文件要求的物业服务企业，根据招标文件规定的内容和国家有关法律、法规，结合本企业的实力，编制投标文件，参与投标的活动过程。

（二）物业管理招投标的原则

物业管理的招投标应遵循公开、公平、公正和诚实信用的原则。

1.公开原则。所谓公开原则，是指在招标过程中需要公开的招标文件、投标文件、中标原则等，要向投标人公开，不得搞暗箱操作和私下交易。

2.公平原则。所谓公平原则，是指招标人不得以不合理条件限制或者排斥潜在的投标人，不得对潜在投标人实行歧视待遇，不得对潜在投标人提出与招标物业管理项目实际要求不符的过高资格要求。比如，在招标文件中向所有物业服务企业提出的投标条件必须平等一致，所有参加投标的企业都必须在相同的基础上投标。

3.公正原则。所谓公正原则，是指在招标过程中对投标书的评定、中标人的确定，要在公正的立场上进行。要采用科学的方法，按照平等竞争的原则，进行实事求是的分析、打分，不偏不倚，不得行贿受贿，不得"拉关系""走后门"，以保证招投标过程的公正性和严肃性。

4.诚实信用原则。所谓诚实信用原则，是指所有招投标资料应真实、可靠，不得发布或提供虚假的资料，不得提出脱离实际情况的过高的服务要求和过低的收费标准，也不得为了中标而做虚假承诺，或者提出大大低于正常服务成本的报价。

（三）物业管理招标的方式

物业管理招标的方式分为公开招标和邀请招标两种方式。

1.公共媒介发布招标公告进行的招标活动。

2.邀请招标。邀请招标是指由招标单位向有承担能力的若干个物业服务企业（至少3个以上）发出招标邀请书，邀请它们参加投标的活动。

（四）物业管理招投标的时间

根据国家的有关规定，前期物业服务通过招投标方式选择物业服务企业的，招标人（建设单位）应当按照下面规定的时限完成物业管理的招投标工作：

1.新建现售商品房项目应当在现售前10日完成；

2. 预售商品房项目应当在取得商品房预售许可证之前完成；

3. 非出售的新建物业项目应当在交付使用前90日完成。

（五）物业管理招投标的意义

物业管理招投标是通过引入竞争机制选聘物业服务企业的一种有效方法，具有重要的现实意义。

1. 招投标是发展社会主义市场经济的需要。市场经济是竞争经济，竞争机制的重要作用就是提高资源配置的效率。通过市场竞争淘汰那些经营管理不善、实力弱的企业，使优秀企业脱颖而出，获得更大的发展空间，从而促进经济增长以及产品和服务质量的提高。从物业管理方面来说，在竞争机制的作用下，优胜劣汰，能够有效地促进物业管理市场资本的积聚和集中，提高物业管理的社会化、专业化水平，扭转物业管理市场的混乱局面。

2. 促进物业管理行业的健康发展。竞争机制会给物业服务企业带来生存的压力和动力，促使它们不断加强和完善内部管理，提高其经营能力和竞争实力，从而促进整个物业管理行业的发育和成熟。

3. 推动房地产业的发展。物业管理是房地产体制改革的产物，物业管理的产生和发展对房地产业的发展必将起到重要的推动作用。通过引入竞争机制促进物业管理水平的普遍提高，能够极大地带动物业的销售及保值增值，促使房地产业步入良性循环的轨道。

4. 招投标是迎接物业管理国际化竞争的需要。中国加入WTO之后，大批国外房地产开发企业或物业服务企业进入中国物业管理市场，国内物业服务企业势必面临更加严峻的竞争考验。通过引入竞争机制，国内企业能够练好内功、增强实力，才能在市场竞争中站稳脚跟。

二、物业管理招投标的程序

物业管理招投标的程序如图3-1所示。

（一）建立招标工作机构

招标的第一步是由招标人建立招标工作机构。招标工作机构的主要职责是负责编写招标文件，办理招标备案登记，发布招标公告或发送招标邀请书，组织对投标单位的资格进行预审，接受投标单位的标书，组织开标、评标和定标等招标的日常工作。

招标人自己有能力组织和实施招标活动的，可以自行组织实施招标活动。如果招标人自己能力有限或由于其他原因不能自行组织招标的，可以委托招标代理机构代理招标事宜。但物业管理招标代理机构应当在招标人委托的范围内代理招标事宜，并遵守招标法律法规中对招标人的有关规定。

（二）编制招标文件

招标的第二步是由招标工作机构根据物业管理项目的特点和需要，在招标前完成招标文件的编制。

招标文件应包括以下内容：

1. 招标人及招标项目简介，包括招标人名称、地址、联系方式、项目基本情况、物业管理用房的配备情况等；

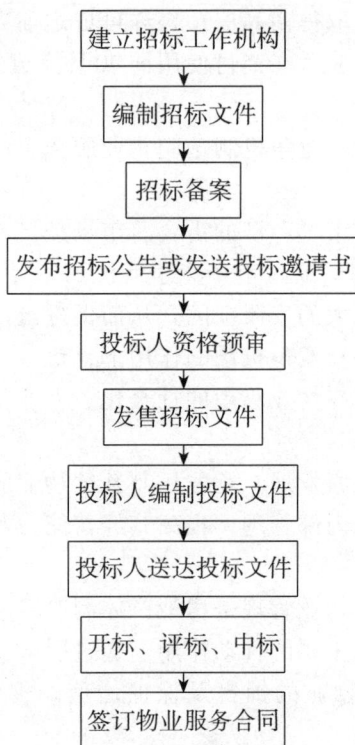

图3-1 物业管理招投标的程序

2. 物业服务内容及要求，包括服务内容、服务标准等；

3. 对投标人及投标书的要求，包括投标人的资格和投标书的格式、主要内容等；

4. 评标标准和评标方法；

5. 招标活动方案，包括招标组织机构、开标时间及地点等；

6. 物业服务合同的签订说明；

7. 其他事项的说明及法律、法规规定的其他内容。

（三）招标备案

根据建设部2003年颁布的《前期物业管理招标投标管理暂行办法》的规定，招标人应当在发布招标公告或者发出投标邀请书的10日前，提交以下材料报物业项目所在地的县级以上地方人民政府房地产行政主管部门备案：

1. 与物业管理有关的物业项目开发建设的政府批件；

2. 招标公告或者招标邀请书；

3. 招标文件；

4. 法律、法规规定的其他材料。

房地产行政主管部门发现招标有违反法律、法规规定的，应当及时责令招标人改正。

（四）发布招标公告或发送投标邀请书

招标人采取公开招标方式的，应当在公共媒体上发布招标公告。招标公告应当载明招标人的名称和地址、招标项目的基本情况以及获取招标文件的办法等事项。

招标人采取邀请招标方式的，应当向所邀请的物业服务企业发出投标邀请书，投标邀请书也应当载明招标人的名称和地址、招标项目的基本情况以及获取招标文件的办法等事项。

（五）投标人资格预审

公开招标的招标人可以根据招标文件的规定，对投标申请人进行资格预审。

实行投标资格预审的物业管理项目，招标人应当在招标公告或者投标邀请书中载明资格预审的条件和获取资格预审文件的办法。

资格预审文件一般包括资格预审申请书格式、申请人须知，以及需要投标申请人提供的企业资格文件、业绩、技术装备、财务状况和拟派出的项目负责人与主要管理人员的简历、业绩等证明材料。

经资格预审后，公开招标的招标人应当向资格预审合格的投标申请人发出资格预审合格通知书，告知获取招标文件的时间、地点和方法，并同时向资格预审不合格的投标申请人告知资格预审结果。

当资格预审合格的投标申请人过多时，可以由招标人从中选择不少于5家资格预审合格的投标申请人。

（六）发售招标文件

资格预审结束后，由招标人通知经预审合格的投标申请人或接受邀请的投标人前来购买招标文件。

招标人对已发出的招标文件进行必要的澄清或者修改的，应当在招标文件要求提交投标文件截止时间至少15日前，以书面形式通知所有的招标文件收受人。该澄清或者修改的内容应为招标文件的组成部分。

招标人根据物业服务项目的具体情况，可以组织潜在的投标申请人踏勘物业项目现场，并提供隐蔽工程图纸等详细资料。对投标申请人提出的疑问应当予以澄清并以书面形式发送给所有的招标文件收受人。

招标人不得向他人透露已获取招标文件的潜在投标人的名称、数量以及可能影响公平竞争的有关招标投标的其他情况。

招标人设有标底的，标底必须保密。

（七）投标人编制投标文件

投标人收到或购买招标文件后，即开始编制投标文件（标书）。招标人应当确定投标人编制投标文件所需要的合理时间。公开招标的物业服务项目，自招标文件发出之日起至投标人提交投标文件截止之日止，最短不得少于20日。

投标人对招标文件有疑问需要澄清的，应当以书面形式向招标人提出。

投标人应当按照招标文件的内容和要求编制投标文件，投标文件应当对招标文件提出的实质性要求和条件做出响应。

投标文件一般包括以下内容：

1. 投标函；

2. 投标报价；

3.物业服务方案；

4.招标文件要求提供的其他文件。

（八）投标人送达投标文件

投标人应当在招标文件要求提交投标文件的截止时间前，将投标文件密封送达投标地点。招标人收到投标文件后，应当向投标人出具标明签收人和签收时间的凭证，并妥善保存投标文件。在开标前，任何单位和个人均不得开启投标文件。在招标文件要求提交投标文件的截止时间后送达的投标文件，视为无效的投标文件，招标人应当拒收。

投标人在招标文件要求提交投标文件的截止时间前，可以补充、修改或者撤回已提交的投标文件，并书面通知招标人。补充、修改的内容应为投标文件的组成部分。在招标文件要求提交投标文件的截止时间后送达的补充或者修改的内容无效。

投标人不得以他人名义投标或者以其他方式弄虚作假，骗取中标。

投标人不得相互串通投标，不得排挤其他投标人的公平竞争，不得损害招标人或者其他投标人的合法权益。

投标人不得与招标人串通投标，损害国家利益、社会公共利益或者他人的合法权益。

禁止投标人通过向招标人或者评标委员会成员行贿等不正当手段谋取中标。

（九）开标、评标和中标

1.开标

开标应在招标文件确定的提交投标文件截止时间的同一时间公开进行；开标地点应当为招标文件中预先确定的地点。

开标由招标人主持，邀请所有投标人参加。开标应当按照下列规定进行：由投标人或者其推选的代表检查投标文件的密封情况，也可以由招标人委托的公证机构进行检查并公证。经确认无误后，由工作人员当众拆封，宣读投标人名称、投标价格和投标文件的其他主要内容。

招标人在招标文件要求提交投标文件的截止时间前收到的所有投标文件，开标时都应当当众予以拆封。

开标过程应当记录，并由招标人存档备查。

2.评标

评标由招标人依法组建的评标委员会负责。评标委员会由招标人代表和物业管理方面的专家组成，成员为5人以上的单数，其中招标人代表以外的物业管理方面的专家不得少于成员总数的2/3。

评标委员会的专家成员，应当由招标人从房地产行政主管部门建立的专家名册中采取随机抽取的方式确定。与投标人有利害关系的人不得进入相关项目的评标委员会。

房地产行政主管部门应当建立评标的专家名册。省、自治区、直辖市人民政府房地产行政主管部门可以将专家数量少的城市的专家名册予以合并或者实行专家名册计算机联网。

房地产行政主管部门应当对进入专家名册的专家进行有关法律和业务培训，对其评标能力、廉洁公正等进行综合考评，及时取消不称职或者违法违规人员的评标专家资格。被取消评标专家资格的人员，不得再参加任何评标活动。

评标委员会成员应当认真、公正、诚实、廉洁地履行职责。

评标委员会成员不得与任何投标人或者与招标结果有利害关系的人进行私下接触，不得收受投标人、中介人、其他利害关系人的财物或者其他好处。

评标委员会成员和与评标活动有关的工作人员不得透露投标文件的评审和比较情况、中标候选人的推荐情况以及与评标有关的其他情况。

评标委员会可以用书面形式要求投标人对投标文件中含义不明确的内容作必要的澄清或者说明。投标人应当采用书面形式进行澄清或者说明，其澄清或者说明不得超出投标文件的范围，不得改变投标文件的实质性内容。

在评标过程中召开现场答辩会的，应当事先在招标文件中说明，并注明所占的评分比重。

评标委员会应当按照招标文件的评标要求，根据标书评分、现场答辩等情况进行综合评标。

除了现场答辩部分外，评标应当在保密的情况下进行。

评标委员会应当按照招标文件确定的评标标准和方法，对投标文件进行评审和比较，并对评标结果签字确认。

评标委员会经评审，认为所有投标文件都不符合招标文件要求的，可以否决所有投标。所有投标被否决的，招标人应重新招标。

评标委员会完成评标后，应当向招标人提出书面评标报告，阐明评标委员会对各投标文件的评审和比较意见，并按照招标文件规定的评标标准和评标方法，推荐不超过3名有排序的合格的中标候选人。

3.中标

招标人应当按照中标候选人的排序确定中标人。确定中标的中标候选人放弃中标或者因不可抗力提出不能履行合同的，招标人可以依序确定其他中标候选人为中标人。

招标人应当在投标有效期截止时间30日前确定中标人。投标有效期应当在招标文件中载明。

招标人应当向中标人发出中标通知书，同时将中标结果通知所有未中标的投标人，并应当返还其投标书。

招标人应当自确定中标人之日起15日内，向物业项目所在地的县级以上地方人民政府房地产行政主管部门备案。备案资料应当包括开标评标过程、确定中标人的方式及理由、评标委员会的评标报告、中标人的投标文件等。委托代理招标的，还应当附上招标代理委托合同。

（十）签订物业服务合同

招标人和中标人应当自中标通知书发出之日起30日内，按照招标文件和中标人的投标文件订立书面合同；招标人和中标人不得再行订立背离合同实质性内容的其他协议。

招标人无正当理由不与中标人签订合同，给中标人造成损失的，招标人应当予以赔偿。

物业服务合同一般包括以下条款：

1. 总则，合同当事人和物业基本情况介绍等；

2. 物业服务内容；

微课4

3. 物业服务质量；

4. 物业服务费用；

5. 双方的权利与义务；

6. 合同期限；

7. 违约责任；

模拟物业管理
开标、评标会

8. 附则，合同生效时间、生效条件、争议解决方式、合同份数、其他约定等。

第二节　物业管理早期介入

一、物业管理早期介入的含义

物业管理的早期介入是指物业服务企业在接管物业之前，参与物业的规划设计和建设施工过程，从业主与物业管理的角度，就物业开发、建设和建成后使用管理等方面提出意见和建议，使建成后的物业能够更好地满足业主和物业使用人的要求，并对即将接管的物业从物质上和组织上做好准备的过程。

物业管理的早期介入和前期物业管理是两个不同的概念，其区别有以下几点：一是时间不同。物业管理的早期介入是在物业的开发建设环节完成之前，物业服务企业就介入开发建设过程；而前期物业管理是在物业开发建设完成之后开始实施的物业管理活动。二是性质不同。物业管理的早期介入主要是指物业服务企业充当开发建设单位的参谋和顾问，是配角；而前期物业管理是全面开展物业管理服务活动，物业服务企业是主角。三是形式不同。物业管理的早期介入一般不签订正式的物业服务合同，物业服务企业大多以顾问公司的形式介入；而前期物业管理要签订正式的前期物业服务合同。四是内容不同。物业管理的早期介入主要是了解、熟悉施工过程和施工质量，从物业管理和物业使用人的角度对物业的设计、施工环节提出意见或建议；而前期物业管理是对业主和物业使用人提供房屋和设备维护服务以及各种专项服务。

二、物业管理早期介入的意义

在我国房地产行业，人们常常把物业开发当成开发建设单位、设计单位和施工单位的事，物业服务应当是在房屋建成并投入使用后才开始的，似乎与开发建设阶段无关。而现实生活中经常是一幢房屋建成并交付使用后，才会出现许多影响物业管理活动正常开展的缺陷，如有的商住型大厦电梯数量设置不够，难以满足大厦用户出行的需要；有的住宅楼设计不尽合理，减少了房屋的使用率；有的房屋在建筑施工过程中偷工减料，留下了诸多质量隐患等。为了避免出现此类问题，除了开发建设单位、设计单位、施工单位和建设监理单位应认真执行国家有关标准和规定，对质量严格把关外，物业服务企业应通过早期介入活动，让有丰富物业管理经验的管理人员和技术人员参与物业的开发过程，这不失为一种有效的预防措施。物业管理早期介入的积极意义体现在以下几个方面：

（一）完善物业的使用功能

随着生活水平的提高，人们对各种物业的使用要求也日益提高。房屋开发建设单位在开发设计时就要充分考虑人们对物业服务和居住环境需求的不断变化，不仅要重视房屋本身的工程质量，更应考虑房屋的使用功能、布局、造型、建材选用、室外环境、居住的安全舒适、生活的方便等。因此，在物业开发建设的规划设计和施工阶段，物业服务企业在早期介入，就物业日后的使用和管理方面诸如房型的设计、供电、供水、污染处理、电信、道路、绿化、管线走向、服务配套设施及平面布局等方面提出建设性的意见，有利于完善物业的使用功能。

（二）避免物业设计中可能存在的缺陷

在物业的一些较微观的设计上，设计部门往往会按照国家颁布的一般建筑设计规范的要求进行设计。而随着人们生活水平的提高，实际的需要往往会超过这些设计规范的要求。例如在住宅用电方面，随着大户型房屋的出现，每户的用电负荷增长很快，有些业主需要在其套间内安装好几台空调，而按一般设计规范设计的普通电路就不能承载大功率空调的负荷。又如有些商住楼项目，由于只考虑了"住"的特性，而对"商"的特性考虑不周，结果造成物业投入使用后，电梯数量满足不了商户的经营需要。类似这些看似细小、实则影响房屋日后使用的问题，一般设计人员很难考虑周全，而有经验的物业管理人员则清楚设计的不合理之处及其将来可能造成的后果。所以，物业管理人员从日后管理的角度及时向设计部门提出自己的意见，就能使物业设计避免许多缺陷。

（三）对工程的施工质量进行监督

为了提高建设工程质量，我国建立和实施了工程建设的监理制度，施工工程一般都有专业工程监理公司进行监理，但监理公司难以取代物业服务企业参与施工监理的作用，因为物业服务企业负责物业承接查验及维护保养的任务，而工程质量问题的任何隐患和疏忽都会增加今后物业管理的工作难度。物业服务企业通过早期介入，参与监督施工质量，使工程质量又多了一份保证，同时可使物业管理人员全面了解和熟悉施工质量及存在的问题，为承接查验和日后的维修打下基础。

（四）为日后的物业管理打下良好的基础

通过物业管理的早期介入，物业服务企业对该物业的设计、施工情况提前进行了熟悉和了解，特别是对管线的铺设、设备的安装做到了心中有数，这为物业的管理、养护、维修带来许多便利，具体包括：一是有利于制订切实可行的物业管理的维修保养计划。由于物业管理人员已掌握工程结构及设备、设施的实际情况，以此为依据制订的维修保养计划针对性强，容易实施。二是有利于缩短维修时间，提高维修质量。由于物业管理人员熟悉工程建设情况和存在的问题，所以当工程结构及设备、设施发生故障时，就能很快找到故障的原因，并尽快排除故障，从而缩短维修时间，并能保证维修质量。三是有利于设备、设施的更新改造。由于物业管理人员参与设备、设施的招投标、安装、试运行等过程，与供应厂家有密切的接触，熟悉厂家及设备、设施的特点，这样就可以提出可行度较高的设备、设施的更新改造计划和方案。所有这一切，都可以大大提高物业管理的工作效率和工作质量，为物业服务企业日后为业主和使用人提供更好的服务打下基础。

[案例分析 3-1]

北京天文馆新馆物业管理早期介入案例分析

北京天文馆新馆建筑面积为 22 000 平方米，于 2004 年 12 月竣工并开馆接待人员参观，新馆的物业管理早期介入是从 2004 年 7 月 15 日开始的。开始介入时，新馆正处于工程收尾阶段，各种主要设备已经安装完成。我们在天文馆新馆的早期介入工作中，遇到了一些问题，下面就谈谈这些问题和解决的方法和体会，以供大家借鉴。

（一）物业服务公司在早期介入阶段是什么角色？

物业服务公司作为工程竣工以后房屋和设备设施的管理者，在工程施工阶段介入施工过程，有着它独特的作用。为了以后能正常地管理房屋和设备设施，它会更专业、更直接地提出工程质量问题。在施工阶段，有施工方、监理方、建设方，由于新馆是由北京市科学技术委员会投资，基建以北京市科研院为主进行管理，因此，成立了业主委员会，代表建设方管理工程。在这几方中，物业服务公司只与北京天文馆有合同关系。物业服务公司是受馆方委托，检查工程质量，它是业主的检查员、观察员，物业服务公司查找出来的问题可以向馆方提出。

（二）有监理公司就能监管好所有的质量问题吗？

监理公司是受建设单位委托，对工程的质量、进度、投资、技术进行专业化的管理。监理公司在我国的发展还不够成熟，专业化水平还不是很高，对工程控制的权限和依照标准对质量检查的严格程度还不够，因此，即使有监理公司对工程质量进行监管，仍旧有不少施工质量问题存在。另外，监理公司依据的质量验收标准距离房屋和设备设施的日常使用和管理标准还有一定的差距。比如，地下停车场的水泥地面有较多处裂纹，虽然不影响停车场的使用，但仍属于质量问题，这个问题监理公司知道后，却没有整改。

在管理中央空调主机——直燃机的过程中发现，每当一开启直燃机的时候，管道水压就异常升高，而这时直燃机已经由施工安装单位移交给了馆方。在各方协调会上，我们提出了这一问题，经讨论，最后找到了原因，是给排水系统施工完成后，气压罐根本就没有进行加压灌气而导致的。经整改，直燃机管道水压终于正常了，馆方领导说："没有物业服务公司，就不能及时地发现问题！"

因此，从目前建筑市场的整体来看，监理公司并不能监管好所有的质量问题，尤其是从使用角度对工程设计提出更高更细的要求，监理公司是做不到的。只有物业管理介入施工过程，才能更进一步地提出质量问题。

（三）物业服务公司如何与监理公司、施工单位处理好关系？

物业服务公司介入工程施工过程，必然要和监理公司、施工单位打交道，而物业服务公司和监理公司、施工单位没有合同关系，如果物业服务公司与监理公司、施工单位的关系处理不好，就会被排斥，不利于熟悉、了解工程情况，不利于查找工程质量缺陷。前面已说过，物业服务公司在早期介入阶段是代表业主的质量检查员，但无权直接要求施工单位整改。物业服务公司也不能侵犯监理公司的权利。物业服务公司应把检查出来的质量问题列成清单，向业主汇报，由业主将问题清单转达给监理公司，再由监理公司向施工单位提出要求。物业服务公司就好像一个观察员，以第三者的身份观察施工质量问题，并及时汇报给业主，避免和监理公司、施工单位发生摩擦。

（四）物业承接验收能否和竣工验收一并进行？

竣工验收是指建设单位会同设计单位、监理单位、施工单位一同对已完工程的四方验收，是施工单位向建设单位的工程移交。物业的承接验收则是物业服务单位在管理前对房屋和设备设施的质量检查验收，是由建设单位向物业服务单位移交房屋和设备设施。如果竣工验收和承接验收合并在一起同时进行，这样，物业服务单位将参加竣工验收，可以查找出更细致的质量问题，通过建设单位向施工单位提出，有利于竣工工程的质量达到一个更高的水平。在竣工验收的同时进行物业的承接验收，物业服务单位向建设单位提出质量问题，建设单位可以直接转达给施工单位，有利于质量问题的及时整改。对于新建工程，当竣工验收和承接验收分开时，施工单位将竣工工程移交给建设单位后，由于尚未进行承接验收，这样在竣工验收和承接验收之间的一段时间里，物业是由建设单位管理，而实际上建设单位又没有专业人员对设备设施进行管理，因此容易出现设备设施在运行过程中的问题。建设单位往往更愿意将竣工验收和承接验收一并进行，当竣工验收完成后，质量问题得到了整改，即将竣工工程由施工单位移交给物业服务单位。北京天文馆新馆的早期介入的实践证明，竣工验收和承接验收同时进行是可行的。

（五）物业服务公司能否向建设单位的工程监管部门派驻技术人员，代表业主监管工程？

在天文馆新馆施工的收尾阶段，建设单位主管基建的部门——新馆建设业主委员会向我们提出，需要我们选派3~5名专业工程师进入业主委员会，代表业主管理工程。这是超出物业管理公司管理范围的要求。我们最终决定选派专业工程师进入业主委员会。实践证明，选派的专业工程师很好地完成了任务，他们代表业主和监理公司、施工单位顺利地接触并沟通，在监督管理工程方面起到了很好的作用。

（六）在未竣工之前需要物业服务公司派驻保安员吗？

在新馆工程的收尾阶段，主要的设备已经安装完毕，这些天文仪器及设备都是十分昂贵的。这时候，施工单位已经组织了保安队，在施工现场的各个出入口上岗值勤。但由于施工单位不是十分熟悉保安员的管理，保安服务的专业化水平不高，保安管理不够严格。另外，施工单位内部人员的素质参差不齐，难以保证施工人员本身不出问题。基于上述原因，应业主要求，派驻了4名保安员专门进行3个影院设备的安全保卫工作。上班时，由施工单位的保安员负责新馆出入口的人员登记，下班后，就由物业服务公司的保安员接岗，每隔20分钟在3个影院巡逻一次，直至次日上班时，再由施工单位的保安员换岗。这种联合保卫的方式很好地保证了3个影院设备的安全，得到了业主的好评。这一实践说明，在物业承接验收前，在工程的收尾阶段，就需要物业服务公司的保安员进驻现场，来保证设备的安全。

北京天文馆的早期介入工作，克服了许多困难，在业主的支持下，在员工的努力下，较好地完成了早期介入阶段的任务。总的来说，新馆的物业管理早期介入工作，在下面几个方面取得了积极作用：

1.很好地和施工单位进行了衔接，全面熟悉了房屋和设备设施的情况。

2.对已投入运行的设备进行了专业管理，保证了工程收尾阶段的供冷、供热、供水、供电的正常运行。在运行过程中发现了质量问题，并给予了解决。

3.为建设单位的工程管理部门选派工程技术人员，代表建设单位完成了工程管理任务。

4.完成了工程质量缺陷的查找工作，列出了质量问题清单，为完善新馆的使用功能发挥了作用，为物业的承接验收打下了基础。

5.保证了在施工收尾阶段宇宙剧场、4D立体影院、动感影院的放映设备的安全。

6.较好地完成了4D立体影院银幕墙的清洁工作，保证了银幕的顺利安装，为如期开馆发挥了积极作用；较完整地收集了工程资料，如竣工图、设备使用说明书等资料文件，为以后更好地管理做好了铺垫。

北京天文馆新馆的物业管理早期介入圆满地完成了从工程施工阶段向正式开馆后物业管理阶段的过渡，保证了工程技术信息全面、深入地传递，为保证工程质量发挥了积极作用，同时也说明早期介入是日后物业管理正常实施的重要准备。

资料来源：欧阳文爽.北京天文馆新馆物业管理早期介入案例［EB/OL］.［2022-09-23］. https://mp.weixin.qq.com/s/KMNj9b6jGkaGCFfg0mHeNw.

三、物业管理早期介入的方式及内容

（一）物业规划设计阶段的介入

物业规划设计阶段的介入是指当物业还处在规划设计阶段时，物业管理就开始介入。此阶段物业管理介入的方式通常是由开发商聘请物业服务公司作为顾问，参与审阅设计图纸，提出结构布局和功能方面的改良意见，对设备配置、容量以及服务方面提出改进意见，指出设计中遗漏的工程项目。由于种种原因，建筑设计往往落后于科学技术的发展和人们生活水平的提高所产生的要求，同时设计人员往往从技术角度考虑问题，而忽视了日后的管理问题。例如，随着生活水平的提高，交通工具的更新换代很快，人们不再局限于使用自行车，越来越多的人使用摩托车和小汽车。而在很多住宅的设计中由于未考虑足够的停车泊位，导致物业投入使用后用户车辆停放困难，出现车辆乱停乱放的混乱现象，而物业服务企业对此类先天不足所带来的问题往往束手无策。所以，物业管理在物业规划设计阶段的介入，从管理的角度看规划设计方案是否合理，并提出改进意见，有助于此类问题的解决。

（二）物业建筑施工阶段的介入

建筑施工阶段的介入是指物业服务企业介入物业的施工过程。此阶段物业管理介入的方式：一是由开发商聘请物业服务企业作为顾问，参与施工管理工作；二是开发商已聘请物业服务企业实施前期物业管理，由所聘请的物业服务企业提前介入施工过程，了解施工情况，参与施工管理，为实施前期物业管理做准备工作。物业服务企业在施工阶段介入，应把注意力放在施工质量上。开发商和监理公司也注重施工质量，但它们考虑较多的是质量能否通过验收；而物业服务企业考虑较多的是房屋及各种设备、设施是否安全可靠、经久耐用。物业服务企业对建筑施工质量的把关不仅要着眼于设备的验收与调试，更要着眼于以后的使用。同时，物业服务企业在介入施工阶段的过程中，能够全面熟悉施工工艺、施工方法、材料性能、管线布置、各种设备设施在安装调试中存在的问题和隐患，这些为日后更好地从事物业维修服务打下了良好的基础。

（三）物业竣工验收阶段的介入

竣工验收阶段的介入是指物业处在竣工验收阶段，物业服务企业参与竣工验收过程。此阶段物业管理介入的方式是开发商已聘请物业服务企业实施前期物业管理，由所聘请的物业服务企业参与竣工验收过程。物业服务企业参与物业竣工验收有助于全面了解物业施工状况和物业质量状况，掌握更多的物业建设情况的实际资料，为承接查验打下基础，也为日后更好地从事物业管理和维修服务打下基础。

[案例分析 3-2]

早期介入发现设计不合理怎么办?

某物业公司与开发企业签约，承担了一个新建项目的前期顾问服务工作。当时该项目处于结构施工阶段，物业公司顾问团通过市场分析、阅读图纸、勘查现场和比较测算，提出了 10 余项合理化建议。尤其是他们发现一幢单层建筑面积只有 800 多平方米的楼宇，设计单位竟然设计了 3 道消火栓和立管，于是立即向开发商提出了改进的建议，认为可以减少 1 道消火栓和立管。

分析：早期介入是物业服务企业在接管物业之前，从物业管理的角度提出的意见和建议，目的是使建成后的物业能够满足业主和使用人的要求。本例中，物业公司顾问人员参考国家建筑消防规范的要求，认为该建筑每层有 2 道消火栓和立管就可以了，于是提出可以减少 1 道消火栓和立管。至于是否能够节约建筑成本，需要开发企业与设计单位进行沟通与协调。

[实战演练 3-1]

早期介入主要做什么工作?

对于规范的物业管理来说，早期介入是物业管理活动的一种主要形式，它可以避免物业在规划设计阶段可能存在的问题，为后续的物业管理活动打下良好的基础。那么早期介入主要做些什么工作呢?

提示：

一般来说，物业服务企业在参与项目规划设计时，主要是弥补专业设计人员因对物业管理不了解而带来的设计上的缺陷。具体地说，项目规划设计阶段，物业服务企业应考虑的侧重点是对物业的使用、维修管理方面的关注，如空调机、油烟机的安装位置及接线孔洞，自行车、汽车的方便停放位置及车位数量，垃圾房、水泵房、变电站、商业配套用房、居委会和物业管理用房，以及学校、幼儿园等市政配套设施的完善及合理布置，供电、供气、闭路电视、宽带、共用天线、电话、安保监视器以及消防、避雷方面的布线、容量、位置的设计等问题。

第三节 前期物业管理

一、前期物业管理概述

（一）前期物业管理的含义

如前所述，现代物业管理是物业服务企业实施的专业化管理同业主自治自律相结合的管理，在物业管理活动中，存在两个基本民事法律关系主体——业主（通过业主大会和业主委员会行使其自治权利）和物业服务企业。然而，就居住物业来说，业主委员会要等到开发商房屋销售率达到一定比例，入住的业主达到一定规模后才能成立。

"前期物业管理"概念的提出，最早出现在1994年11月1日起施行的《深圳经济特区住宅区物业管理条例》中。该条例规定：开发建设单位应当从住宅区开始入住前6个月，自行或委托物业服务企业对住宅进行前期管理，管理费用由开发建设单位自行承担。建设部2003年颁布的《前期物业管理招标投标管理暂行办法》中所下的定义是：前期物业管理，是指在业主、业主大会选聘物业服务企业之前，由建设单位选聘物业服务企业实施的物业管理。

微课 5

业主入住准备
工作

由于物业分期分批投入使用、楼盘滞销、入住业主较少等原因，首次业主大会尚未召开，业主委员会尚未建立，还谈不上由业主选聘物业服务企业，但物业服务又不能不做，在业主入住后就要有物业管理。在此种情况下，应由建设单位选聘物业服务企业实施物业服务活动。

（二）前期物业管理的实施

前期物业管理一般是由开发建设单位与物业服务企业通过签订物业服务合同的方式来实施的。

长期以来，我国物业管理行业的通行做法是房地产开发建设单位为管理自己开发建设的物业，通过注册成立一个隶属于自己的物业服务企业来管理。这类"父子"关系的物业管理模式在新建住宅小区的前期物业管理中占有较大的比重。从实践来看，这种物业管理模式不利于在开发商和物业服务企业之间建立双向约束机制，不能保证物业承接查验制度的有效执行，不利于减少开发遗留问题，不能明确划分开发单位与物业服务企业的责任界限，也不利于降低房地产开发的后续负担。

从物业管理走向市场化、社会化、专业化的道路出发，房地产开发建设单位应当按照房地产开发与物业管理相分离的原则，通过招投标的方式选聘物业服务企业。开发建设单位与选聘的物业服务企业之间，应当签订书面的前期物业服务合同。前期物业服务合同可以约定期限，但是，期限未满，业主或业主委员会决定重新选聘物业服务企业，并与之签订的物业服务合同开始生效，前期物业服务合同应当终止。

（三）前期物业管理的费用

前期物业管理服务费用的支付应视服务对象的不同而异。在物业交付使用之前，物业服务企业的服务对象是建设单位，所以物业服务费用应当由开发建设单位承担。当然，物业服务企业如果从长远的战略考虑出发，也可以不收这一阶段的物业服务费用。

物业交付使用之后，物业管理服务的对象是业主及物业使用者，显然，业主或物业使用人享受了物业服务，理应支付物业服务费用。但是在很多情况下，物业虽已交付使用但并未全部售出，未售出部分物业的业主仍然是开发建设单位，所以还要由开发建设单位承担未售出部分物业的物业服务费用。

（四）前期物业管理的内容

前期物业管理的内容可以概括为以下几个方面：

1.设计和建立物业管理机构。物业服务企业在签订物业服务合同后的首要任务就是要建立管理机构。管理机构的设置应根据委托物业的用途和规模，确定岗位的设置和人员配备，除考虑管理人员的选派外，还要考虑服务人员，如物业维修养护、秩序维护、清洁、绿化、客户服务、社区文化人员等的选聘。

2.制定相关的管理制度。在建立管理机构之后，物业服务企业应根据委托物业的具体情况、业主的需要、管理的目标和要求，制定相关的管理制度，包括物业服务企业内部的岗位责任制度和运行管理制度（如员工的岗位职责、工作程序、管理规程、员工培训、物业管理财务预算等）、外部的管理制度（主要是物业辖区的各种公众管理制度）。

3.管理、服务人员的招聘和培训。管理人员与服务人员岗位编制一旦确定，就要进行员工的招聘工作。物业服务企业应根据岗位设置的要求，招聘合适的员工。在员工上岗前，要进行上岗前培训，以使他们对所管理的物业、服务对象、职责范围有所认识，并要求从一开始就要了解企业的管理理念和管理目标。

4.深入物业现场，熟悉物业和业主的基本情况。签订物业服务合同后，物业服务企业要尽快深入现场，熟悉物业情况和业主情况。如果签订物业服务合同后，物业尚未竣工，物业服务企业要选派管理人员深入物业施工现场，了解施工质量、施工进度等情况，参与建筑安装工程的施工检查及验收，并就物业的内部设计、功能配置等提出合理化建议，为以后的物业管理创造良好的条件。可能的话，与未来的业主和物业使用人建立联系，听取其对物业建设和物业管理的意见和建议。

5.参与物业的竣工验收工作，为承接查验做好准备。竣工验收是对物业施工是否达到设计文件规定要求，是否符合施工规范，工程质量是否符合质量标准进行的验收。如果签订物业服务合同后，尚未进行物业的竣工验收，物业服务企业要派人参与物业竣工验收。物业服务企业参与物业竣工验收有助于全面了解物业施工状况和物业质量状况，从而为日后的物业维修和管理提供第一手资料，也为承接查验打下基础。

6.物业的承接查验工作。前期物业管理的一个关键环节就是物业的承接查验。为了做好这项工作，物业服务企业必须根据国家颁布的《房屋承接查验标准》拟定物业移交接管的程序和要求，严格按照接管程序办事，做好物业交接工作。该移交的资料和文件，如果建设单位未移交，一定要向建设单位追索；如果有些资料已被建设单位遗失，则建设单位要设法补齐。

7.物业用户入伙手续的办理。当物业服务企业的验收与接管工作完成之后，物业即具备了入伙的条件，物业服务企业就应按照规定程序办理物业用户入伙的相关手续。物业用户入伙阶段是物业服务企业与业主和租户的首次接触，在这一阶段，随着入伙手续的办理，各种矛盾和问题会在短时间内集中地暴露出来。因此，物业服务企业应充分利用这一机会，展示自己的实力和形象，取得广大用户的信赖。

8. 物业装修管理工作。业主和物业使用人在办理入伙手续后，大多会对属于自己的物业进行装修。因此，物业服务企业应积极做好装修管理工作，避免对物业结构和质量的损坏，维护物业的正常使用。

9. 开展日常的管理服务工作。物业承接查验和用户入住后，物业服务企业就要开展日常的管理服务工作。这一阶段的主要工作是接受业主和物业使用人的各种咨询，协调和理顺各方关系，建立完善的服务系统与网络，包括聘请社会专业服务企业（如秩序维护、保洁、绿化等专业公司）承担专业服务工作，与街道、公安、交通、环卫等部门进行联络、沟通，全面开展公共服务、专项服务和特约服务。

10. 协助业主召开首次业主大会。首次业主大会一般由业主筹备召开。物业服务企业应协助业主筹备召开首次业主大会，并在物业所在地的区、县人民政府房地产行政主管部门和街道办事处的指导下，完成业主大会的筹备工作，召开首次业主大会，成立业主委员会。物业服务企业应接受业主委员会的监督，由业主委员会配合其搞好物业服务活动。

[知识链接 3-1]

早期介入与前期物业管理的区别

（一）概念不同

早期介入是指新建物业竣工之前，建设单位根据项目开发建设的需要所引入的物业管理的咨询活动。前期物业管理是指从物业承接查验开始至业主大会选聘物业服务企业为止的物业管理阶段。

（二）内容作用不同

早期介入是建设单位开发建设物业项目阶段引入的物业管理专业技术支持。前期物业管理是物业服务企业对新项目实施的物业管理服务。

（三）服务对象不同

早期介入的服务对象是建设单位，并由建设单位根据约定支付早期介入服务费用。前期物业管理的服务对象是全体业主，并按规定向业主收取物业管理服务费用。

二、物业的承接查验

（一）物业承接查验的含义

物业承接查验是指物业服务企业接管房地产开发企业、建设单位或个人委托管理的新建或原有物业时，为保证主体结构安全和满足物业使用功能的需要而对其进行的再检验。它是物业服务企业重要的管理基础工作之一。

物业承接查验的前提条件是建设工程全部施工完毕，并经有关部门竣工验收合格；供电、采暖、给排水、卫生、道路等设备和设施能正常使用；房屋幢、户编号已经有关部门确认。

（二）物业承接查验的特点

物业承接查验同建设工程竣工验收相比，有如下特点：

1. 验收的目的不同。竣工验收是检验房屋工程是否达到设计文件所规定的要求；承接查验是物业服务企业在竣工验收合格的基础上，以主体结构安全和满足使用功能为主要内容的对物业的再检验。承接查验的结果是产权人（开发商或业主委员会）将物业移交给物业服务企业，由物业服务企业对物业实施管理、维修和养护。

2.验收条件不同。竣工验收的首要条件是工程按照设计要求全部施工完毕，达到规定的质量要求，能满足使用要求等；而承接查验的首要条件是竣工验收合格，并且供电、采暖、给排水、卫生、道路等设施设备能够正常使用，房屋的幢、户编号已经有关部门确认。

3.交接对象不同。竣工验收的结果是房地产开发企业接管建筑施工企业移交的物业；而承接查验是由物业服务企业接管房地产开发企业或业主委员会移交的物业。

[知识链接 3-2]

物业竣工验收与承接查验有哪些区别？

物业管理竣工验收是指主管部门根据国家的有关法律、法规和标准规范以及当地各有关部门批准的规划、设计和建设方案，对物业的各项建设指标进行统一的整体验收。承接查验是指物业服务公司接受房地产发展商或业主委托管理的新建成或原有物业时，以物业主体结构安全和满足使用功能为主要内容的再检验。二者的区别在于：

（一）验收主体不同

竣工验收的主体为国家规划验收主管部门、发展商、施工单位；承接查验双方主体为物业发展商及物业公司，或业主委员会及物业公司。

（二）权威性不同

政府工程质量主管部门的验收具有国家认证的权威性，物业建筑、设施、设备是否合格以此为唯一依据，一旦发生事故及纠纷，可以引用政府机关出具证书为法律依据，对抗验收三方之外的其他人；而承接查验只可作为委托管理合同的一部分，约束签订合同的双方——发展商（业主）与物业公司，只对双方之间发生的纠纷有依据性，不能用于对抗第三方，当其中一方与第三方发生纠纷时，只能依据或另行取得国家机构的权威认证才有效。

（三）验收目的不同

竣工验收是检验房屋工程是否达到设计文件所规定的要求；承接查验是对物业主体结构安全与满足使用功能的再检验。

（四）验收条件不同

竣工验收的首要条件是全部施工完毕，设备均已到位等；承接查验的首要条件是竣工验收合格，并且附属设备已完全能正常使用，房屋编号已得到认可等。

（五）验收方式不同

竣工验收需要由政府机构组织专家小组对工程的各个项目从结构、建筑、设施设备安装运行、消防安全等方面作具体、专业的验证，只以被验方提供的数据为参考，自行取样、测试、分析，然后得出独立的结果；而承接查验对于结构、桩基、建材标号等隐蔽性较强的项目只需要另一方提供竣工验收合格证明，不再作专项验收，重点对表面可见项目是否符合发展商与给业主的购销合同承诺及通常使用用途作仔细验收。

（六）移交对象不同

竣工验收是由施工单位移交给开发建设单位，承接查验是由开发单位转交给物业管理单位。

资料来源：佚名. 物业承接查验与工程竣工验收的区别［EB/OL］. （2015-02-04）. http：//www. jianshe99.com/wuyeguanlishi/fuxi/re1502043420.shtml.

（三）物业承接查验应移交的资料

物业服务企业在办理物业承接验收手续时，建设单位应当向物业服务企业移交下列资料：

1.竣工总平面图，单体建筑、结构、设备竣工图，配套设施、地下管网工程竣工图等竣工验收资料。

2.设施、设备的安装、使用和维护、保养等技术资料，包括各种设备、设施的安装、调试资料，各种设备的检验合格证书等。

3.物业质量保修文件和物业使用说明文件。

4.物业管理所必需的其他资料，如物业基本情况的资料、业主基本情况的资料等。

此外，物业服务企业应当在前期物业服务合同终止时，将上述资料移交给业主委员会。

（四）物业承接查验的程序

1.开发建设单位向物业服务企业发出承接查验通知书。

2.物业服务企业收到验收通知书后，与开发建设单位约定验收时间。

3.物业服务企业会同建设单位对物业的质量和使用功能进行检查验收。

4.对验收中发现的质量问题，属于影响房屋结构安全和设备使用安全的质量问题，应约定期限由建设单位负责进行加固、补强、返修，直至合格；属于影响相邻房屋安全的问题，由建设单位负责处理；对于不影响房屋结构安全和设备使用安全的质量问题，可约定期限由建设单位负责维修，也可采取费用补偿的办法，由物业服务企业处理。

5.经检验符合要求的物业，物业服务企业签署验收合格凭证，签发接管文件。

（五）物业承接查验的标准

建设部1991年2月4日颁布了《房屋承接查验标准》，把房屋的承接查验划分为新建房屋承接查验和原有房屋承接查验两类。

2010年10月14日，中华人民共和国住房和城乡建设部发布了关于印发《物业承接查验办法》的通知，《物业承接查验办法》自2011年1月1日起施行。

1.新建房屋承接查验标准（见表3-1）。

表3-1　　　　　　　　　　　　　　**新建房屋承接查验标准**

部位	标　准
主体结构	•地基基础的沉降不得超过建筑地基基础设计规范的规定范围；不得引起上部结构的开裂或相邻房屋的损坏 •钢筋混凝土构件产生变形、裂缝，不得超过钢筋混凝土结构设计规范的规定值 •木结构应节点牢固，支撑系统可靠、无蚁害，其构件的选材必须符合结构工程施工及验收规范规定 •砖石结构必须有足够的强度和刚度，不允许有明显裂缝 •凡应抗震设防的房屋，必须符合建筑抗震设计规范的有关规定
外墙	•不得渗水

部位	标　准
屋面	• 各类屋面必须符合屋面工程及验收规范和规定，排水畅通，无积水，不渗漏 • 平屋面应有隔热保温措施，3层以上房屋应在共用部位设置屋面检修孔 • 阳台和3层以上房屋的屋面应有排水口、出水口、檐沟，落水管应安装牢固，接口严密，不渗漏
楼地面	• 面层与基层必须粘结牢固，不空鼓。整体面层平整，不允许有裂缝、脱皮和起砂等缺陷；块料面层应表面平整，接缝均匀顺直、无缺棱掉角 • 卫生间、阳台、盥洗间地面及相邻地面的相对标高应符合设计要求，不应有积水，不允许倒泛水和渗漏 • 木楼地面应平整牢固，接缝密合
装修	• 钢木门窗应安装平正牢固，无翘曲变形，开关灵活，零配件装配齐全，位置准确，钢门窗缝隙严密，木门窗缝隙适度 • 进户门不得使用胶合板制作，门锁应安装牢固，底层外窗、楼层公共走道窗、进户门上的窗子均应装设铁栅栏 • 木装修工程应表面光洁，线条顺直，对缝严密，不露钉帽，与基层必须钉牢。门窗玻璃应安装平整，油灰饱满，粘贴牢固 • 抹灰应表面平整，不应有空鼓、裂缝和起泡等缺陷 • 饰面砖应表面洁净，粘贴牢固，阴阳角与线角顺直，无缺棱掉角 • 油漆、刷浆应色泽一致，表面不应有脱皮、漏刷现象
电气	• 电气线路安装应平整、牢固、顺直，过墙应有导管。导线连接必须紧密，铅导线连接不得采用铰接或绑接。采用管子配线时，连接点必须紧密、可靠，使管路在结构上和电气上均连成整体并可靠地接地。每回路导线间和对地绝缘电阻值不得小于 $1M\Omega/KV$ • 应按套安装电表或预留表位，并有电器接地装置 • 照明器具等低压电器安装支架必须牢固，部件齐全，接触良好，位置正确 • 各种避雷装置的所有连接点必须牢固可靠，接地阻值必须符合电气装置工程施工及验收规范的要求 • 电梯应能准确地启动运行、选层、平层、停层，曳引机的噪声和震动声不得超过电器装置安装工程及验收规范的规定值。制动器、限速器及其他安全设备应动作灵敏可靠。安装的隐蔽工程、试运转记录、性能检测记录及完整的图纸资料均应符合要求 • 对电视信号有屏蔽影响的住宅，电视信号弱或被高层建筑遮挡及反射波复杂的地区的住宅，应设置电视共用天线 • 除上述要求外，同时应符合地区性"低压电气装置规程"的有关要求
水卫消防	• 管道应安装牢固，控制部件启闭灵活，无滴漏。水压试验及保温、防腐措施必须符合采暖与卫生工程施工及验收规范的要求，应按套安装水表或预留表位 • 高位水箱进水管与水箱检验口的设置应便于检修 • 卫生间、厨房内的排污管应分设，出户管长不宜超过8m，不应使用陶瓷管、塑料管。地漏、排污管接口、检查口不得渗漏，管道排水必须流畅 • 卫生器具质量良好，接口不得渗漏，安装应平正、牢固，部件齐全，制动灵活 • 水泵安装应平稳，运行时无较大震动 • 消防设施必须符合建筑设计防火规范、高层民用建筑设计防火规范要求，并且有消防部门检验合格签证

续表

部　位	标　　准
采暖	• 采暖工程的验收时间，必须在采暖期前2个月 • 锅炉、箱罐等压力容器应安装平正、配件齐全，不得有变形、裂纹、磨损、腐蚀等缺陷。安装完毕后，必须有专业部门的检验合格签证 • 炉排必须进行12小时以上试运转，炉排之间，炉排与壁毯之间不得互相摩擦，且无杂音，不跑偏、不凸起、不受卡，运转自如 • 各种仪器、仪表应齐全精确，安全装置必须灵敏、可靠，控制阀门应开关灵活 • 炉门、灰门、煤斗闸板、烟挡板、风挡板安装平正、启闭灵活、闭合严密，风室隔墙不得透风漏气 • 管道的管径、坡度及检查井必须符合采暖与卫生工程及验收规范的要求，管沟大小及排列应便于维修，管架、支架、吊架应牢固 • 设备、管道不应有跑、冒、滴、漏现象，保温、防腐措施必须符合采暖与卫生工程施工及验收规范的规定 • 锅炉辅机应运转正常，无杂音。消烟除尘、消音减震设备应齐全，水质、烟尘排放浓度应符合环保要求 • 经过48小时连续试运行，锅炉和附属设备的热工、机械性能及采暖区室温必须符合设计要求
附属工程及其他	• 室外排水系统的标高、窨井（检查井）设置、管道坡度、管径均必须符合室外排水设计规范的要求。管道应顺直且排水通畅，井盖应搁置稳妥并设置井圈 • 化粪池应按排污量合理设置，地内无垃圾杂物，进出水口高差不得小于5cm。立管与化粪池间的连接管道应有足够坡度，并不应超过2个弯 • 明沟、散水、落水沟内不得有断裂、积水现象 • 房屋入口处必须做室外道路，并与主干道相通。路面不应有积水、空鼓和断裂现象 • 房屋应按单元设置信报箱，其规格、位置符合有关规定 • 挂物钩、晒衣架应安装牢固。烟道、通风道、垃圾道应畅通，无阻塞物 • 单项工程必须做到工完、料净、地清，临时设施及过渡用房拆除清理完毕。室外地面平整，室内外高差符合设计要求 • 群体建筑应检验相应的市政、公建配套工程和服务设施，达到应有的质量和使用功能要求

2.原有房屋的承接查验标准（见表3-2）。

表3-2　　　　　　　　　　　　　原有房屋的承接查验标准

项　　目	标　　准
质量与使用功能的检验	• 以危险房屋鉴定标准和国家有关规定作为检验依据 • 从外观检查建筑整体的变异状态 • 检查房屋结构、装修和设备的完好与损坏程度 • 检查房屋使用情况（包括建筑年代、用途变迁、拆改添建、装修和设备情况）。评估房屋现有价值，建立资料档案
危险和损坏问题的处理	• 属有危险的房屋，由移交人负责排险解危后，方能接管 • 属有损坏的房屋，由移交人和接管单位协商解决，既可约定期限由移交人负责，也可采取其他补偿形式 • 属法院判决没收并通知接管的房屋，按法院判决处理

（六）物业承接查验过程中交接双方的责任

1.为尽快发挥投资效益，建设单位应就承接查验应具备的条件和应检索提交的资料提前做好房屋交验准备，及时书面提请物业服务企业进行承接查验，接管单位一般应在15日内签发验收通知并约定时间验收。经验收符合要求的，接管单位应在7日内签署验收合格凭证，并应及时签发接管文件。未经接管的新建房屋一律不得投入使用。

2.承接查验时，交接双方均应严格按照标准执行。验收不合格时，双方协商处理办法并商定时间复验，建设单位应按约定返修合格后，组织复验。

3.房屋承接查验交付使用后，如发生隐蔽的重大质量事故，应由接管单位会同建设单位组织设计、施工等单位，共同分析研究，查明原因，如属设计、施工、材料的原因，应由建设单位负责处理；如属使用不当、管理不善的原因，应由接管单位负责处理。

4.新建房屋从承接查验之日起，应执行建筑工程保修的有关规定，由建设单位负责保修，并向接管单位预付保修保证金，接管单位在需要时用于代修，保修期满，按实结算。双方也可在验收接管时达成协议，建设单位一次性拨付保修费用，由接管单位负责保修。

5.在承接查验中如有争议而又不能解决时，可申请当地县级人民政府房地产行政管理机关进行协调或裁决。

三、物业入伙手续的办理

（一）物业入伙的含义

物业入伙，是指业主或物业使用人办理有关手续，进房入住的过程。当物业服务企业的验收与接管工作完成以后，物业即具备了入伙的条件，物业服务企业就应和房地产开发企业一起按程序进入物业入伙手续的办理阶段。物业服务企业应及时将入伙通知书、入伙手续书、收楼须知、缴款通知书等一并寄给业主，以方便业主按时顺利地办好入伙手续。

由于物业的入伙阶段是物业服务企业与其服务对象——业主接触的第一关，这一阶段除了大量的接待工作和烦琐的入伙手续外，各种管理与被管理的矛盾也会在短时期内集中地暴露出来，这一阶段通常也是物业管理问题最集中的阶段，所以，物业服务企业应充分利用这一机会，既做好物业管理的宣传、讲解工作，又要切实为业主着想，以树立起物业服务企业良好的"第一印象"，取得广大业主的信赖。

（二）物业入伙手续文件的办理

物业入伙手续文件是指业主或物业使用人在办理入伙手续时，所要知晓、参考或签署的有关文件，主要有入伙通知书、入伙手续书、收楼须知、缴款通知书、房屋验收书以及楼宇交接书等。

1.入伙通知书。入伙通知书是物业服务企业在物业验收合格后通知业主办理入伙手续的文件，其形式见表3-3。

表3-3 入伙通知书示例

××小区入伙通知书
××女士/先生：
您好！您所认购的××小区××幢××单元××室已于××××年××月经有关部门验收合格，准予入住。请您在接到本通知书后，前来办理有关手续。
1.请您在接到本通知后按附表规定的时间前来办理入伙手续，地址为××。在此期间，房地产开发公司财务部、销售部和物业服务公司等有关部门将到现场集中办公，为您提供快捷方便的服务。
2.如果您因公事繁忙，不能亲自前来，可委托他人代办。委托他人代办的，除应带齐相关的文件外，还应带上您的委托书、公（私）章和本人的身份证件。
3.如果您不能在规定的时间前来办理手续，可以在××月××日后到××房地产开发公司（地址：××）先办理财务手续及收楼手续，再到××物业服务公司（地址：××）交付各种费用。在您来办理各项手续前，请仔细阅读入伙手续书、收楼须知和交款通知书。
特此通知
××房地产开发公司××物业服务公司 年 月 日

2.入伙手续书。入伙手续书是为方便业主办理入伙手续而制定的文件，其形式见表3-4。

表3-4 入伙手续书示例

××小区入伙手续书
××女士/先生：
您好！您所认购的××小区××幢××单元××室现已具备入伙条件，请阅读收楼须知、缴款通知书，按如下顺序办理入伙手续，您每办完一项手续，有关职能部门将在本手续书上盖章证明手续已办妥。
××房地产开发公司××物业服务公司 年 月 日
1.至房地产开发公司财务部缴付购房余款。 购房款项已全部付清。 特此证明 ××房地产开发公司财务部盖章 年 月 日
2.至房地产开发公司销售部审核入伙资格。 入伙资格审查合格。 特此证明 ××房地产开发公司销售部盖章 年 月 日
3.至物业服务公司财务部交付管理费用。 各项管理费用已全部付清。 特此证明 ××物业服务公司财务部盖章 年 月 日
4.至物业服务公司管理部办理收楼事项。 入伙收楼事项已办理完毕。 特此证明 ××物业服务公司管理部盖章 年 月 日
业主签字（盖章）： 年 月 日

3.收楼须知。收楼须知是物业服务企业告知业主在办理入伙手续时应携带的各种证件、合同、费用及应注意事项的文件，其形式见表3-5。

表3-5 收楼须知示例

×× 小区收楼须知

××女士/先生：

欢迎您成为××小区的新业主！

我公司为提供良好的管理服务，兹介绍有关收楼事项和有关收楼程序，避免您在接收新楼时，产生遗漏而导致不便。望您能认真阅读，请勿遗忘。

1.请您自接到入伙通知书之日（以邮戳为准）起3个月内前来办理产权登记和入伙手续。逾期办理者，每逾期1天应交纳人民币××元的逾期金。超过半年不来办理的房产，将由本小区物业服务公司代管，视为无主房产，交由有关部门依法处理。

2.您来办理入伙手续时请携带以下证件、文件和现金：

（1）购房合同（协议）；

（2）业主身份证或护照及图章；

（3）公司购买的还应带公司法人证件和公章；

（4）入伙通知书；

（5）入伙手续书；

（6）已缴款项的收据（调换正式发票）；

（7）未缴的购房款和物业管理应交的款项。

3.若您委托他人来办理，还应带上：

（1）您（业主）的委托书，应由律师签证；

（2）您（业主）的身份证或护照的影印件；

（3）代理人的身份证或护照。

4.您办理手续时，请按以下程序进行：

（1）至房地产开发公司财务部交付购房余款，并上交原预交款收据以换取正式发票。购楼余款缴清后，财务部将在您的入伙手续书上盖章。

（2）至房地产开发公司销售部审核入伙资格，各种证件审核通过后，销售部将在您的入伙手续书上盖章。

（3）至物业服务公司财务部交付物业管理各项费用，费用交清后物业服务公司财务部将在入伙手续书上盖章。

（4）至物业服务公司管理部办理其他手续，主要有：验收房屋、签订管理规约、领取住户手册、领取钥匙等。当以上事项办好后，您（业主）在入伙手续书上签章，并交由物业服务公司保存。

5.您收楼时，请认真检查室内设备、土建、装修是否有缺少、损坏等质量问题。若有，请在房屋验收书中写明，我们将代表业主与建设单位协商解决。

6.房屋维修保养期为1年，1年内若有工程质量所导致的问题，由我们负责为您免费修理。但是，对于因使用不当而导致的问题，则由业主自行支付修理费用。

7.您（业主）可以对自己的住宅进行室内装修，但应保证绝对不影响房屋的结构和公共设施设备，并应遵守房屋室内装修管理规定。装修前，须向物业服务公司提出书面申请，获准后方可进行。

祝您顺利入伙！

××房地产开发公司××物业服务公司

年 月 日

4.交款通知书。交款通知书是通知业主在办理入伙手续时应交纳的费用项目和具体金额的文件，其形式见表3-6。

表3-6 交款通知书示例

××小区交款通知书
××女士/先生：
您好！您所购买的××小区××幢××单元××室已经竣工，并验收合格，可以入住。您来办理入伙手续时，请交纳以下款项：
1.购房余款，计人民币××元；
2.预收××个月管理费，计人民币××元；
3.物业维修基金，用于物业共用部位、共用设施设备保修期满后的大修、更新、改造，按市房产局规定的标准为购房款的×%交纳，计人民币××元；
4.装修垃圾清运费，用于清理业主入住装修时产生的建筑垃圾，计人民币××元。
××房地产开发公司××物业服务公司
年 月 日

5.房屋验收书。房屋验收书是物业服务企业为方便业主对房屋验收而制定的文件，目的是对验收中发现的问题进行系统的记录，督促建设单位及时整改，其形式见表3-7。

表3-7 房屋验收书示例

××小区房屋验收书
××小区××幢××单元××室业主××于××××年××月××日在物业服务公司管理部××的陪同下入楼验收，检查了所购房屋的建筑质量和初装修情况，认为：
1.对房屋质量无任何异议。
2.发现有以下质量问题：
（1）
（2）
（3）
请开发商予以解决！
业主签字： 年 月 日 物业服务公司（代表）签字： 年 月 日

6.楼宇交接书。楼宇交接书是业主在验收并确认可以接受所购楼宇后，与开发商（可由物业服务企业代为办理）签订的书面文件，其形式见表3-8。

表3-8 楼宇交接书示例

××小区楼宇交接书
甲方：××房地产开发公司
乙方：××（业主）
甲方所开发的××小区已竣工，并且经××市有关部门验收合格。业主购买的××幢××单元××室已经具备入伙条件，可以入住。开发公司和业主双方均同意签署本楼宇交接书，以便开发商将业主所购买的该单元房屋正式移交给业主。
现业主已检查了该房屋的建筑质量和初装修情况，双方一致认为，该房屋可以交付给业主，业主可以接收该房屋。因此，双方签订本交接书，并确认下列条款：
1.双方确认，自××××年××月××日起，该房屋由开发商交付给业主；
2.业主在此确认，确已收到该房屋钥匙；
3.开发商确认，尽管该房屋已交付给业主，但仍负有房屋销售（预售）合同规定的该房屋在保

续表

修期内的保修义务；

　　4.业主同时确认，该房屋的建筑质量和初装修质量符合双方所签订的房屋销售（预售）合同的规定；

　　5.双方一致同意，由于该房屋用按揭贷款购买，有关业主购买该单元房屋产权登记事宜，均委托××律师事务所办理，开发商予以协助，有关税费按国家规定分别由双方各自承担；

　　6.本交接书自双方签字之日起生效；

　　7.本交接书一式两份，双方各持一份。

开发商（代表）签字：　年　月　日　　　　　　　　业主签字：　　年　月　日

（三）发放住户手册

　　物业服务企业和房地产开发企业在为业主办理入伙手续的同时，为了方便今后物业管理活动的开展，还应向业主或物业的使用人发放住户手册。

　　住户手册是由物业服务企业制定并向广大用户发放的关于物业管理方面的有关规定和应注意事项的文件。其基本内容主要有：物业概况，物业服务企业的基本情况、组织机构和各部门职责分工，投诉的处理办法，管理费的收取安排，装修管理规定，入伙办理程序，保洁和秩序维护管理规定，水、电、气、暖的使用和管理，物业使用的限制，电视接收管理，公共设施和文化娱乐设施的使用和管理，宠物豢养管理，空调安装管理，防火须知，噪声控制，泊车、洗车服务指南，电梯使用，交通、消防、绿化、环境卫生等管理规定以及罚则，常用电话号码等。

四、房屋装修管理

（一）房屋装修管理的含义

　　房屋装修管理是物业服务企业在办理完业主的入伙手续后，针对业主对属于自己的物业进行室内装修时开展的管理活动。房屋装修管理是物业管理的重要内容之一。为了保证物业的完好和安全，保持物业管理区域的整洁美观，维护全体业主的合法权益，物业服务企业应努力做好对物业装修的管理。

　　业主和物业使用人在办理入伙手续后有权对自己所购或所租物业进行装修，但装修必须符合国家有关法规和物业服务企业制定的装修管理规定，同时应按照一定的程序进行。

（二）房屋装修管理的基本程序

　　申请，经批准后方可动工。在工程的施工过程中，物业服务企业应派人进行现场监督与检查。工程完工后，物业服务企业应组织验收。

微课6

装修管理流程

　　1.装修申请

　　业主或物业使用人在入伙后，凡欲进行室内装修改造的，应及时向物业服务企业（物业管理处）申请，填写"装修申请表"，并附装修方案，报物业管理处审批。业主及施工单位应当在装修申请书上签字盖章。物业管理处对业主的资格进行确认，并发放物业辖区房屋装修管理规定及有关资料。装修申请表的格式见表3-9。

表3-9 装修申请表示例

业主姓名		住址				联系电话	
施工单位		进场人数		负责人		联系电话	
申请装修期限			年　月　日　　至　　年　月　日				
装修项目（附装修方案）： 1. 2. ⋮							
装修保证	本装修人和施工单位保证遵守装修管理规定和有关规定，保证按照装修方案完成装修，如有违约，愿意接受物业管理处的处罚。						
	业主签字（章）		施工单位签字（章）		管理处签字（章）		
	年　月　日		年　月　日		年　月　日		
备注							

2.装修审批

物业服务企业应详细审查装修申请表中的装修申请内容，在一定的时间内予以答复。对应报有关部门审批的，应督促业主或施工单位及时向有关部门申报。对符合有关规定的装修申请，应及时批准同意。对不符合有关规定的，要求业主进行修改，重新提交审批。同时，向业主或物业使用人发放物业服务企业制定的装修管理规定。装修管理规定的格式见表3-10。

表3-10 装修管理规定示例

××小区装修管理规定
为指导业主/住户的装修工作，规范装修行为，保证物业的完好和安全，维护全体业主的合法权益，根据建设部颁布的《住宅室内装饰装修管理办法》的有关规定，特制定本规定。 一、装修申报与开工 1.业主/住户（简称装修人）的室内装修，须于装修施工队伍进场前5天向物业管理处书面申请，填写装修申请表，并提交装修方案。非业主/住户进行房屋室内装修，应当取得业主的书面同意。 2.装修人的室内装修，应聘请具有一定资质的专业队伍进行施工。 3.需改动消防设施的必须报消防部门审批。 4.装修施工队伍进场前，须将施工人员名单、负责人及联系方式报物业管理处。施工人员必须办理临时出入证，凭临时出入证出入。 5.装修人的室内装修经物业管理处审批同意后方可施工。 二、装修施工要求 1.不得改变或损坏原有房屋的结构、外观和公共设施，不得改变房屋及配套设施的使用功能。

2.不得改变进户门窗设计。

3.小区严禁对阳台进行封闭，严禁在屋顶平台上搭设违章建筑。

4.大件装修工具及超长超宽的装修材料不得进入电梯，必须从楼梯上下。容易跑冒滴漏的装修材料和垃圾进入电梯前必须包装好。使用电梯运送装修材料和垃圾的时间为 9：00—11：00、14：00—16：00、19：00—21：00。

5.装修施工不得影响他人的正常工作和生活，不得擅自关闭与他人共同使用的水电总开关。发出噪声的装修施工机械在 12：00—14：00 和 21：00—次日 7：00 禁止使用。

6.装修施工工期原则上不得超过90天，如因特殊情况需要延长的，装修人要向物业管理处申报。

三、装修施工管理

1.装修要严格按批准后的装修方案实施，并自觉接受物业管理处的检查和监督。

2.装修要注意人身安全和防火安全，加强易燃易爆物品的管理，施工现场严禁吸烟。施工如需用动火（电焊、氧焊），要向物业管理处提出申请，并采取有效的防范措施。

3.装修材料堆放必须听从管理处统一安排（沙子、水泥必须袋装存放），不得乱堆乱放，不得占用楼梯、过道。

4.装修垃圾必须袋装堆放于管理处指定的位置。严禁从楼上抛弃垃圾和任何物品。

5.装修施工用电、用水不得私自在户外接驳。

四、装修工程竣工验收

装修工程完工后，装修人应书面通知管理处进行验收，管理处检查装修工程是否符合装修方案的要求、施工中有没有违反装修管理规定等。验收合格后，业主方可入住。

五、违规装修责任

1.在装修施工中，装修人有违反上述规定行为的，管理处有权采取相应的管理措施。

2.在装修施工中，如施工单位违规操作，物业管理处有权责令其停止装修行为。

3.因装修人的室内装修活动造成相邻住宅的管道堵塞、渗漏水、停水停电、物品毁坏等，装修人应当负责修复和赔偿；属于装修施工单位责任的，由装修人向装修施工单位追偿。

4.因装修施工不慎引发火灾事故的，由装修施工单位承担全部赔偿责任。

5.因装修施工不慎造成自身或他人人身伤害的，由装修施工单位承担全部赔偿责任。

3.签订装修协议书

物业服务企业在批准同意装修施工之前，应与装修人签订装修协议书。装修协议书一般包括下列内容：

① 装修工程的实施内容；

② 装修工程的实施期限；

③ 允许施工的时间；

④ 垃圾的清运与处置；

⑤ 房屋外立面设施及防盗网的安装要求；

⑥ 禁止行为和注意事项；

⑦ 装修垃圾清运费、水电费等费用的约定；

⑧ 违约责任；

⑨ 其他需要约定的事项。

装修协议书的格式见表3-11。

表3-11　　　　　　　　　　　　　　**装修协议书示例**

××小区装修协议书

甲方：××物业管理有限公司

乙方（装修人）：

为了维护楼宇建筑结构的安全，保证小区建筑风格的统一和美观，使装修操作规范化，双方同意签订如下协议：

1.装修地点：_____小区_____幢_____单元_____室。

2.装修工期：从_____年_____月_____日起至_____年_____月_____日止。因特殊情况，需要延长装修工期的，乙方另行向甲方申请。

3.乙方装修应聘请有一定资质的装修施工单位进行。

4.乙方装修中应严格遵守管理规约、装修管理规定及其他管理规定。

5.装修施工时间为7：00—12：00、14：00—21：00。

6.乙方装修施工不得改动承重墙、柱、梁等主体结构；不得擅自改动水、电管线走向；不得违章搭建。

7.装修垃圾必须袋装集中堆放于指定的位置；不得将垃圾倒入下水道内。严禁从楼上抛弃垃圾和任何物品。

8.空调室外机安装在指定的统一位置。

9.大件装修工具及超长超宽装修材料不得进入电梯，必须从楼梯上下。

10.乙方聘请的施工单位的施工人员必须办理临时出入证。需要留宿的，应到管理处办理登记手续。

11.乙方装修过程中，必须接受甲方的检查与监督。乙方聘请的施工单位违反有关规定、不听劝阻和安排的，甲方有权责令其停止装修。

12.乙方装修结束，应及时通知甲方验收。双方办理竣工验收手续。

13.乙方应向甲方交纳装修垃圾清运费_____元（按照市物价局规定执行）。

14.甲方负责清运乙方在指定地点堆放的装修垃圾。

15.甲方应帮助协调处理乙方在装修过程中出现的问题。

16.因乙方装修造成房屋开裂、管道堵塞、渗漏水、停电、损坏公共设备设施和他人财产物品的；因乙方装修施工不慎造成安全事故及人身伤害的，均由乙方负责赔偿。属于装修施工单位责任的，由乙方向装修施工单位追偿。

17.本协议一式两份，双方各执一份。未尽事宜，由双方协商解决。

18.本协议经双方签字或盖章后生效。

甲方（盖章）：　　　　　　　　　　　　　乙方（签字）：

日期：　　年　月　日　　　　　　　　　　日期：　　年　月　日

4.装修施工管理

在装修人实施装修期间，物业服务企业应加强对施工单位施工过程的管理。首先，要求装修人及装修施工人员认真阅读装修管理规定中的有关内容。其次，要求装修施工人员到物业管理处进行登记，由物业管理处给装修施工人员发放临时出入证，装修施工人员凭临时出入证进出小区或大厦，要规定装修施工人员的活动范围，只允许装修施工人员在指定的区域内活动，以免影响他人的工作和生活。最后，在装修过程中，物业管理处要派专人对装修情况进行检查，通过加强施工现场的管理来确保装修的规范运作和安全。

5.装修验收

房屋室内装修工程竣工后，装修人应当通知物业管理处，并会同装修施工单位按照原装修方案、装修协议和相应的质量标准进行验收。验收合格后，装修人、装修施工单位、物业服务企业应在房屋室内装修验收书上签字。房屋室内装修验收书的格式见表3-12。

表3-12 房屋室内装修验收书示例

装修地址		开工时间		竣工时间	
装修项目及验收结论	1. 2. ⋮				
验收意见	装修人意见			签字： 年 月 日	
	装修施工单位意见			签字： 年 月 日	
	物业管理公司意见			签字： 年 月 日	

[案例分析 3-3]

【案例描述】一业主因卫生间渗水而多次装修，在将卫生间瓷片及墙内水管全部更换后，发现墙壁依然有水往外渗漏。

【处理过程】小区物业管理服务中心接到业主反映后，立即指派工程人员上门查看，发现该业主家和邻居业主家的卫生间共用一个墙壁，且邻居业主家卫生间使用墙壁暗管，入住至今未曾更换过，初步估计是邻居业主家水管渗水。小区物业管理服务中心客服多次上门及电话与邻居业主进行沟通协调，邻居业主否认自家水管漏水，声称是对方业主家水管漏水，并拒绝维修。小区物业管理服务中心客服积极协调，促成双方业主面对面协商，针对此事商定了两套解决方案：

方案一：在双方知情的情况下，先将该业主房间停水24小时，然后查看渗水点是否继续渗水，如继续渗水则可以判断为邻居业主家房间水管漏水。

方案二：由邻居业主打开墙壁查看自家水管进行确认，如果是自家水管漏水，则由邻居业主自行修复并承担全部维修费用。

【案例点评】一是针对业主之间的纠纷，小区物业服务人员要耐心，促使双方心平气和地理智协商。二是对问题了解分析要专业，以理服人，这样才能促使双方尽早走上协调解决的正规渠道。三是提供的方案要合情合理、不偏不倚，有利于双方接受。

【体会感悟】物业服务人员按照合理流程，在尊重业主与邻居业主的基础上想办法促进协调，既尽到了本职责任，又不伤三方和气。方案一和方案二比较合理，并且处理过程中态度和处事都算稳妥，值得借鉴。

资料来源：米粒儿.【案例分析】物业服务过程中典型案例三则［EB/OL］.［2019-08-23］. https://mp.weixin.qq.com/s/G8Y-Bo5z19BhGc8l450ypg.

承接查验时需要接管哪些资料？

承接查验是前期物业管理的重要组成部分，那么，物业服务企业在参与新建物业的承接查验时需要接管哪些资料呢？

提示：

物业服务企业在承接查验新建物业时，应该接管以下资料，以便为后续物业服务工作的开展打下良好的基础。

（1）产权资料：项目批准文件、土地使用证、建筑执照、拆迁安置资料。

（2）技术资料：竣工图，包括总平面、建筑、结构、设备、附属工程、有隐蔽管线的全套图纸；地质勘查报告；工程合同及开、竣工报告；工程预、决算书；图纸会审记录；工程设计变更通知及技术核定单（包括质量事故处理记录）；隐蔽工程验收签证；沉降观测记录；竣工验收证明书；钢材、水泥等主要材料的质量保证书；新材料、构配件的鉴定合格证书；水、电、暖、通、卫生器具、电梯等设备的检验合格证书；砂浆、混凝土试块试压报告；供水、供暖、管道煤气的试压报告。

（3）物业管理所必需的其他资料，如物业基本情况的资料、业主基本情况的资料等。

第四节　物业管理的日常运作

一、物业管理日常运作的含义

经过前期的物业承接查验、用户入住、装修管理等环节之后，物业管理就开始进入到日常化管理阶段，这是物业管理各个环节中最经常、最持久、最基本的工作内容，也是物业服务企业管理水平高低的集中体现。这时，物业服务企业的核心内容就是围绕服务做文章，通过加强和完善物业管理的基础工作，做好物业管理与服务人员的培训、建立和完善物业管理服务规范和运作体系来大力提高企业的整体服务水平，以赢得广大业主和物业使用人的信任，树立良好的物业服务品牌形象。

二、物业管理日常运作的主要内容

（一）建立并完善物业管理标准和管理制度

管理标准和管理制度是物业服务企业进行物业管理的依据，也是物业管理顺利进行的保证。物业服务企业除了贯彻执行国家有关物业管理的法律、法规和政府有关行政管理部门颁布的相关条例、规定、办法以外，还应结合自身物业管理的实践，制定必要的、适用的管理标准、管理制度和管理细则。这是保证物业管理逐步成熟并走向规范化、程序化、科学化、法治化道路的重要前提，也是加强物业管理监督，约束和规范物业管理主体的行为，保证物业服务质量，提高物业服务水平，达标创优的必要条件。

物业服务企业的管理标准和管理制度可以划分为：

1. 员工岗位职责、行为规范、道德准则、奖惩制度等；

2. 房屋管理与维修养护标准和制度；

3. 共用设施设备管理的标准和制度；

4. 秩序维护、消防、车辆管理标准和制度；

4. 环境卫生标准和制度；

6. 园林绿化标准和制度；

7. 管理服务收费标准和制度；

8. 社区文化及精神文明建设标准和制度。

（二）做好物业服务人员的岗位培训工作

员工培训是物业服务企业提高员工素质的重要手段。对员工的培训包括：

1. 思想观念和服务意识方面的培训。通过培训教育，使物业服务企业的管理与服务人员树立"服务至上、用户第一"的思想观念和职业道德。随着物业管理行业的发展，那种传统的"谁开发、谁建设、谁管理"的房地产经营管理模式正在被打破，物业服务企业再也不能像过去那样从事垄断性经营，而是要适应市场经济发展的需要，开展市场竞争。要在激烈的市场竞争中站稳脚跟，只有强化服务意识，靠提供优质的服务取胜；否则，就会被市场所淘汰。

2. 工作作风方面的培训。通过培训教育，培养物业服务人员优良的工作作风，树立良好的企业形象。其基本的要求就是说话要算数，承诺要兑现，办事要雷厉风行、不拖拖拉拉，严禁"吃、拿、卡、要"，给业主和住户树立良好的形象。

3. 业务技能方面的培训。通过培训教育，使每个员工都能清楚地知道自己的工作职责、本岗位的工作标准、操作规程和相关规章制度，不断提高自身的专业技术服务水平，为提供优质服务打下基础。

根据物业管理专业化和现代化的要求，物业服务企业所涉及的各个岗位工作人员应达到一定的职业水平并获得国家承认的"职业资格证书"。

（三）建立物业管理的档案资料

物业管理档案资料的建立具有十分重要的意义：一是掌握业主和住户的详细情况，随时了解业主和住户的变动情况，以便更好地做好管理和服务工作；二是当房屋及设备设施发生故障时，能通过技术资料迅速找到故障的原因并尽快排除，从而保证房屋及设备设施的正常使用；三是通过档案资料，可随时查询物业服务合同执行情况、物业服务收费情况和欠费记录，保证物业服务企业能按合同办事，保证物业服务费用能够及时收取，维护物业服务企业自身的权益。物业管理的档案资料包括：

1. 业主和住户的档案资料。业主和住户的档案资料包括业主和住户的姓名、楼号、楼层、房号、面积、入住时间、联系方式等。对住户的变动情况，也应随时了解并记录在案。

2. 物业的档案资料。物业的档案资料包括两个方面：一是由建设单位或业主委员会在承接查验时移交的物业资料，如竣工总平面图，单体建筑、结构、设备竣工图，配套设施、地下管网工程竣工图等竣工验收资料，设施设备的安装、使用和维护保养等技术资料；二是物业服务企业自己在物业维修保养过程中积累的资料，如维修计划、维修保养记录等。

3. 物业服务过程中形成的档案资料。物业服务过程中形成的档案资料包括三个方面：一是管理基础资料，如物业服务合同、管理规约、与专业分包公司签订的专业分包合同、物业管理年度工作计划、重大管理措施、重要会议的会议纪要、行政机关及业主委员会的来文来函以及物业服务企业各项报告的批复等；二是管理标准、规章制度、管理服务实施细则等；三是有关员工的资料，如员工的基本情况、工作岗位变动及奖惩情况等；四是物业服务收费资料，如收费项目、欠费标准、交费情况、欠费记录等。

（四）物业管理的实施与控制

物业管理实施，就是要正常开展各项管理与服务工作。它的内容大致有这样几个方面：一是房屋维修与管理；二是共用设备设施的维修与管理，如电梯、空调、供水、供电、消防、通信、安保等设备设施的维修与管理；三是环境卫生，公共区域的清扫和垃圾清运；四是绿化，花草树木的种植和养护；五是治安、消防与车辆的管理；六是便民服务和特色服务等。

在实施物业服务的同时，要抓好对管理服务工作的检查与控制，控制的目的是保证物业服务的质量。控制的方法和步骤为：

1. 确定控制标准。控制标准即企业事先制定的各项工作或服务应达到的标准。

2. 检查衡量实际工作。将实际工作与控制标准进行对照、检查、衡量。这种检查，可以由从事某项管理服务活动的员工自己检查，也可以由公司委派专职人员进行检查。

3. 发现差距、查找原因、定出整改措施。通过检查，如果管理服务活动符合标准要求，说明工作情况正常。如果管理服务活动不符合标准要求，就说明有差距，必须分析差距产生的原因，制定相应的整改措施。

4. 落实整改措施。将制定的整改措施付诸实施，改善管理服务工作，从而达到控制的目的。

（五）系统的协调

物业管理社会化、专业化、企业化、经营型的特征，决定了其具有特定的复杂的系统内、外部环境条件。系统内部环境条件主要是物业服务企业与业主及业主委员会的相互关系的协调；系统外部环境条件就是与相关部门相互关系的协调。例如，自来水公司、供电公司、燃气公司、居委会、通信公司、劳动局、市场监督管理局、环卫局、园林局、房管局、城管办等有关政府主管部门，涉及面相当广泛。物业服务企业要想做好物业管理工作，就要建立良好的内、外部环境条件，内部环境条件是基础，外部环境条件是保障。与此同时，政府还要加强物业管理的法治建设和宏观协调，否则，物业管理工作会碰到许多难以想象的困难。

[案例分析3-4]

【案例描述】一天，暴雨如注，小区多幢高层和综合楼大量积水，小区物业管理服务中心立即启动紧急预案。

【处理过程】面对暴雨如注的恶劣天气，小区物业管理服务中心全面启动小区防洪紧急预案。

1. 统计小区范围内出现的水浸情况，将进水地点、楼层、水源、水势情况汇总，由中心统一安排人员控制现场水势，防止水浸范围扩大。

2. 工程维修部立即派工程技术人员，带领由秩序维护部、保洁部、绿化部组成的支援队，分别前往各处就近使用防水设施，保护好受浸楼层各电梯槽口，并将电梯升上最高层，切断电源，以免电梯受损。若电梯轿厢控制面板已经进水，则应立即切断电源，切忌升降电梯，以防故障扩大。

3.工程维修部立即采取紧急措施包括关闭水泵、关闭水阀、封堵水管、阻塞漏洞、疏通排水管道、打开末端放水等，切断水源，并关闭受浸区域之电闸，防止人员触电。

4.以秩序维护部为主，辅以保洁部、绿化部员工在洪水漫延的通道上摆设拦水沙包，防止水漫延到设备房、配电室、业主室内或其他楼层。

5.保洁部组织力量采用扫帚、吸水机吸水，排净积水，清理现场，尽快恢复整洁。经过5个多小时的奋战，水浸现象得到有效控制，洪水引起的多处危险得以彻底排除，业主的生命财产安全得到可靠保障。

【案例点评】

一是平时应做好预防工作，包括加固、疏通、预备材料等工作要做到位。

二是应迅速查明受灾情况，合理安排人力物力。

三是应对严重自然或人为灾害事件，最有效的办法就是迅速启动紧急预案，平时应定期组织演练，只有未雨绸缪才能从容应对。

【体会感悟】凡事"预则立，不预则废"，紧急预案设计合理，值得借鉴。

资料来源：米粒儿. 物业服务过程中典型案例三则［EB/OL］. (2019-08-23). https://mp.weixin.qq.com/s/G8Y-Bo5z19BhGc8l450ypg. 经过改编。

📢 本章小结

物业管理的基本环节包括物业项目的招投标、物业管理的早期介入、前期物业管理和物业管理的日常运作等内容。

物业管理招投标是指由招标人（通常为建设单位或业主委员会）依据公开、公平、公正和诚实信用的原则，通过向社会发布招标文件或邀请书，为已经或即将建造完成的物业项目选聘物业服务企业的过程。招投标是物业管理市场化的标志。物业管理的招投标应遵循公开、公平、公正和诚实信用的原则。

物业管理的早期介入是指物业服务企业在接管物业之前，参与物业的规划设计和建设施工过程，从业主与物业管理的角度，就物业开发、建设和建成后使用管理等方面提出意见和建议，使建成后的物业能够更好地满足业主和物业使用人的要求，并对即将接管的物业从物质上和组织上做好准备的过程。

前期物业管理是指在业主、业主大会选聘物业服务企业之前，由建设单位选聘物业服务企业实施的物业管理。前期物业管理一般由开发建设单位与物业服务企业通过签订物业服务合同的方式来实施。前期物业管理包括承接查验、用户入住和装修管理等环节。

经过前期物业管理之后，物业管理就开始进入到日常化管理阶段，这是物业管理各个环节中最经常、最持久、最基本的工作内容，也是物业服务企业管理水平高低的集中体现。

◎ 主要概念

物业管理招投标　早期介入　前期物业管理　承接查验

💡 基础知识练习

一、单项选择题

1.物业项目招标实行备案制度，招标人应当在发布招标公告或者发出投标邀请书的（　　）日前，提交以下材料报物业项目所在地的县级以上地方人民政府房地产行政主管部门备案。

A.10　　　　　　　B.15　　　　　　　C.20　　　　　　　D.30

2.下列属于前期物业管理内容的是（　　）。

A.竣工验收　　　B.承接查验　　　C.办理入住手续　　　D.装修管理

3.前期物业服务的委托方是（　　）。

A.物业开发建设单位　　　　　　　B.业主委员会

C.政府行业行政管理部门　　　　　D.街道办事处

4.物业管理招标的方式不包括（　　）。

A.公开招标　　　B.拍卖招标　　　C.自主招标　　　D.竞选招标

5.物业管理招投标的第三个程序是（　　）。

A.编制招标文件　　　　　　　　　B.招标备案

C.投标人资格预审　　　　　　　　D.发布招标公告或发送投标邀请书

二、多项选择题

1.招标文件应包括的内容有（　　）。

A.物业服务内容及要求，包括服务内容、服务标准等

B.对投标人及投标书的要求，包括投标人的资格和投标书的格式、主要内容等

C.招标活动方案，包括招标组织机构、开标时间及地点等

D.其他事项的说明及法律、法规规定的其他内容

2.投标文件一般包括的内容有（　　）。

A.投标函　　　　B.物业管理方案　　　C.投标报价　　　D.物业管理条款

3.物业服务合同一般包括的条款有（　　）。

A.物业服务内容　　　B.物业服务质量　　　C.物业服务费用　　　D.物业服务条款

4.物业入伙手续文件的办理需要（　　）。

A.入伙通知书　　　B.入伙手续书　　　C.收楼须知　　　D.缴款通知书

5.房屋装修管理的基本程序为（　　）。

A.装修申请　　　B.装修审批　　　C.签订装修协议书　　　D.入伙手续书

三、判断题

1.实行邀请招标的项目，招标单位至少应该向符合条件的5个物业服务企业发出招标邀请书。　　　　　　　　　　　　　　　　　　　　　　　　　　　　　（　　）

2.承接查验的首要条件是竣工验收合格，并且供电、采暖、给排水、卫生、道路等设施设备能够正常使用，房屋的幢、户编号已经有关部门确认。　　　　　　（　　）

3.由于大多数业主入住手续是由物业服务企业办理的，因此在房屋交接中出现的房屋质量问题应由物业服务企业负责。　　　　　　　　　　　　　　　　　（　　）

四、简答题

1.什么是物业管理的招投标？

2.物业管理招投标的程序是什么？

3.什么是物业管理的早期介入？早期介入的意义是什么？

4.什么是前期物业管理？前期物业管理的内容有哪些？

5.什么是物业的承接查验？承接查验有哪些特点？

实践操作训练

【实训情境设计】

由任课教师给定一个新建物业项目的基本概况，组织学生编写相应的招标文件和公开招标公告。

【实训任务要求】

1.了解国家相关法规对物业项目实施招投标的规定；

2.编写一个新建物业项目的招标文件；

3.编写一个新建物业项目的招标公告。

【实训提示】

1.参阅建设部颁布的《前期物业管理招标投标管理暂行办法》；

2.复习物业服务招投标的过程；

3.了解招标文件的结构；

4.查找当地房管局发布的物业项目招标公告的示范文本。

【实训效果评价表】

将实训效果量化，参照表3-13进行评价。

表3-13　实训效果评价表

评价内容	分值（分）	评分（分）
资料收集的完整性	20	
对招标过程的了解程度	10	
招标文件的编写质量	40	
招标公告的编写质量	30	
综合评价	100	

注：考评满分为100分。60分以下为不及格；60~69分为及格；70~79分为中等；80~89分为良好；90分及以上为优秀。

拓展阅读

物业管理早期介入优化建议49条解读

第四章　物业管理资金的来源及使用

● 学习目标

[知识目标]

　　了解物业管理资金的含义、物业服务收费的原则与方式、物业管理资金使用的原则；熟悉物业管理资金的使用要求；掌握物业管理资金的筹措渠道和物业服务费用的构成及测算方法。

[能力目标]

　　能够合理解释物业服务费和住宅专项维修资金的用途；能够策划物业服务企业的资金筹措方案；能够根据物业服务费用的构成测算简单的物业项目的服务费用。

[素养目标]

　　培养学生在工作中学会开源节流，在保证工作效果的前提下要有成本节约意识。

>>>>>>> 引例

　　为进一步规范物业服务收费行为，维护业主、物业使用人和物业服务人的合法权益，根据国家有关规定，结合湖南省实际，《湖南省物业服务收费管理办法》重新修订，自2022年5月15日起施行，有效期5年。修订后的《湖南省物业服务收费管理办法》共有25条，包括管辖权限、定价规则、物业服务合同和监督管理等方面，主要明确了6项内容：

　　（1）普通商品住宅和别墅的定价形式和程序。

　　（2）"已购车位物业服务费、装修服务费和装修垃圾清运费"等3项费用实行政府指导价。

　　（3）建设单位向购买人交房时间节点必须是实质性办理了交付手续。

　　（4）物业服务人员进行物业备案的时间节点。

　　（5）执行前期物业服务期间政府指导价标准的物业费如何调整。

　　（6）已办理房屋交付手续但未入住或使用的空置房交纳物业费按不超过90%缴纳。

　　详见《湖南省物业服务收费管理办法》。

　　资料来源：衡阳人大. 事关物业收费！重要新规即将实施［EB/OL］.［2022-05-10］. https：https：//mp.weixin.qq.com/s/6nGZ3qnLTbZX2d7vn_VntQ.经过改编。

第一节 物业管理资金的来源

一、物业管理资金的含义

物业管理资金也称为物业管理经费，是物业服务企业在物业服务活动中所投入的各种物化劳动和活劳动的总和。它是物业服务企业在物业服务活动中所支付的各项投入得到合理补偿的保证，也是物业服务企业获得合理经营利润的保障。

二、物业管理资金的筹措渠道

物业管理资金的筹措渠道是指物业服务企业筹集资金的来源和渠道，体现着所筹集资金的源泉和性质。当前，物业服务企业管理资金及其筹措渠道主要有以下几种：

（一）物业管理启动资金

1. 物业管理启动资金的概念。物业管理启动资金是指物业服务企业在市场监督管理部门进行企业登记时的注册资本金。按照我国目前企业法人登记管理条例的规定，进行企业法人登记，必须要有法定的最低资本金。它是指国家规定的开办企业必须筹集的最低资本金数额，即企业设立时必须要有的最低限额的本钱。

2. 物业管理启动资金的筹措。从物业服务企业的所有制来看，不同所有制物业服务企业启动资金的筹集渠道是各不相同的。一般来说，国有企业的物业管理启动资金应由国家出资；合营企业的物业管理启动资金由合营各方出资构成；中外合资和股份制物业服务企业的启动资金由中外各方按比例或股东出资筹集构成；外商独资的物业服务企业启动资金则由外方单独出资构成。

（二）住宅专项维修资金

1. 住宅专项维修资金的概念。建设部 2007 年颁布了《住宅专项维修资金管理办法》，商品住宅、售后公有住房住宅专项维修资金的交存、使用、管理和监督，适用本办法。其中，住宅专项维修资金是指专项用于住宅共用部位、共用设施设备保修期满后的维修、更新和改造的资金。住宅共用部位，是指根据法律、法规和房屋买卖合同，由单幢住宅内业主或者单幢住宅内业主及与之结构相连的非住宅业主共有的部位，一般包括住宅的基础、承重墙体、柱、梁、楼板、屋顶以及户外的墙面、门厅、楼梯间、走廊通道等。共用设施设备，是指根据法律、法规和房屋买卖合同，由住宅业主或者住宅业主及有关非住宅业主共有的附属设施设备，一般包括电梯、天线、照明、消防设施、绿地、道路、路灯、沟渠、池、井、非经营性车场车库、公益性文体设施和共用设施设备使用的房屋等。

2. 住宅专项维修资金的筹集。住宅专项维修资金的缴存对象分为两类：一是住宅的业主，但一个业主所有且与其他物业不具有共用部位、共用设施设备的除外；二是住宅小区内的非住宅或者住宅小区外与单幢住宅结构相连的非住宅。商品住宅的业主、非住宅的业主按照所拥有物业的建筑面积交存住宅专项维修资金，每平方米建筑面积交存首期住宅专项维修资金的数额为当地住宅建筑安装工程每平方米造价的 5%~8%。直辖市、市、县人民政府建设（房地产）主管部门应当根据本地区情况，合理确定、公布每平方米建筑面积交存首期住宅专项维修资金的数额，并适时调整。

（三）物业服务费

1.物业服务费的含义。物业服务费是指物业服务企业按照物业服务合同约定，对房屋及配套的设施设备和相关场地进行维修、养护、管理，维护相关区域内的环境卫生和秩序，向业主所收取的费用。

2.物业服务收费价格的确定方式。由于物业服务费主要针对常规性公共服务，是一种共享性或普惠性的服务，牵涉到广大业主及物业使用人的利益。为此，国家发展改革委和建设部2003年联合颁布的《物业服务收费管理办法》指出，物业服务收费应当区分不同物业的性质和特点分别实行政府指导价和市场调节价。

政府指导价是指有定价权限的人民政府价格主管部门同房地产行政主管部门根据物业管理服务等级标准等因素，制定相应的基准价及浮动幅度，并定期公布。具体收费标准由业主与物业服务企业根据规定的基准价和浮动幅度在物业服务合同中约定。

市场调节价则是根据业主所要求的物业服务内容和标准，经物业服务企业核算后，双方在物业服务合同中约定的价格。

（四）物业承接查验费

物业承接查验费是指物业服务企业在承接查验物业时，由开发建设单位向物业服务企业支付的专项验收费用，它主要用于物业服务企业参与验收新建的房产物业和接管旧的房产物业时，组织水、电、泥、木、管道等专业技术人员和管理人员所支付的费用，包括人工费、办公费、交通费、零星杂费、资料费等。关于物业承接查验费的收费标准，目前国家颁布的相关法律法规并没有做出明确的规定，在实际操作中，可由物业服务企业与物业的交接方进行协商。

（五）国家财政扶持

住宅物业的管理是现代城市管理的一个重要组成部分，它的运行是否通畅直接影响着城市现代化管理水平的高低。而目前我国住宅类物业服务经费完全由住户负担，尚有一定的困难。因此，为推动物业管理的发展，政府不仅要在政策上给予一定的扶持，在经费上也应大力支持。例如，政府可以拨付一定的城市建设维护费用于住宅小区共用部位、共用设施设备的维护管理，以减轻住宅小区日常管理费用的负担。例如北京市规定，小区内道路宽度在3.5m以上（含3.5m）的，其道路和埋设在道路下的市政排水设施，由市政工程管理部门负责维护、管理；对小区内供电、供热、供气等市政设施也做了相应的规定，由市政各相应部门承担一定的维护、管理责任和费用。

（六）物业经营收入和其他业务收入

在不向政府要钱、不增加业主及物业使用人经济负担的情况下，物业服务企业可根据自身的情况，通过开办多种经济实体，开展多种经营，创造经济效益，以副业养主业，补充小区（大厦）物业管理经费的不足。例如，组建装修队对新建楼宇进行统一管理，统一装修；开办商店、餐饮、健身房、美容美发厅等。这些经济实体既为小区内住户服务，也向社会承接业务，用多种经营取得的部分利润，弥补管理经费的不足，实现以业养业的目的。

需要指出的是，根据我国现行物业管理法律法规的相关规定，物业辖区内的共用部位、共用设施设备的产权属于全体业主，物业服务企业利用共用部位、共用设施设备开展经营活动，必须征得业主的同意，并就经营收入和利润分配与业主或业主委员会之间达成协议。

物业服务企业开展多种经营的收入和利润，从性质上讲属于物业服务企业的收入和经营利润。同时，其收入和利润事先也无法准确地测算和预计，因此，并不属于物业管理经费比较稳定的来源渠道。

在以上六种物业管理资金的来源中，物业管理的启动资金、物业维修基金和物业服务收费是物业服务企业的主要资金来源，在物业管理的不同阶段发挥着不同的作用。启动资金主要用于物业管理启动阶段的资金需要，后几项是物业管理转入正常阶段后所需资金的主要来源渠道。这表明在整个物业管理的过程中，企业管理者应根据所处的阶段，选择资金来源，想方设法进行资金的筹措。

三、物业服务收费的原则与方式

（一）物业服务收费的原则

根据国家发展改革委和建设部2003年联合颁布的《物业服务收费管理办法》的规定，物业服务收费应当遵循合理、公开、费用与服务水平相适应以及谁受益谁付费的原则。

1.合理原则。合理原则有两层含义：首先，物业服务企业在进行物业服务收费时，应当遵守国家的价格法律规定，严格履行物业服务合同，为业主提供质价相符的服务；其次，物业服务企业应当加强科学管理，准确核定并努力降低服务经营成本，使物业服务收费既能满足物业服务的价值补偿，又符合业主和租户的实际需要。物业服务企业向业主或物业使用人提供的物业服务实质上是一种服务性商品，物业服务收费实际上就是物业服务企业提供的物业服务的价格，这种价格一方面应当反映价值，另一方面又要与一定区域物业服务消费者的消费承受能力相适应。

2.公开原则。所谓公开原则是指物业服务企业在进行物业服务收费时，应当在物业管理区域内的显著位置，将服务内容、服务标准以及收费项目、收费标准等有关情况进行公示，也就是要明码标价。

物业服务收费明码标价的内容包括：物业服务企业名称、收费对象、服务内容、服务标准、计费方式、计费起始时间、收费项目、收费标准、价格管理形式、收费依据、价格举报电话等。实行政府指导价的物业服务收费应当同时标明基准收费标准、浮动幅度，以及实际收费标准。

物业服务企业在公示时应努力做到公布时间定期化、公开专栏标准化、公布内容通俗化。当业主或业主大会对公布的情况提出质询时，物业服务企业应当及时答复。

物业服务收费管理的公开化，增加了管理的透明度，可有效解决业主关心的热点、难点问题，改善物业服务企业与业主之间的关系，促进管理区域的稳定，营造和谐发展空间。

3.费用与服务水平相适应的原则。费用与服务水平相适应的原则是指物业服务收费应当与物业服务企业提供的物业服务的内容和质量相适应，做到质价相符。物业服务收费标准应当与服务质量相适应，不能只收费不服务，或多收费少服务。为此，中国物业管理协会于2004年初发布了《普通住宅小区物业管理服务等级标准（试行）》，该标准根据普通住宅物业服务需求的不同情况，将物业服务由高到低设定为三级，服务等级的判定分别由基本要求、房屋管理、共用设施设备维修养护、协助维护公共秩序、保洁服务、绿化养护管理等六大项内容组成，级别越高，表示物业服务水平越高，相应的物业服务收费也就可以越高。

4.谁受益谁付费的原则。物业管理作为一种服务产品，如果用西方经济学中"公共产品"的标准去衡量，在一个特定的物业区域内，只具有非排他性而不完全具有非竞争性，也就是随着物业管理与服务人数的增加，物业服务的成本会相应增加，因而属于一种准公共产品。因此，在一个特定的物业区域内，凡是享受物业服务的每一个受益人都应当交纳相应的服务费用。在合理划分物业服务区域的前提下，谁享受的物业服务内容及质量越高，谁交纳的物业服务费用也就应当越高。

（二）物业服务费的收取方式

业主与物业服务企业可以采取包干制或酬金制等形式约定物业服务费用。

1.包干制。包干制是指由业主向物业服务企业支付固定物业服务费用，盈余或者亏损均由物业服务企业享有或者承担的物业服务计费方式。实行物业服务费用包干制的，物业服务费用的构成包括物业服务成本、法定税费和物业服务企业的利润。

2.酬金制。酬金制是指在预收的物业服务资金中按约定比例或者约定数额提取酬金支付给物业服务企业，其余全部用于物业服务合同约定的支出，结余或者不足均由业主享有或者承担的物业服务计费方式。实行物业服务费用酬金制的，预收的物业服务资金包括物业服务支出和物业服务企业的酬金。

[案例分析 4-1]

近年来，业主不交物业费，法院入户强制执行的新闻层出不穷，甚至物业直接退场的情况也屡见不鲜。

那么，我们交纳的物业费都包含哪些内容？按约定交纳物业费的法律依据是什么？如果长期不交，会造成什么样的后果呢？

物业费都包含哪些内容？

物业费包括以下内容：

1.物业管理区域的绿化养护费用；

2.物业管理区域的清洁卫生费用；

3.物业管理区域的秩序维护费用；

4.办公费用；

5.物业共用设施设备、共用部位的日常运行、维护费用；

6.物业管理企业固定资产折旧；

7.物业共用设施设备、共用部位及公众责任保险费用；

8.管理服务人员的工资、社会保险和按规定提取的福利费等；

9.经业主同意的其他费用。

物业费不包括以下内容：住宅内部设施设备维修费用；因建筑质量导致的种种问题而产生的费用；公共区域设备的大修费用及重大部件更换费用。

按约定交纳物业费的法律依据

《民法典》第九百四十四条规定，业主应当按照约定向物业服务人支付物业费。物业服务人已经按照约定和有关规定提供服务的，业主不得以未接受（如空置房）或者无须接受（一楼不用电梯）相关物业服务为由拒绝支付物业费。业主违反约定逾期不支付物业费的，物业服务人可以催告其在合理期限内支付；合理期限届满仍不支付的，物业服务人可以提起诉讼或者申请仲裁。

不交物业费会带来哪些后果？

某市一小区的业主因为欠缴4 700多元物业费，不仅被物业公司告上了法院，还被法院列入了老赖之列。这也是首例因拖欠物业费而进入失信被执行人名单的业主。

因失信行为纳入失信被执行人名单后，被执行人在乘车、消费等过程中都会受到很多限制，个人信誉也很受影响。

千万别当老赖，否则不得有以下高消费行为：

1.乘坐交通工具时，选择飞机、列车软卧、轮船二等以上舱位；

2.在星级以上的宾馆、酒店、夜总会、高尔夫球场等场所进行高消费；

3.购买不动产或新建、扩建、高档装修房屋；

4.租赁高档写字楼、宾馆、公寓等场所办公；

5.购买非经营必需车辆；

6.旅游、度假；

7.子女就读高收费私立学校；

8.支付高额保险购买保险理财产品；

9.其他非生活和工作必需的高消费行为。

资料来源：作者根据相关资料整理。

（三）逾期不交纳物业服务费的责任

《物业管理条例》第六十四条规定："违反物业服务合同约定，业主逾期不交纳物业服务费用的，业主委员会应当督促其限期交纳；逾期仍不交纳的，物业服务企业可以向人民法院起诉。"可见，物业服务企业对于逾期仍不交纳物业服务费的业主，可依法向法院起诉，以维护自己的合法权利。

第二节　物业管理资金的使用

一、物业管理资金使用的原则

（一）合理使用的原则

社会化、专业化的物业管理模式在我国起步的时间还不长，在全国范围内对大多数居住物业来说，物业管理服务收费的标准目前只能按广大居民收入水平而定，与高水平的物业服务成本相比还有一定的距离，所以，物业管理资金不够充裕，而大部分物业管理公共服务项目都是基本的、必需的服务，因此，物业管理资金的使用应当贯彻合理使用的原则，把有限的资金用在必要的物业管理项目上。

（二）服务第一的原则

服务是物业管理工作的出发点，物业管理资金的使用必须强调服务优先。物业服务企业应当使物业管理费用的支出与物业服务范围相适应，与管理服务的质量相一致，以满足区域内不同层次的用户需求。

（三）民主管理的原则

物业管理资金的使用应当充分尊重业主的意见，增加透明度，使物业管理服务费和维修基金的收入、管理、使用进入良性循环。物业服务企业要定期向业主公布物业管理收入和支出的账目表，接受全体业主的监督。

（四）合理收益的原则

物业服务企业是自主经营、自负盈亏、自我发展的经济实体，其经营管理活动以营利为目的，在资金使用时，应贯彻合理收益的原则，尽可能降低管理的成本，节约管理费用，保证实现合理报酬、合理收益。

二、物业管理资金的使用要求

（一）物业管理启动资金的使用要求

物业管理启动资金除了用于物业服务企业正常必要的开办费支出外，还有一定数量的资金参与物业管理的资金运动，如为日常办公的需要购买固定资产，为工程维修人员购买维修工具与器械等。物业服务企业的经营管理决策者，应根据所管理物业的规模、水平和实际需要做出相应的规定，集中统筹和合理安排使用这笔资金，以加快资金周转，提高企业经济效益。

（二）住宅专项维修资金的使用要求

住宅专项维修资金的使用范围是物业共用部位、共用设施设备保修期满后的大修、更新和改造。因此，物业维修基金在使用与管理上有如下一些要求：

1. 在业主办理房屋权属证书时，商品住房销售单位将代收的维修基金移交给当地房地产行政主管部门代管。物业在保修期内不得使用维修基金。

2. 业主委员会成立后，经业主委员会同意，房地产行政主管部门将维修基金移交给物业服务企业代管。物业服务企业代管的维修基金，应当定期接受业主委员会的检查与监督。

3. 维修基金不敷使用时，经当地房地产行政主管部门或业主委员会研究决定，按业主占有的住宅建筑面积比例向业主续筹。

4. 维修基金应当在银行专户存储，专款专用。为了保证维修基金的安全，维修基金闲置时，除可用于购买国债或者用于法律、法规规定的其他范围外，严禁挪作他用。

［实战演练 4-1］

如何申请使用专项维修资金？

提示：

1. 住宅专项维修资金划转业主大会管理前的使用

住宅专项维修资金划转业主大会管理前，需要使用住宅专项维修资金的，按照以下程序办理：

（1）物业服务企业根据维修和更新、改造项目提出使用建议；没有物业服务企业的，由相关业主提出使用建议。

（2）住宅专项维修资金列支范围内专有部分占建筑物总面积三分之二以上的业主且占总人数三分之二以上的业主讨论通过使用建议。

（3）物业服务企业或者相关业主组织实施使用方案。

（4）物业服务企业或者相关业主持有关材料，向所在地直辖市、市、县人民政府建设（房地产）主管部门申请列支；其中，动用公有住房住宅专项维修资金的，向负责管理公有住房住宅专项维修资金的部门申请列支。

（5）直辖市、市、县人民政府建设（房地产）主管部门或者负责管理公有住房住宅专项维修资金的部门审核同意后，向专户管理银行发出划转住宅专项维修资金的通知。

（6）专户管理银行将所需住宅专项维修资金划转至维修单位。

2.住宅专项维修资金划转业主大会管理后的使用

住宅专项维修资金划转业主大会管理后，需要使用住宅专项维修资金的，按照以下程序办理：

（1）物业服务企业提出使用方案，使用方案应当包括拟维修和更新、改造的项目、费用预算、列支范围、发生危及房屋安全等紧急情况以及其他需临时使用住宅专项维修资金的情况的处置办法等。

（2）业主大会依法通过使用方案。

（3）物业服务企业组织实施使用方案。

（4）物业服务企业持有关材料向业主委员会提出列支住宅专项维修资金；其中，动用公有住房住宅专项维修资金的，向负责管理公有住房住宅专项维修资金的部门申请列支。

（5）业主委员会依据使用方案审核同意，并报直辖市、市、县人民政府建设（房地产）主管部门备案；动用公有住房住宅专项维修资金的，经负责管理公有住房住宅专项维修资金的部门审核同意；直辖市、市、县人民政府建设（房地产）主管部门或者负责管理公有住房住宅专项维修资金的部门发现不符合有关法律、法规、规章和使用方案的，应当责令改正。

（6）业主委员会、负责管理公有住房住宅专项维修资金的部门向专户管理银行发出划转住宅专项维修资金的通知。

（7）专户管理银行将所需住宅专项维修资金划转至维修单位。

（三）物业服务费用的使用要求

1.积极推行民主管理。物业服务企业收取的日常物业服务费用是由物业的业主或物业使用人交纳的，他们对这部分资金是否有效地使用是非常敏感的，若没有透明度，不让他们参与监督管理，就会造成物业服务费收取困难的局面，更无从谈及管理费的运用。反之，如果定期公布服务费用账目并让他们参与监督管理，则会调动他们当家理财的积极性，使管理资金得到更有效的使用。另外，让业主和住户一起参与监督管理，了解服务费用的支出过程，一方面可以让物业服务企业及时得到服务的反馈信息，有效地促进物业服务企业提高管理服务的质量水平；另一方面可以约束物业服务企业，防止浪费，努力降低服务成本开支。

2.科学制订物业服务费用预算方案。物业服务费用预算方案是经业主委员会核准，由物业服务企业做出的物业服务日常支出的测算与评估方案。预算方案是物业服务企业开展日常物业服务的量化目标，物业服务企业往往将其作为日常物业服务的依据，它应包括所有的日常物业服务支出。因此，制订预算方案时必须根据不同类型、性质、对象的物业过去的历史记录、经验以及对未来日常物业服务费用支出的预算来确定。当业主发现物业服务费用收入或支出与预算方案中的估计数有较大的差异时，可以要求物业服务企业工作人员予以解释，物业服务企业则必须对实际执行结果背离预算的原因加以说明。

3.设立专用账户进行日常核算，编制财务报表，做好财务记录。物业服务企业对业主或住户交纳的日常物业服务费用，应坚持"专款专用""取之于民，用之于民"的原则，不仅要存入金融机构，专款专用，以保证所托管物业开展日常管理维护活动资金的需要，而且要设立专门账户，加强日常核算，保证日常物业服务费用的安全完整，并合理有效地使用。

三、物业服务费用的构成及测算

（一）物业服务费用的构成

物业服务费用实行包干制的，其费用构成包括物业服务成本、法定税费和物业服务企业的合理利润三部分。实行酬金制的，预收的物业服务资金包括物业服务支出和物业服务企业的酬金两部分。在这两种收费方式中，物业服务成本或者物业服务支出都是最主要的构成部分。物业服务成本或者物业服务支出的构成一般包括以下几个部分：

1.管理服务人员的工资、社会保险和按规定提取的福利费等；

2.物业共用部位、共用设施设备的日常运行、维护费用；

3.物业管理区域清洁卫生费用；

4.物业管理区域绿化养护费用；

5.物业管理区域秩序维护费用；

6.办公费用；

7.物业服务企业固定资产折旧；

8.物业共用部位、共用设施设备及公众责任保险费用；

9.经业主同意的其他费用。

（二）物业服务费用的测算原则

物业服务费用的收费标准由各地根据本地区综合服务项目、劳动付出状况、物价指数变化和物业住户的经济承受能力以及住宅小区的档次制定。

物价部门在核定收费标准时，应充分听取物业服务企业和小区业主委员会或产权人、使用人的意见，既要有利于物业服务的价值补偿，又要考虑物业产权人、使用人的经济承受能力，以物业服务所发生的费用为基础，结合物业服务企业的服务内容、服务质量、服务深度核定。对核定的物业服务收费标准，应根据物业服务费用的变化适时进行调整。

（三）物业服务成本的测算方法

物业服务成本或物业服务支出的测算方法，可以用一个简单的公式来表示：

$$X = \sum X_i$$

式中：X为物业服务支出的收费标准（元/月·平方米）；X_i为各分项收费标准（元/月·平方米）；$\sum X_i$为所有费用项目的算术加和。

上面列出的费用项目不是全部，具体到预算一个特定物业的服务费用标准时，由于物业类型不同，要得到一个较为适合的费用标准，除了合理预算每项费用外，关键是不要漏项，要把所有发生的费用项目尽可能全部计算在内。

1.管理、服务人员的工资、社会保险和按规定提取的福利费——X_1

该项费用是指物业服务企业的人员费用，包括总经理、副总经理、部门经理、文秘、财务人员、维修人员、绿化工、保洁工、秩序维护员、车管员、其他人员的费用等；费用包括基本工资、福利基金、工会经费、教育经费、社会保险、加班费、服装费等。测算标准应根据当地经济发展状况、企业的经济效益、人员的职责范围与级别大小而定。

① 月基本工资额 F_1（元/月）；

② 按规定提取的福利费 F_2（元/月）；

③ 加班费 F_3（元/月）；

④ 服装费 F_4（元/月）；

⑤ 总建筑面积 S（平方米）。

$$X_1 = \frac{月基本工资额 + 按规定提取的福利费 + 加班费 + 服装费}{总建筑面积}$$

$$= \frac{F_1 + F_2 + F_3 + F_4}{S}$$

2.共用部位、共用设施设备日常运行、维修及保养费——X_2

该项费用包括小区楼宇内共用部位，如过道、门厅、楼梯及小区道路环境内的各种土建零修费；各类公共设施、设备，如室外上、下水管道、电气部分、燃气部分等的日常运行、维修保养费；小区内和楼宇内公共照明费等。其不包括业主拥有房产内部的各种设备、设施的维修、养护、更换与更新费用，共用天线保养维修费用，高压水泵的运行、保养维修费用，冬季供暖费等。这些费用按国家和当地现行规定与标准分别向产权和物业使用人另行收取。

该项费用可运用如下两种方法进行测算：

第一种：成本法。

先分别测算各分项费用的实际成本支出，然后再求和。该项总费用大致包括以下各分项：

① 公共建筑及道路的土建零修费 F_1（元/月）；

② 给排水设备日常运行、维修及保养费 F_2（元/月）；

③ 电气系统设备维修保养费 F_3（元/月）；

④ 燃气系统设备维修保养费 F_4（元/月）；

⑤ 消防系统设备维修保养费 F_5（元/月）；

⑥ 公共照明费 F_6（元/月）；

⑦ 不可预见费 F_7（元/月），按①～⑥项总和的8%～10%计算不可预见费；

⑧ 易损件更新准备金 F_8（元/月）。易损件更新准备金是指一般共用设备的更新费用，如灯头、灯泡、水龙头等，其不包括重大设施设备的更新费用。

$$F_8 = \frac{\sum(M_i + I_i)}{12 \times Y_i}$$

式中：M_i 为一般公共设施的购置费，包括照明系统、给排水系统、电气系统、消防系统等；I_i 为各种设施的安装费用；Y_i 为各种设施的正常、安全使用年限。

此项费用也可分别计入各相关项目的维修保养费，而不单独列出。

将上述8项费用求和后，再除以总建筑面积，即得出每月每平方米应分摊的费用，公式为：

$$X_2 = \frac{\sum_{i=1}^{8} F_i}{S}$$

第二种：简单测算法。

以住宅每平方米建筑成本为基数，普通多层住宅公共设施、设备建造成本按住宅建筑面积成本的15%计取，折旧年限按25年计算，每月每平方米建筑面积应分摊的公共设施、设备的维修保养费按月折旧费的40%提取。测算公共设施、设备运行、维修和保养费的公式为：

$$X_2 = \frac{每平方米建筑成本 \times 15\% \times 40\%}{25 \times 12}$$

上述两种测算方式中，简单测算法简便易行，一般适用于普通住宅小区的费用测算。测算时，要注意建筑成本应取现时同类住宅的建筑成本计算。成本法需要有较多物业管理的实践与经验，一般适用于高档住宅和写字楼、商贸中心等物业的费用测算。

3.绿化养护费用——X_3

绿化养护费用是指物业管理区域内绿化的养护费用，包括绿化工具费（如锄头、草剪、枝剪、喷雾器等）、劳保用品费（手套、口罩、草帽等）、绿化用水费、农药化肥费、杂草杂物清运费、补苗费、小区环境内摆设的花卉费用等。测算标准应根据工作范围、工作人数、工作内容及当地市场供应状况而定。

4.清洁卫生费用——X_4

清洁卫生费用是指楼宇内公共部位及小区内道路环境的日常清洁保养费用，包括清洁工具购置费（如垃圾桶、拖把等）、劳保用品费、卫生防疫消毒费、化粪池清掏费、垃圾外运费、清洁环卫所需的其他费用等，测算标准同上。

5.公共秩序维护费用——X_5

实行封闭管理的住宅小区或大厦公共秩序维持费用包括：①秩序维护器材装备费：秩序维护系统日常运行电费、维修与养护费；日常秩序维护器材费（如对讲机、警棍等）；更新储备金。②秩序维护人员人身保险费。③秩序维护用房及秩序维护人员住房租金，测算标准同上。

6.办公费用——X_6

办公费用是指物业服务企业开展正常工作所需的有关费用，包括：①交通费（含车辆耗油、维修保养费、车辆保险费、车辆保养费、车辆养路费等）；②通信费（电话、传真机等）；③低值易耗办公用品费（如纸张、笔墨、打印复印费等）；④书报费；⑤广告宣传社区文化费；⑥办公用房租金；⑦其他杂项费用，测算标准根据企业自身的经济效益、管理效率、当地市场状况而定。

7.物业服务企业固定资产折旧——X_7

该项费用是指物业服务企业拥有的各类固定资产总额每月分摊提取的折旧费用。各类固定资产包括：①交通工具；②通信设备；③办公设备；④工程维修设备；⑤其他设备。

8.物业共用部位、共用设施设备及公众责任保险费用——X_8

该项费用是指物业服务企业为转嫁可能存在的风险，为物业管理区域内的物业共用部位、共用设施设备及公众责任向保险公司投保所产生的费用。由于业主很少委托，在实际操作中，这项费用很少涉及。

9.经业主同意的其他费用——X_9

具体项目须与业主双方达成一致，否则可以不包含此项。

（四）法定税费的测算

物业服务收费如果实行包干制，其费用构成的第二部分是法定税费。法定税费是指按照现行税法，物业服务企业在进行经营活动中应缴纳的税费。营改增后物业公司适用的税率为6%。

[知识链接 4-1]

营改增后物业公司适用 6% 和 3% 的税率

《财政部、国家税务总局关于全面推开营业税改增值税的通知》（财税〔2016〕36号）中的"附件1《营业税改征增值税试点实施办法》"第三章税率和征收率第十五条增值税税率的规定如下：

（一）纳税人发生应税行为，除本条第（二）、（三）、（四）项规定外，税率为6%。

（二）提供交通运输、邮政、基础电信、建筑、不动产租赁服务，销售不动产，转让土地使用权，税率为11%。

（三）提供有形动产租赁服务，税率为17%。

（四）境内单位和个人发生的跨境应税行为，税率为零。具体范围由财政部和国家税务总局另行规定。

第三章第十六条规定：增值税征收率为3%，财政部和国家税务总局另有规定的除外。

资料来源：财政部.国家税务总局关于全面推开营业税改征增值税的通知.财税〔2016〕36号.

（五）物业服务企业的利润或酬金

物业服务企业作为一个独立的经营实体，也应获得一定的经营利润。利润率一般根据各地的实际情况，由价格主管部门提出指导性标准，一般不高于社会平均的利润率。物业服务企业利润的计算一般是物业服务成本加上法定税费之和乘以利润率。而实行酬金制的物业服务企业的酬金一般由当事人双方事前进行约定，可以是提取一定比例的酬金，也可以是提取一定数额的酬金。按比例提取酬金一般是按照年度物业服务成本的8%~10%计提。

[案例分析 4-2]

物业公司是否有权挪用专项维修资金

北京市海淀区某住宅小区经业主委员会同意，把专项维修资金交由小区物业公司代管。最近业主委员会发现，物业公司挪用了部分专项维修资金，于是决定书面督促物业公司定期交回，然而物业公司无视业主委员会的决定，一拖再拖。业主委员会依法向法院提起了诉讼。

本案中，物业公司是否有权挪用专项维修资金？

分析：

1. 专项维修资金的权属和用途

《物业管理条例》第五十三条第二款规定："专项维修资金属于业主所有，专项用于物业保修期满后物业共用部位、共用设施设备的维修和更新、改造，不得挪作他用。"在业主大会成立前，商品住宅业主、非住宅业主交存的住宅专项维修资金，由物业所在地直辖市、市、县人民政府建设（房地产）主管部门代管。住宅的专项维修资金不能挪作他用，只能用于特定的用途，是房屋维护和保养资金，专项用于住宅保修期满后住宅共用部位、共用设施设备的维修和更新、改造。物业共用部位、共用设施设备的维修和更新、改造费用，一般由相关业主按照各自拥有物业建筑面积的比例分摊。

《住宅专项维修资金管理办法》第二十六条规定，在保证住宅专项维修资金正常使用的前提下，可以按照国家有关规定将住宅专项维修资金用于购买国债。利用业主交存的住宅专项维修资金购买国债的，应当经业主大会同意；未成立业主大会的，应当经专有部分占建筑总面积三分之二以上的业主且占总人数三分之二以上业主同意。

哪些费用不得从住宅专项维修资金中列支？根据《住宅专项维修资金管理办法》的规定，下列费用不得从住宅专项维修资金中列支：（1）依法应当由建设单位或者施工单位承担的住宅共用部位、共用设施设备的维修、更新和改造费用；（2）依法应当由相关单位承担的供水、供电、供热、通信、有线电视的管线和设施设备的维修、养护费用；（3）应当由当事人承担的因人为损坏住宅共用部位、共用设施设备所需的修复费用；（4）依据物业服务合同的约定，应当由物业服务企业承担的住宅共用部位、共用设施设备的维修和养护费用。

2. 挪用专项维修资金的责任

《物业管理条例》第六十条规定："挪用专项维修资金的，由县级以上地方人民政府房地产行政主管部门追回挪用的专项维修资金，给予警告，没收违法所得，可以并处挪用数额2倍以下的罚款；构成犯罪的，依法追究直接负责的主管人员和其他直接责任人员的刑事责任。"

挪用专项维修资金不仅侵犯了业主的权利，还破坏了行政管理秩序，所以本条规定了行政责任。本条规定的违法行为是挪用专项维修资金。违法主体通常有两种：（1）物业服务企业。物业服务企业具体负责物业管理区域住宅的维修和养护并实际使用专项维修资金，它是挪用行为的主要主体。（2）个别业主。专项维修资金归全体业主所有，这种所有是共同所有而不是个别业主所有，但在实践中总是由具体的业主负责管理专项维修资金，因此个别业主也可能成为挪用主体。除了行政责任外，根据罪刑法定原则，凡是符合刑法规定的犯罪构成要件的，应当按照刑法的有关规定追究相应的刑事责任。这里可能涉及的罪名是《中华人民共和国刑法》第二百七十二条规定的挪用资金罪、第三百八十四条规定的挪用公款罪。

本案中，物业公司挪用专项维修资金的行为违反了《物业管理条例》第五十三条第二款的规定，应当依照《物业管理条例》第六十条的规定，承担相应的行政责任。构成犯罪的，依法追究物业公司直接负责的主管人员和其他直接责任人员的刑事责任。

本章小结

物业管理资金是物业服务企业在物业服务活动中所支付的各项投入得到合理补偿的保证，也是物业服务企业获得合理经营利润的保障。物业管理资金主要来源于物业管理的启动资金、物业服务费和维修基金。物业服务费是指物业服务企业按照物业服务合同约定，对房屋及配套的设施设备和相关场地进行维修、养护、管理，维护相关区域内的环境卫生和秩序，而向业主所收取的费用。住宅专项维修资金是指专项用于物业共用部位、共用设施设备保修期满后的大修、更新、改造的维修保障资金。物业服务费和维修资金在使用中都应坚持"专款专用""取之于民，用之于民"的原则。业主与物业服务企业可以采取包干制或酬金制等形式约定物业服务费用。物业服务费用实行包干制的，其费用构成包括物业服务成本、法定税费和物业服务企业的合理利润三部分。实行酬金制的，预收的物业服务资金包括物业服务支出和物业服务企业的酬金两部分。

主要概念

物业管理资金　住宅专项维修资金　物业服务费　物业接管验收费

基础知识练习

一、单项选择题

1. 物业管理资金也称为（　　），是物业服务企业在物业服务活动中所投入的各种物化劳动和活劳动的总和。

A. 物业服务费　　　B. 物业经营费　　　C 物业管理经费　　　D. 物业运管经费

2. （　　）是指物业服务企业在市场监督管理部门进行企业登记时的注册资本金。

A. 物业管理启动资金　　　　　　　　B. 物业维修基金

C. 物业服务费　　　　　　　　　　　D. 物业承接查验费

3. 售房单位按照一定比例从售房款中提取，原则上多层住宅不低于售房款的（　　），高层住宅不低于售房款的30%。

A. 10%　　　　　B. 20%　　　　　C. 50%　　　　　D. 100%

4. 目前主要是两税一费，即增值税、城市建设维护税和教育费附加。其中，（　　）按照企业增值额的5%征收。

A. 城市建设维护税　B. 教育费附加　　C. 车船税　　　　　D. 增值税

5. 下列不属于物业服务成本的范畴的是（　　）。

A. 物业项目服务人员的工资

B. 物业协会办公费用

C. 企业固定资产折旧

D. 物业共用部位、共用设施设备及公众责任保险费用

二、多项选择题

1. 物业服务收费价格的确定方式包括（　　　）。

A. 政府指导价　　　B. 政府调节价　　　C. 市场指导价　　　D. 市场调节价

2. "专项维修资金"与"专项维修基金"的区别有（　　　）。

A. 适用对象不同　　B. 缴纳主体不同　　C. 适用范围不同　　D. 所有权不同

3. 业主与物业服务企业可以采取（　　　）形式约定物业服务费用。

A. 准入制　　　　　B. 包干制　　　　　C. 酬金制　　　　　D 定额制

4. 设立专用账户进行日常核算，编制财务报表，做好财务记录。物业服务企业对业主或住户交纳的日常物业服务费用，应坚持（　　　）的原则。

A. 专款专用　　　　　　　　　　　B. 多干少说

C. 开发多种经营收入　　　　　　　D. 取之于民，用之于民

三、判断题

1. 物业服务收费的标准必须按照政府指导价进行。　　　　　　　　　　　（　　　）

2. 实行物业服务费用包干制，物业服务费用的构成包括物业服务成本和法定税费，但不包括物业服务企业的酬金。　　　　　　　　　　　　　　　　　　　（　　　）

3. 承接查验是前期物业管理的基本环节，因此业主应该承担物业服务企业付出的劳动，在办理入住手续时支付承接查验费用。　　　　　　　　　　　　　　　（　　　）

四、简答题

1. 简述物业管理资金的筹措渠道。

2. 简述物业服务收费的原则。

3. 简述物业管理资金使用的原则。

4. 简述物业服务费用的使用要求。

5. 简述物业服务费用的构成。

实践操作训练

【实训情境设计】

资金是企业运行的命脉，单一资金来源的物业服务企业抗风险能力较差。请你对指定物业服企业进行调研，了解该企业物业管理资金的筹措渠道，并提出合理化建议。

【实训任务要求】

1. 将全班同学分成若干小组，每个小组人数不超过5人，每组选派组长一名。实训采用小组长负责制。

2. 每个小组去一家指定的物业服务企业进行调研。

3. 调查可以采用走访的方式，对物业服务企业相关人员进行访谈，获得相关信息。

4. 将教材中提到的物业服务企业资金（经费）的筹措渠道与实际情况进行对比，得出分析报告，并提出合理化建议。

【实训提示】

1. 参考"4.1.2 物业管理资金的筹措渠道"的相关内容，设计调研方案。

2. 调研可通过与业主访谈、与物业服务人员访谈和现场观察的方式进行。

【实训效果评价】

将实训效果量化，参照表4-1进行评价。

表4-1　　　　　　　　　　　　　　实训效果评价表

评价项目	分值（分）	得分（分）
能够按时到达物业现场、获得有效数据	30	
能够进行理论与实际的有效对比，分析透彻	30	
能够发现走访项目资金筹措方面的优点和不足，并能够提出合理化建议	40	
实训效果总体评价	100	

注：考评满分为100分。60分以下为不及格；60~69分为及格；70~79分为中等；80~89分为良好；90分及以上为优秀。

拓展阅读

100%收缴率的物业公司是怎样炼成的

第五章　房屋维修管理

学习目标

[知识目标]

了解房屋维修的概念和特点，房屋维修管理的概念、原则和意义；熟悉房屋维修管理的内容；掌握房屋完损等级评定的方法、房屋维修责任的划分、房屋维修工程的分类、维修标准、工作程序、房屋日常养护的原则和内容。

[能力目标]

能够对房屋维修进行管理；能够划分房屋的维修责任；能够组织房屋维修工作；能够组织房屋的日常养护工作。

[素质目标]

让学生树立良好的服务意识，在工作中主动积极，有责任心。培养学生积极努力做好本职工作。让学生意识到，在岗位上贡献自己的智慧和力量也是回报社会的一种方式。

＞＞＞＞＞＞＞ 引例

房屋出现质量问题，业主该不该找物业公司？该不该拒交物业费？

有关部门经常接到关于房屋质量出现问题应该找谁来解决的咨询电话。有人说找物业公司，物业公司让找房地产开发企业，房地产开发企业说已经交接给物业公司了，还是得找物业公司。房地产开发企业、物业公司互相踢皮球，业主夹在中间不知道如何是好，只能以拒交物业费的方式进行"无声"的抵抗。

那么，当房屋出现质量问题时，业主到底应该找谁来解决问题呢？下面就来聊一聊房屋维修的那些事儿。

一、"两书"很重要

房地产开发企业一般在交楼的同时会交付业主《住宅质量保证书》和《住宅使用说明书》。前者是房地产开发企业对所售商品住宅承担质量责任的法律文件，载明了工程质量监督单位核验的质量等级、保修范围、保修期和保修单位等。后者是房地产开发企业告知业主如何安全、合理、方便地使用所售住宅的法律文件，一般会载明房屋平面布局、结构、附属设备、配套设施、详细的结构图（注明承重结构的位置），还会载明不能占有、损坏、移装的住宅共有部位、共用设备以及住宅使用规定和禁止行为等事项。

商品住宅交付使用后出现质量问题找谁来解决，上述两书就是解决问题的重要依据。自业主收楼之日起在保修期限内的房屋质量问题，除因业主擅自拆改房屋结构造成的质量问题，都可以要求房地产开发企业承担房屋维修责任。但是有时房地产开发企业在商品住宅售出后，委托物业管理单位维修的，会在《住宅质量保证书》中写明委托单位，此时，业主亦可要求物业公司承担维修责任。

二、房屋维修范围及保修期限

在正常使用条件下，房屋建筑工程的最低保修期限如下：（1）地基基础工程和主体结构工程，为设计文件规定的该工程的合理使用年限；（2）屋面防水工程、有防水要求的卫生间、房间和外墙面的防渗漏为5年；（3）供热与供冷系统，为2个采暖期或供冷期；（4）电气管线、给排水管道、设备安装为2年；（5）装修工程为2年。

上述房屋保修期限的起算时间均为房屋交付之日起，因此，业主在发现购买的商品住宅存在施工质量问题时，务必及时向房地产开发企业主张维修责任，由于业主自身怠于行使权利而造成超过保修期限的，将不能得到法律支持。

三、超过保修期限的房屋质量维修问题

超过保修期限的房屋需要维修的，要根据该房屋的产权性质来判断。如果发生在单个业主家中，属于业主的专有部分，业主可以自行聘请维修人员或要求物业公司提供特约服务来对其进行维修，当然费用由业主承担；如果发生在房屋的共有部分，亦可要求物业公司对其进行维修，费用则应由关联业主按各自拥有的权属份额共同承担。如果共有部分或者公共设施、设备需要大修、中修、更新、改造的，经业主大会依法通过，可以启动物业维修专项基金。

四、房屋维修与物业服务费用的关系

在本文的开头提到了有业主因为房屋质量问题得不到解决而拒交物业服务费的情况，下面就来具体解释一下上述做法是否有法律依据。

根据《物业服务收费管理办法》的相关规定，物业服务费用包括物业服务成本、法定税费和物业服务企业的利润。而物业服务成本通常包括以下9项内容：（1）管理服务人员的工资、社会保险和按规定提取的福利费等；（2）物业共用部位、共用设施设备的日常运行、维护费用；（3）物业管理区域清洁卫生费用；（4）物业管理区域绿化养护费用；（5）物业管理区域秩序维护费用；（6）办公费用；（7）物业服务企业固定资产折旧；（8）物业共用部位、共用设施设备及公众责任保险费用；（9）经业主同意的其他费用。

可见，物业服务企业提供的物业服务并不包括房屋维修服务。当然，业主可以与物业服务企业签订特约维修服务合同，约定由物业公司提供房屋超过保修期的维修服务，业主支付维修费用。

综上所述，当住宅房屋发生质量问题时，业主应首先查看手中的《住宅质量保证书》和《住宅使用说明书》，在确定该房屋在保修期限内，且不存在《住宅使用说明书》中规定的房地产开发企业不承担维修责任的情况下，向房地产开发企业或物业服务企业（明示委托物业公司的）主张权利。

切忌以拒交物业服务费用来表达对房地产开发企业不作为的不满情绪。根据《物业管理条例》的规定，对经催告后仍逾期不交纳物业服务费的，物业服务企业可以向人民法院起诉。

资料来源：佚名. 房屋出现质量问题，业主该不该找物业公司？该不该拒交物业费？[EB/OL]. [2022-05-26]. https://www.sohu.com/a/551214140_121123848.有删改。

第一节 房屋维修管理概述

一、房屋维修的概念和特点

（一）房屋维修的概念

房屋维修是指房屋自竣工到停止使用的整个经济寿命过程中，为了修复由于自然因素、人为因素造成的房屋损坏，维护和改善房屋使用功能，延长房屋使用寿命而采取的各种养护维修活动。它是物业服务企业最基本的工作内容。通过维修服务，可减少房屋的损坏程度，最终达到物业保值、增值的目的。

（二）房屋维修的特点

维修和新建的对象都是房屋，在设计和施工的基本理论上是相同的。但是，与新建房屋相比，房屋维修的特点如下：

1. 限制性。房屋维修是在已有房屋的基础上进行的，工作上受到原有条件限制，设计和施工只能在一定范围内进行，如受到原有房屋资料、环境以及原有建筑风格、建筑艺术的限制。

2. 经常性。房屋使用期限长，在长期的使用中，同一结构的房屋其各个组成部分使用功能减弱的速度和损坏的程度在时间上是不一致的，因此，要经常进行房屋维修。

3. 广泛性和分散性。随着时间的推移，房屋的各个部分会有不同程度的损坏，需要根据损坏的程度经常进行小修、中修、大修，因此，房屋维修具有广泛性。同时，由于损坏的部分往往分散在房屋的各个方面，维修规模很小而且分散。

4. 技术性。房屋维修的技术性是指房屋维修活动与一般建筑施工不同，它本身具有特殊的技术要求，既要保持原有的建筑风格和设计意图，又要与周围环境相协调，因此技术性要求较高。

5. 生产和服务的双重性。生产性是指房屋维修过程中必然会增加设备、改进装饰装潢、改善结构等，通过维修可使房屋增值。服务性是指房屋维修的基本目的是以为住户服务为宗旨，要保持房屋的物质形态完好无损，保证住户对房屋的正常和安全使用。

（三）房屋损坏的原因

房屋建成交付使用后，由于多种原因会造成房屋的损坏。导致房屋损坏的原因是多种多样的，但概括起来可分为自然损坏和人为损坏。

1. 自然损坏。自然损坏是指非人为的自然因素造成的房屋损坏，主要包括以下几个方面：

（1）气候因素。房屋因经受自然界风、霜、雨、雪和冰冻的侵袭，空气中有害物质的侵蚀与氧化作用以及空气湿度和温度的变化影响，其外部构件会逐渐老化或被腐蚀。例如，木材的腐烂、砖的风化、钢筋的锈蚀、混凝土的胀裂、塑料的老化等，尤其是构件的外露部分更易损坏。

（2）生物因素。这主要是指虫害（如白蚁等）、菌类（如霉菌）的作用使建筑物构件的截面积减小、强度降低。

（3）地理因素。这主要是指地基承载力的差异引起房屋的不均匀沉降，以及地下水的作用引起房屋的损坏。

（4）灾害因素。这主要是指突发性的不可抗拒的天灾人祸，如洪水、火灾、地震、滑坡、龙卷风等所造成的损坏。

2.人为损坏。人为损坏是相对于自然损坏而言的，它是指人们在设计、施工及竣工使用期间，由于人为操作不当而造成房屋的损坏。人为损坏主要有以下三种情况：

（1）使用不当。房屋是人们最主要的活动空间，人们在里面生产、生活，因此人们的活动以及生产设备、生活日用品荷载的大小，摩擦、撞击的频率，使用的合理程度等都会影响房屋的寿命，如不合理地改装、搭建，不合理地改变房屋用途，会使房屋的某些结构遭到破坏。此外，周围设施的影响也会造成房屋的损坏。例如，新建房屋、市政管道、安装电缆等，因缺乏相应技术措施而导致塌方或地基沉降造成房屋墙体的移动、开裂及其他变形等。

（2）设计和施工质量低劣。房屋在建造或维修时，由于设计不合理、施工质量差，或者使用的建筑材料不符合质量要求等，影响了房屋的正常使用，加速了房屋的损坏。例如，阳台因混凝土振捣质量差、钢筋的位置摆错造成断裂；房屋的屋面坡度不符合要求，下雨时排水慢而造成漏水；砖墙砌筑质量低劣，影响墙体承重能力而损坏、变形；木结构的木材质量差，或制作不合格，安装使用后不久就变形、断裂、腐烂等。

（3）日常预防保养较差。不采取预防保养措施或者维修不够及时，也会造成房屋和设备的损坏或提前损坏，甚至发生房屋破损、倒塌事故，如墙体勒脚剥落、钢筋混凝土露筋、门窗铰链松动等，所有这些若不及时保养，都可能酿成大患。房屋破损的过程是一个较长期的过程，不是某一种因素造成的，往往是许多因素相互交叉作用的结果。

［知识链接 5-1］

物业公司如何处理开发商遗留问题

一、开发商遗留问题的表现

在物业服务纠纷中，许多都是由开发商建设期间遗留问题引起的。开发商遗留问题主要表现为：一是规划变更导致业主权益受损。房屋格局和小区环境与售房时的承诺有差异。二是房屋建筑和附属设备质量差，出现房屋漏水、墙体塌陷裂缝等现象，且开发商保修不到位、不及时。三是开发商不向物业公司及时、全面提供建筑图纸和相关资料。四是建筑权属不清。公摊面积的划分确定和附属用房经营收益分配等问题，是业主与开发商争议的核心问题。五是小区配套项目不到位，消防或绿化不达标，设计不合理，以及房产证办不下来等问题。

二、开发商遗留问题引发业主与物业公司矛盾的原因

开发商遗留的许多问题其实都在物业的管辖范围之外，但是由于部分业主并不清楚开发商与物业公司的职责范围，导致业主将一些"胎生"问题归咎到物业公司身上，从而引发矛盾。

业主不清楚开发商与物业公司各自的职责范围，固然有业主自身的原因，但实践中物业公司与开发商之间的权责不明确也导致了业主的混淆。

实践中，大部分物业服务企业是由房地产开发企业派生的，它们之间本来就是"父子"关系，在业主看来，物业和开发商就是一家，因此业主很容易将本属于开发商的责任直接归咎到物业身上；即使不存在"父子"关系，前期物业服务企业大多是开发商指定，或是运作资金来自于房地产开发商，甚至一些物业公司在进场时收取了开发商支付的"建安费"（建安费原本是指在建筑施工过程中的建筑和安装的费用，但在这里，却是开发商在明知有遗留问题时支付给物业公司的"收尾"费用），因此，物业公司承接了开发商的部分责任，也难怪业主在出现房屋质量问题时会找物业公司。

三、物业公司如何预防和处理开发商遗留问题

第一，明确与开发商的权责划分。

首先，明确自身的独立法律地位，实现与开发商的分业经营。从本质上来讲，开发商自有物业公司和小区业主委托的物业服务公司都是依法设立的，有独立的法人财产，以营利为目的的企业法人。作为民事主体，物业公司与开发商具有平等的法律地位。一方面，物业公司要成为独立的服务性企业，自负盈亏，自主经营。开发商不应该约束物业公司的运作，双方应断绝"父子关系"，真正让物业公司走向市场；另一方面，开发商应通过招投标机制来选聘物业服务企业，其下属物业企业应当与其他物业公司实现公平公正竞争，凭借自身的管理能力和管理优势去获得物业管理项目。

其次，严格按承接查验手续标准进行承接查验，明确与开发商的职责划分，维护自身和业主的合法权益。物业承接验收工作严格与否，不仅直接关系到日后的常规性物业管理工作能否顺利开展，还关系到物业管理风险的转移，物业公司一定要认真做好承接验收。要重视前期介入，从源头上监督开发商，提前为业主的居住把好质量关，以免损害业主的权益，同时方便日后的物业管理工作。

第二，做好业主和开发商之间的沟通桥梁。

业主反映有开发商遗留问题时，认真做好记录，及时与开发商做好沟通工作，并以书面形式函告、备查，将开发商的处理意见及时反馈给业主，争取得到开发商的处理与业主的理解。

二、房屋维修管理

（一）房屋维修管理的概念

房屋维修管理是指物业服务企业根据国家对房屋维修的技术标准，按照一定的科学管理程序，针对企业经营管理房屋的日常维护、维修、保养而进行的技术管理，是物业管理中的一项基础性工作。房屋的维修管理通过制订合理的维修周期和科学的维修计划，以及确定合理的维修范围和维修方案，可以合理使用人、财、物，从而节省费用、缩短工期，取得更好的经济效益、社会效益和环境效益。房屋维修管理无论在房屋的再生产过程方面，还是在改善业主或使用人的工作、居住条件方面，都有重要的意义。

（二）房屋维修管理的原则

1.为业主服务的原则。坚持为业主服务是房屋维修管理的一项基本原则。房屋维修的目的是为业主或使用人创造优良的生活环境与工作环境以及提高物业的综合效益，所以在房屋的维修管理上，应该树立为业主服务的思想，把客户的需要和利益放在首位，

切实维护业主的合法权益，建立良好的服务规范，改善服务态度和提高服务质量。

2. 经济、合理、安全、实用的原则。经济，就是要节约使用人力、财力和物力，尽可能少花钱、多维修，实现维修资金投资效果最大化；合理，就是要制订科学、合理的维修计划与方案，按国家的规定与标准以及用户的合理要求维修房屋，不任意扩大维修范围和内容；安全，就是要坚持质量第一和房屋完好标准的要求，通过维修使房屋达到主体结构牢固，功能运转正常，用户使用安全；实用，就是要从实际出发，因地制宜、因房制宜地进行维修，以满足用户在房屋质量与使用功能方面的需要。

3. 区别对待的原则。房屋维修管理的对象大体可分为新建房与旧房两类。在房屋的维修与改造过程中，必须因房制宜，针对不同情况采取不同的维修方案。对于新建房，重点是做好房屋的日常养护，使房屋保持完好状态，并力求保持原貌。对于城市中占较大比例的旧房，要做好分类工作。对于有保存价值的房屋，要加强维修，合理使用。对尚可利用的旧房，要通过有计划的维修与适当的改建，尽可能改善其居住条件，保证安全与正常使用。对于结构简陋、破旧老朽的旧房、危房，鉴于其已失去再维修的价值，要全部或大部分进行有计划的拆建，即进行旧房的更新与再开发。

4. 明确责任原则。实践证明，物业的维修责任不明确会导致物业长久失修，出现严重的安全隐患，甚至可能发生安全事故，造成财产损失，因此，通过有关法律法规明确物业维修的法律责任是十分必要的。

（三）房屋维修管理的意义

1. 能延长房屋使用寿命。在长期的使用过程中，由于使用不当以及自然因素等原因，房屋的使用功能会下降并发生毁损，如果不及时维修保养，势必影响业主或使用人的生产和生活。而且，房屋严重损坏还可导致房屋倒塌事故的发生，直接影响到业主或使用人的生命和财产安全。就房产而言，该修不修，该养不养，必然会缩短房屋的使用周期，造成极大的浪费。

2. 能够创造良好的经济效益、环境效益和社会效益。据初步估算，如果房屋维修管理好，全国所有城镇房屋使用期限再延长一年，那么可为社会节约基本建设投资60多亿元，这样就节省了大量的建房资金。对业主而言，他的房屋使用寿命越长，就可以多得到延长时间的租金。此外，通过房屋维修管理中的改建工程，可充分挖掘现有房屋的潜力，用少量的投资就可改善居民的居住、生活条件，保持城市房屋美好的建筑形象，起到美化城市环境、美化生活、加快城市建设的作用。

3. 房屋维修管理是物业服务企业实现自负盈亏和自我发展的基本前提。物业管理是微利行业，物业服务企业要想走"自负盈亏、自我发展"的道路，首先要做好房屋维修管理。因为只有做好房屋的维修管理，才能使物业服务企业在广大业主和用户中建立良好的企业形象，这可为企业占领市场、实现规模经济效益、开展多种经营打下扎实的基础，从而可创造多种经营收入，弥补管理费的不足，使企业走上"自负盈亏、自我发展"的道路。

（四）房屋维修管理的内容

物业服务企业在政府房地产行政主管部门的指导和监督下，对所管物业范围内的房屋维修负有全面管理的职责。房屋维修管理的内容包括：房屋维修的计划管理、房屋维修的质量管理、房屋维修的施工管理、房屋维修的技术管理。

1. 房屋维修的计划管理。物业服务企业要根据具体情况制订房屋维修的原则、范围、指标和年度维修计划，审核维修方案和工程预决算，有计划地对房屋进行养护和维修。年度房屋维修计划应当包括下列主要内容：①房屋结构类型；②维修面积；③维修分类；④维修费用；⑤计划期内房屋完好率、危房率。同时，房屋维修资金管理要求积极筹措房屋维修资金，合理安排维修资金的使用，做好房屋维修资金的管理工作。

2. 房屋维修的质量管理。对于中修以上的房屋维修工程，房屋所有人或者维修责任人必须向房屋所在地的有关质量监督机构办理质量监督手续；未办理质量监督手续的，不得施工。房屋维修工程的分类，按照《房屋修缮范围和标准》执行。中修以上的房屋维修工程，应当先进行查勘设计，并严格按照设计组织施工。中修以上的房屋维修工程竣工后，由房屋管理部门或者房屋所在地的县级以上地方人民政府房地产行政主管部门依照《房屋修缮工程质量检验评定标准》组织质量检验评定。凡检验评定不合格的，不得交付使用。房屋维修工程实行质量保修制度。质量保修的内容和期限，应当在工程合同中载明。房屋维修工程发生重大事故的，由县级以上地方人民政府房地产行政主管部门会同有关部门调查处理。

3. 房屋维修的施工管理。房屋维修的施工管理是指物业服务公司为实现房屋维修的总目标，针对维修工程的施工进行的计划、组织、指挥、调节和监督等管理工作。一般有两种情况：一是物业服务企业自己拥有一支维修养护队伍来进行维修工程；二是委托给专业维修单位。无论哪种情况，施工管理的基本内容都是一致的，包括施工计划管理、施工组织管理、施工调度与施工现场管理、施工质量监督与施工安全管理、施工机器设备与施工材料管理以及成本核算管理等。

4. 房屋维修的技术管理。房屋维修的技术管理是指对房屋维修施工过程中的各个技术环节和过程，按照一定的技术标准和技术经济指标进行科学管理，以保证房屋维修施工工程符合技术要求，这是保证房屋维修质量的重要环节。房屋维修的技术管理包括对维修设计施工图的技术管理、对施工技术的管理、对施工质量和安全的管理等。

第二节　房屋完损等级评定

一、房屋完损等级评定概述

（一）房屋完损等级评定的含义

房屋完损等级是指对现有房屋的完好或损坏程度划分的等级，即房屋的质量等级。评定房屋完损等级要按照城乡建设环境保护部1985年颁布执行的《房屋完损等级评定标准》规定的统一标准、项目和评定方法，通过目观、检测和定量、定性的分析，对整幢房屋进行综合性的评价。评定时要进行细致全面的检查与调研，必要时辅以测试和验算，以构件或房屋的完损程度确定构件或房屋的完损等级以及是否属于危险构件或危险房屋。

（二）房屋完损等级的分类

依据各类房屋的结构、装修和设备等的完好或损毁程度可将房屋的完损等级划分为五类：

1. 完好房。完好房是指结构构件完好，屋面或板缝不漏水，装修和设备完好、齐全，管道通畅，现状良好，使用正常，虽有陈旧现象或个别分项有允许值之内的轻微损坏，但不影响居民安全和正常使用，通过小修即可恢复的房屋。

2. 基本完好房。基本完好房是指结构构件安全，基本牢固，虽有少量部件的损坏程度稍超过设计允许值，但已经稳定；屋面或板缝渗漏，装修、设备的个别部件或零件有影响使用的破损，通过在原有构件或部位上进行修补、涂抹、油漆等维修即可恢复使用功能的房屋。

3. 一般损坏房。一般损坏房是局部结构有变形、裂缝、腐蚀或老化，强度不足，屋面或板缝局部渗漏，装修局部有破损；油漆老化，设备、管道不够通畅；水卫、电路管线、器具和零件有部分老化、损坏或残缺，需要进行中修或局部大修更换部件的房屋。

4. 严重损坏房。严重损坏房是部分结构有明显或严重倾斜、开裂、变形或强度不足，个别构件已处于危险状态；屋面或板缝严重渗漏；设备陈旧不齐全，管道严重堵塞，水卫、电路管线、器具和零件残缺及严重损坏，需要进行局部整修、更新等大修的房屋。

5. 危险房。危险房是主体构件强度严重不足，稳定性很差，随时都有倒塌的可能，采用局部加固修理仍不能保证安全的房屋；已丧失维修价值的房屋；因结构严重损坏需要拆除、翻修的整幢房屋。

（三）房屋完损标准

根据《房屋完损等级评定标准》的规定，房屋完损的标准可分为完好标准、基本完好标准、一般损坏标准和严重损坏标准。

1. 完好标准。

（1）结构部分。地基基础：有足够承载能力，无超过允许范围的不均匀沉降。承重构件：梁、柱、墙、板、屋架平直牢固，无倾斜变形、裂缝、松动、腐朽、蛀蚀。非承重墙：预制墙板节点安装牢固，拼缝处不渗漏；砖墙平直完好，无风化破损；石墙无内化弓凸；木、竹、芦帘、苇箔等墙体完整无破损。屋面：不渗漏（其他结构房屋以不漏雨为标准），基层平整完好，积尘甚少，排水畅通；平屋面防水层、隔热层、保温层完好；平瓦屋面瓦片搭接紧密，无缺角、裂缝瓦（合理安排利用除外），瓦出线完好；青瓦屋面瓦垄顺直，搭接均匀，瓦头整齐，无碎瓦，节筒俯瓦灰梗牢固；铁皮屋面安装牢固，铁皮完好，无锈蚀；石灰炉渣、青灰屋面光滑平整，油毡屋面牢固无破洞。楼地面：整体面层平整完好，无空鼓、裂缝、起砂；木楼地面平整坚固，无腐朽、下沉，无较多磨损和稀缝；砖、混凝土块料面层平整，无碎裂；灰土地面平整完好。

（2）装修部分。门窗：完整无损，开关灵活，玻璃、五金齐全，纱窗完整，油漆完好（允许有个别钢门、窗轻度锈蚀，其他结构房屋无油漆要求）。外抹灰：完整牢固，无空鼓、剥落、破损和裂缝（风裂除外），勾缝砂浆密实；其他结构房屋以完整无破损为标准。内抹灰：完整、牢固，无破损、空鼓和裂缝（风裂除外）；其他结构房屋以完整无破损为标准。顶棚：完整牢固，无破损、变形、腐朽和下垂脱落，油漆完好。细木装修：完整牢固，油漆完好。

（3）设备部分。水、卫：上、下水管道畅通，各种卫生器具完好，零件齐全无损。电照：电气设备、线路、各种照明装置完好牢固，绝缘良好。暖气：设备、管道、烟道畅通、完好，无堵、冒、漏，使用正常。特种设备：现状良好，使用正常。

2.基本完好标准。

（1）结构部分。地基基础：有承载能力、稍有超过允许范围的不均匀沉降，但已稳定。承重构件：有少量损坏，基本牢固。钢筋混凝土个别构件有轻微变形、细小裂缝，混凝土有轻度剥落、露筋；钢屋架平直不变形，各节点焊接完好，表面稍有锈蚀，钢筋混凝土屋架无混凝土剥落，节点牢固完好，钢杆件表面稍有锈蚀；木屋架的各部件节点连接基本完好，稍有隙缝，铁件齐全，有少量生锈；承重砖墙（柱）、砌块有少量细裂缝；木构件稍有变形、裂缝、倾斜，个别节点和支撑稍有松动，铁件稍有锈蚀；竹结构节点基本牢固，轻度蛀蚀，铁件稍锈蚀。非承重墙：有少量损坏，但基本牢固。预制墙板稍有裂缝、渗水，嵌缝不密实，间隔墙面层稍有破损；外转墙稍有风化，墙体轻度裂缝，勒脚有侵蚀；石墙稍有裂缝、弓凸；木、竹、芦帘、苇箔等墙体基本完整，稍有破损。屋面：局部渗漏，积尘较多，排水基本畅通。平屋面隔热层、保温层稍有损坏，卷材防水层稍有空鼓、翘边和封口不严，刚性防水层稍有龟裂，块体防水层稍有脱壳；平瓦屋面少量瓦片裂碎、缺角、风化，瓦出线稍有裂缝；青瓦屋面瓦垄少量不直，少量瓦片破碎，节筒俯瓦有松动，灰梗有裂缝，屋脊抹灰有裂缝；铁皮屋面少量咬口或嵌缝不严实，部分铁皮生锈，油漆脱皮；石灰炉渣、青灰屋面稍有裂缝，油毡屋面有少量破洞。楼地面：整体面层稍有裂缝、空鼓、起砂；木楼地面稍有磨损和稀缝，轻度颤动；砖、混凝土块料面层磨损起砂，稍有裂缝、空鼓；灰土地面有磨损、裂缝。

（2）装修部分。门窗：少量变形、开关不灵，玻璃、五金、纱窗少量残缺，油漆失光。外抹灰：稍有空鼓、裂缝、风化、剥落，勾缝砂浆少量酥松脱落。内抹灰：稍有空鼓、裂缝、剥落。顶棚：无明显变形、下垂，抹灰层稍有裂缝，面层稍有脱钉、翘角、松动，压条有脱落。细木装修：稍有松动、残缺，油漆基本完好。

（3）设备部分。水、卫：上、下水管道基本畅通，卫生器具基本完好，个别零件残缺损坏。电照：电器设备、线路、照明装置基本完好，个别零件损坏。暖气：设备、管道、烟道基本畅通，稍有锈蚀，个别零件损坏，基本能正常使用。特种设备：现状基本良好，能正常使用。

3.一般损坏标准。

（1）结构部分。地基基础：局部承载能力不足，有超过允许范围的不均匀沉降，对上部结构稍有影响。承重构件：有较多损坏，强度已减弱。钢筋混凝土构件有局部变形、裂缝，混凝土剥落，露筋锈蚀、变形、裂缝值稍超过设计规范的规定，混凝土剥落面积占全部面积的10%以内，露筋锈蚀；钢屋架有轻微倾斜或变形，少数支撑部件损坏，锈蚀严重，钢筋混凝土屋架有剥落，露筋、钢杆有锈蚀；木屋架有局部腐朽、蛀蚀，个别节点连接松动，木质有裂缝、变形、倾斜等损坏，铁件锈蚀；承重墙体（柱）、砌块有部分裂缝、倾斜、弓凸、风化、腐蚀和灰缝酥松等损坏；木结构局部有倾斜、下垂、侧向变形、腐朽、裂缝、少数节点松动、脱榫，铁件锈蚀；竹构件个别节点松动，竹材有部分开裂、蛀蚀、腐朽、局部构件变形。非承重墙：有较多损坏，强度减弱。预制墙板的边、角有裂缝，拼缝处嵌缝料部分脱落，有渗水，间隔墙层局部损坏；砖墙有裂缝、弓凸、倾斜、风化、腐蚀，灰缝有酥松，勒脚有部分侵蚀剥落；石墙部分开裂、弓凸、风化、砂浆酥松，个别石块脱落；木、竹、芦帘墙体部分严重破损，土墙稍有倾斜、硝碱。屋面：局部漏雨，木基层局部腐朽、变形、损坏，钢筋混凝土屋板局部下滑，屋面高低不平，排水设施锈蚀、断裂。平屋面保温层、隔热层较多损坏，卷材防水层部分有空鼓、翘边和封口脱开，刚性防水层部分有裂缝、起壳，块体防水层部分有松动、风化、腐蚀；平瓦屋面部分瓦片有破碎、风化，瓦出线严重裂缝、起壳，脊瓦局部松动、破损；青瓦屋面部分瓦片风化、破碎、翘角，瓦垄不顺直，节筒俯瓦破碎残缺，灰梗部分脱落，屋脊抹灰有脱落，瓦片松动；铁皮屋面部分咬口或嵌缝不严实，铁皮严重锈烂；石灰炉渣、青灰屋面，局部风化脱壳、剥落，油毡屋面有破洞。楼地面：整体面层部分裂缝、空鼓、剥落，严重起砂；木楼地面部分有磨损、蛀蚀、翘裂、松动、稀缝，局部变形下沉，有颤动；砖、混凝土块料面磨损，部分破损、裂缝、脱落，高低不平；灰土地面坑洼不平。

（2）装修部分。门窗：木门窗部分翘裂，榫头松动，木质腐朽，开关不灵；钢门、窗部分铁胀变形、锈蚀，玻璃、五金、纱窗部分残缺；油漆老化翘皮、剥落。外抹灰：部分有空鼓、裂缝、风化、剥落，勾缝砂浆部分松酥脱落。内抹灰：部分空鼓、裂缝、剥落。顶棚：有明显变形、下垂，抹灰层局部有裂缝，面层局部有脱钉、翘角、松动，部分压条脱落。细木装修：木质部分腐朽、蛀蚀、破裂；油漆老化。

（3）设备部分。水、卫：上、下水管道不够畅通，管道有积垢、锈蚀，个别滴、漏、冒；卫生器具零件部分损坏、残缺。电照：设备陈旧，电线部分老化，绝缘性能差，少量照明装置有损坏、残缺。暖气：部分设备、管道锈蚀严重，零件损坏，有滴、冒、跑现象，供气不正常。特种设备：不能正常使用。

4.严重损坏标准。

（1）结构部分。地基基础：承载能力不足，有明显不均匀沉降或明显滑动、压碎、折断、冻酥、腐蚀等损坏，并且仍在继续发展，对上部结构有明显影响。承重构件：明显损坏，强度不足。钢筋混凝土构件有明显下垂变形、裂缝，混凝土剥落和露筋锈蚀严重，下垂变形、裂缝值超过设计规范的规定，混凝土剥落面积占全面积的10%以上；钢屋架明显倾斜或变形，部分支撑弯曲松脱，锈蚀严重，钢筋混凝土屋架有倾斜，混凝土严重腐蚀剥落、露筋锈蚀，部分支撑损坏，连接件不齐全，钢杆锈蚀严重；木屋架端节点腐朽、蛀蚀，节点边接松动，夹板有裂缝，屋架有明显下垂或倾斜，铁件严重锈蚀，支撑松动；承重墙体（柱）、砌块强度和稳定性严重不足，有严重裂缝、倾斜、弓凸、风化、腐蚀和灰缝严重酥松损坏；木构件严重倾斜、下垂、侧向变形、腐朽、蛀蚀、裂缝，木质脆枯，节点松动，榫头折断拔出、榫眼压裂，铁件严重锈蚀和部分残缺；竹构件节点松动、变形，竹材弯曲断裂、腐朽，整个房屋倾斜变形。非承重墙：有严重损坏，强度不足。预制墙板严重裂缝、变形，节点锈蚀，拼缝嵌料脱落，严重漏水，间隔墙立筋松动、断裂，面层严重破损；砖墙有严重裂缝、弓凸、倾斜、风化、腐蚀、灰缝酥松；石墙严重开裂、下沉、弓凸、断裂，砂浆酥松，石块脱落；木、竹、芦帘、苇箔等墙体严重破损，土墙倾斜、硝碱。屋面：严重漏雨。木基层腐烂、蛀蚀、变形损坏、屋面高低不平，排水设施严重锈蚀、断裂，残缺不全。屋面保温层、隔热层严重损坏，卷材防水层普遍老化、断裂、翘边和封口脱开，沥青流淌，刚性防水层严重开裂、起壳、脱落，块体防水层严重松动、腐蚀、破损；平瓦屋面瓦片零乱不落槽，严重破碎、风化，瓦出线破损、脱落，脊瓦严重松动破损；青瓦屋面瓦片零乱、风化、碎瓦多，瓦垄不直、脱脚，节筒俯瓦严重脱落残缺，灰梗脱落，屋脊严重损坏；铁皮屋面严重锈烂、变形下垂；石灰炉渣、青灰屋面大部冻鼓、裂缝、脱壳、剥落，油毡屋面严重老化，大部分损坏。楼地面：整体面层严重起砂、剥落、裂缝、沉陷、空鼓；木楼地面有严重磨损、蛀蚀、翘裂、松动、稀缝、变形下沉、颤动；砖、混凝土块料面层严重脱落、下沉、高低不平、破碎、残缺不全；灰土地面严重坑洼不平。

（2）装修部分。门窗：木质腐朽，开关普遍不灵，榫头松动、翘裂，钢门、窗严重变形锈蚀，玻璃、五金、纱窗残缺，油漆剥落见底。外抹灰：严重空鼓、裂缝、剥落，墙面渗水，勾缝砂浆严重松酥脱落。内抹灰：严重空鼓、裂缝、剥落。顶棚：严重变形下垂，木筋弯曲翘裂、腐朽、蛀蚀，面层严重破损，压条脱落，油漆见底。木装修：木质腐朽、蛀蚀、破裂，油漆老化见底。

（3）设备部分。水、卫：下水道严重堵塞、锈蚀、漏水；卫生器具零件严重损坏、残缺。电照：设备陈旧残缺，电线普遍老化、零乱，照明装置残缺不齐，绝缘不符合安全用电要求。暖气：设备、管道锈蚀严重，零件损坏、残缺不齐，跑、冒、滴现象严重，基本上已无法使用。特种设备：严重损坏，已无法使用。

（四）房屋完损等级的评定方法

房屋完损等级的评定应按统一标准、统一项目、统一评定方法，对现有房屋进行综合性的完好或损坏的等级评定。房屋完损等级评定可定期或不定期进行。定期，一般是每隔1～3年就对所管房屋进行一次全面细致的完损等级评定。这种定期评定工作的工作量大、面广，基本过程可分为组织准备、实际勘察、统计汇总三个阶段。不定期进行房屋完损等级的评定一般有以下几种情况：根据气候特征进行，如雨季、台汛、暴风雪、山洪等，着重对危险房屋、严重损坏房屋和一般损坏房屋进行检查，评定完损等级；接管新建房屋后，要进行完损等级的评定；房屋经过中修、大修、翻修和综合维修竣工验收以后，要重新评定完损等级。按照住房和城乡建设部批准的《房屋完损等级评定标准》，房屋完损等级的评定方法见表5-1。

二、危房的鉴定与管理

危险房屋（简称危房）由于随时有倒塌的可能，不能确保使用安全。因此，在物业管理中，危房的鉴定使用与管理就占有特殊的位置，物业服务企业对此要给予特别的重视。为此，有关机构先后颁发了《危险房屋鉴定标准》和《城市危险房屋管理规定》。

（一）危房的鉴定机构

房屋安全鉴定是一项专业性、技术性要求很高的工作，危房的鉴定更应慎之又慎。按照2004年7月20日修正的《城市危险房屋管理规定》[①]，市、县人民政府房地产行政主管部门应设立房屋安全鉴定机构（以下简称鉴定机构），负责房屋的安全鉴定，并统一启用"房屋安全鉴定专用章"。经鉴定属危险房屋的，鉴定机构必须及时发出危险房屋通知书；属于非危险房屋的，应在鉴定文书上注明在正常使用条件下的有效时限，一般不超过一年。

表5-1　　　　　　　　　　　　　　　房屋完损等级的评定方法

结构类型	评定等级	凡符合下列条件之一者
钢筋混凝土结构、混合结构、砖木结构	完好房	1.结构、装修、设备各项完损程度符合完好标准； 2.在装修、设备部分中有一两项完损程度符合基本完好的标准，其余符合完好以上的标准
	基本完好房	1.结构、装修设备各项完损程度符合基本完好标准； 2.在装修、设备部分中有一两项完损程度符合一般损坏的标准，其余符合基本完好以上的标准； 3.结构部分除基础、承重构件、屋面以外，可有一项和装修或设备部分中的一项符合一般损坏标准，其余符合基本完好以上的标准
	一般损坏房	1.结构、装修设备各项完损程度符合基本完好标准； 2.在装修、设备部分中有一两项完损程度符合严重损坏的标准，其余符合一般完好以上的标准； 3.结构部分除基础、承重构件、屋面以外，可有一项和装修或设备部分中的一项完损程度符合严重损坏标准，其余符合一般完好以上的标准
	严重损坏房	1.结构、装修设备各项完损程度符合基本完好标准； 2.在装修、设备部分中有数项完损程度符合一般损坏的标准，其余符合严重损坏的标准
其他结构		1.房屋的结构、装修设备等部分各项完损程度符合同一个完损标准，则该房屋的等级就是分项的完损程度； 2.房屋的结构、装修设备等绝大多数项目完损程度符合同一个完损标准，有少量分项完损程度高出一个等级完损标准，则该房屋完损等级按绝大多数分项的完损程度评定

（二）危房鉴定程序

1.受理申请；

2.初始调查，摸清房屋的历史和现状；

---

① 《城市危险房屋管理规定》于1989年11月16日经建设部部务会议审议通过，1989年11月21日建设部令第4号发布，1990年1月1日起施行。2004年7月20日，根据《建设部关于修改〈城市危险房屋管理规定〉的决定》修正。

3.现场查勘、测试、记录各种损坏数据和状况；

4.检测验算，整理技术资料；

5.全面分析，论证定性，做出综合判断，提出处理建议；

6.签发鉴定文书。

（三）危房的鉴定

1.危房分类。根据城乡建设环境保护部颁发的《危险房屋鉴定标准》的规定，危房分整幢危房和局部危房。整幢危房是指随时有整幢倒塌可能的房屋；局部危房是指随时有局部倒塌可能的房屋。

2.鉴定单位。危房以幢为鉴定单位，以建筑面积（平方米）为计量单位。整幢危房以整幢房屋的建筑面积（平方米）计数；局部危房以危及倒塌部分房屋的建筑面积（平方米）计数。

3.危险范围的判定：

（1）整幢危房。因地基、基础产生的危险，可能危及主体结构，导致整幢房屋倒塌的；因墙、柱、梁、混凝土板或框架产生的危险，可能构成结构破坏，导致整幢房屋倒塌的；因屋架、檩条产生的危险，可能导致整个屋盖倒塌并危及整幢房屋的；因筒拱、扁壳、波形筒拱产生的危险，可能导致整个拱体倒塌并危及整幢房屋的。

（2）局部危房。因地基、基础产生的危险，可能危及部分房屋，导致局部倒塌的；因墙、柱、梁、混凝土板产生的危险，可能构成部分结构破坏，导致局部房屋倒塌的；因屋架、檩条产生的危险，可能导致部分屋盖倒塌，或整个屋盖倒塌但不危及整幢房屋的；因搁栅产生的危险，可能导致整间楼盖倒塌的；因悬挑构件产生的危险，可能导致梁、板倒塌的；因筒拱、扁壳、波形筒产生的危险，可能导致部分拱体倒塌但不危及整幢房屋的。

（3）危险点。危险点是指单个承重构件，或围护构件，或房屋设备，处于危险状态的。

（四）危房的管理

对被鉴定为危险房屋的，应按危险程度、影响范围，根据具体条件，区分轻、重、缓、急，安排维修计划。对危险点，应结合正常维修，及时排除险情。对危房和危险点，在查清、确认后，均应采取有效措施，确保使用安全。

对危房的使用管理一般可分以下四类情况处理：

1.观察使用，适用于采取适当安全技术措施后，尚能短期使用，但需继续观察的房屋；

2.处理使用，适用于采取适当安全技术措施后，可解除危险的房屋；

3.停止使用，适用于已无维修价值的，暂时不便拆除的，又不危及相邻建筑和影响他人安全的房屋；

4.整体拆除，适用于整幢危险且已无维修价值，需立即拆除的房屋。

对前两类情况，物业服务企业应在管理中加强安全检查，能解危的，要及时解危；解危暂时有困难的，应采取安全措施，并做好排险解危的准备，切实保证业主或使用人的安全。

三、房屋维修责任的划分

（一）新建房屋在保修期内

新建房屋的保修期限分两种情况：一种是建设工程承包单位向建设单位承诺的保修期限；另一种是建设单位向房屋使用者承诺的保修期限。

对于第一种情况，《建设工程质量管理条例》中规定，建设工程承包单位应按照其向建设单位出具的质量保修书中规定的保修范围、保修期限和保修责任进行保修。

在正常使用条件下，最低保修期限为：①基础设施工程、房屋建筑的地基基础工程和主体结构工程，为设计文件规定的该工程的合理使用年限；②屋面防水工程，有防水要求的卫生间、房间和外墙面的防渗漏为5年；③供热与供冷系统，为2个采暖期或供冷期；④电气管线、给排水管道、设备安装和装修工程为2年。

对于第二种情况，2001年建设部颁布的《商品房销售管理办法》①规定，房地产开发企业应当对所售商品房承担质量保修责任。当事人应当在合同中就保修范围、保修期限、保修责任等内容做出约定。保修期从交付之日起计算。

对于商品住宅的第二种保修期，建设部1998年颁布的《商品住宅实行住宅质量保证书和住宅使用说明书制度的规定》指出：

1. 地基基础和主体结构在合理使用寿命年限内承担保修。

2. 在正常使用条件下各部位、部件保修内容与保修期：屋面防水为3年；墙面、厨房和卫生间地面、地下室、管道渗漏为1年；墙面、顶棚抹灰层脱落为1年；地面空鼓开裂、大面积起砂为1年；门窗翘裂、五金件损坏为1年；管道堵塞为2个月；供热、供冷系统和设备为1个采暖期或供冷期；卫生洁具为1年；灯具、电器开关为6个月；其他部位、部件的保修期限，由房地产开发企业与用户自行约定。

以上是商品住宅第二种保修期的下限，开发商实际承诺的保修期不得低于建设工程承包单位向建设单位出具的质量保证书约定保修期的存续期；存续期少于《商品住宅实行住宅质量保证书和住宅使用说明书制度的规定》中确定的最低保修期限的，开发商承诺的保修期不得低于《商品住宅实行住宅质量保证书和住宅使用说明书制度的规定》中的保修期下限。住宅保修期从房地产开发企业将竣工验收的住宅交付用户使用之日起计算。房地产开发企业延长保修期限可按照国家规定执行。

在保修期限内发生的属于保修范围的质量问题，房地产开发企业应履行保修义务，并对造成的损失承担赔偿责任，因不可抗力或使用不当造成损失的，房地产开发企业不承担责任。

[案例分析5-1]

王小姐年初购得一套商品房，因梅雨季节部分墙面开始渗水，损坏了王小姐室内的部分装修。王小姐为此多次向物业服务企业反映，物业服务企业也两次派人前来维修。虽经维修，该房墙面仍有渗水问题存在。物业服务企业表示其已经尽了维修义务，王小姐应当与房地产开发商交涉。王小姐对此甚为不解。

分析：对房屋出现墙面渗水应视不同情况处理：

---

① 《商品房销售管理办法》已于2001年3月14日经建设部第38次部常委会议审议通过，自2001年6月1日起施行。

第一，如果王小姐与开发商签订的房地产买卖合同中，对渗水、开裂等质量问题有约定的，则按约定处理。

第二，如果无上述约定，依据我国相关法规对房屋建成后保修期的规定，在房屋保修期内，发现渗水，可以要求开发商确定的维修部门上门维修。

第三，如果多次维修仍存在渗水问题，疑属房屋质量所致，王小姐可委托房屋质量鉴定部门对房屋质量进行鉴定，确属房屋质量问题的，且该质量问题影响购房人居住的，居住人可凭房屋质量鉴定报告，通过协商或诉讼的途径，要求开发商维修并承担赔偿责任。

在这一事件处理过程中，物业服务企业可以协助王小姐与开发商联系。同时，在开发商派人来修理的过程中，需配合王小姐进行验收。

（二）保修期满后

保修期满后，由业主承担房屋维修责任，并承担维修费用。对业主委托物业服务企业管理的物业，具体规定如下：

1.物业服务企业承担房屋建筑共用部位、共用设施设备、物业规划红线内的市政公用设施和附属建筑及附属配套服务设施的维修责任。业主承担物业内自用部位和自用设备的修缮责任。由各业主按份额比例分担，可建立物业维修基金，事先向各业主按比例收取，在全体业主的监督下专款专用。

上述维修责任应在物业服务合同中写明。

2.业主承担物业内自用部位和自用设备的维修责任。自用部位和自用设备是指用户大门以内的部位和设备。业主可自行维修，也可委托他人或物业服务企业维修，但物业服务企业应负检查监督的责任。维修费用由业主支付。

（三）其他情况

凡属使用不当或人为造成房屋损坏的，由其行为人负责修复或给予赔偿。

[案例分析5-2]

业主老李住在一楼，最近他发现其居住房屋的顶部漏水，请来物业服务企业维修，查明原因是他楼上住户小刘的不当装修行为所致。于是，老李请楼上的业主小刘配合维修，但遭到小刘拒绝。小刘认为漏水的不是自己的房屋，且自己房屋刚刚进行了装修，如果对自己的房屋进行维修必然会破坏刚装修好的地板等。老李很无奈，想通过诉讼途径维权，但不知应以谁为被告。

本案中，责任人是物业服务企业还是楼上业主小刘？

分析：我国目前住宅物业多属群体式类型，结构相连，供水、供电等基础设施具有系统性、联系性等特点，这使得物业的局部安全隐患不仅会影响到产权人、使用人自身的安全和正常使用，还会影响到相邻业主，甚至是整个物业管理区域的安全和正常使用。因此，明确物业安全隐患的维修养护责任，加强对物业安全隐患的及时维修养护非常重要。

一、责任人的维修养护义务

《物业管理条例》第五十五条规定："物业存在安全隐患，危及公共利益及他人合法权益时，责任人应当及时维修养护，有关业主应当给予配合。责任人不履行维修养护义务的，经业主大会同意，可以由物业服务企业维修养护，费用由责任人承担。"

本条是关于物业存在安全隐患时的维修养护责任的规定：（1）首先，该条明确规定物业存在安全隐患，危及公共利益及他人合法权益时，责任人应当及时维修养护。本条所指的"安全隐患"主要是指物业在使用过程中由于人为、自然或突发事件等因素作用出现的潜在的结构、使用等方面的危险。（2）同时，由于物业结构整体性、系统性的特点，对其某一部位、设施的安全隐患的维修养护往往要影响到相邻业主甚至整个物业管理区域内相关部位、设施的停用、占用等情况，需要这些业主的配合。为了保障及时做好对存在的安全隐患、危及公共利益及他人合法权益的物业的维修养护工作，本条明确规定有关业主应当对维修养护工作给予配合。（3）此外，考虑到相关责任人无法或者不愿意履行维修养护义务的特殊情形，本条规定经业主大会同意，可以由物业服务企业维修养护，费用由责任人承担。

二、对"责任人"的认定

《物业管理条例》第五十五条所说的"责任人"主要是指房屋的产权人或者说是按照合同约定承担相关部位维修责任的单位和个人，还包括由于历史等特殊原因造成的房屋的实际使用者或维修责任的承担者。该条把责任人与物业服务企业并列，强调责任人不履行维修养护义务的，经业主大会同意，可以由物业服务企业维修养护。所以，该条的责任人，不包括承担维修养护义务的物业服务企业本身。"责任人"主要包括哪些情形？

1.专有部分存在安全隐患、危及公共利益和他人安全的责任人，例如顶层的业主窗户安装不牢固等。这部分的责任人是物业专有人。如果物业存在安全隐患，对公共利益和他人的合法权益造成危险的，物业专有人应该及时进行维修养护，确保物业的正常安全状态。另外，如果第三人造成了业主专有部分的损害，那么，在对外关系上，物业专有人仍然是责任人，因为其他业主很难知晓到底谁是具体的侵权人，也就无法行使相应的权利，它只能以物业专有人为责任人，要求其承担维修养护的义务。当然，物业专有人在承担责任之后，可以再向具体的侵权人追偿。这种责任具有依附于物业的性质，在业主将物业转让给第三人的时候，相关的责任也就由受让的第三人来承担。受让人因此遭受的损失只能由其再向出让人追偿。

2.对共有部分消除危险的责任人。它可以分为两种情况：①侵权责任人，对因自己侵权行为造成物业危险的，如某施工单位破坏了小区的管道线路，作为业主代表的业主委员会有权要求侵权责任人恢复原状、消除危险、排除妨碍。②如果业主大会或业主委员会将某一项维修养护工作承包给物业服务企业以外的企业或个人，那么，该承包的企业或个人也是维修养护义务的责任人。在维修养护的过程中，如果需要利用相邻关系人的通道、阳台等，根据相关法律规定，相邻人有提供必要的便利、予以协助配合的义务。

在本案中：（1）房屋漏水是由于楼上业主小刘在装修时的不当施工造成的，因此，业主小刘应当承担该损害责任，即业主小刘是安全隐患的责任人，应当对于其行为承担维修责任。如果业主小刘不履行维修义务，经过业主大会同意，可以由物业服务企业来维修，由此产生的维修费用应当由责任人小刘承担。并且，在物业服务企业进行维修时，责任人小刘有配合物业维修的义务，即允许物业服务企业工作人员从其房屋内进行维修，由此造成的地板等装修的必要损失由责任人小刘自己承担。（2）对于物业服务企业而言，其对业主室内装修的质量问题并不承担法律责任。因为室内装修是业主自主进行的，物业服务企业无权干涉。作为物业服务企业，其义务就是在业主申报装修时告知业主在装修过程中不得改变房屋结构等禁止行为和其他注意事项，并对违法的行为予以制止。至于装修的质量问题，物业服务企业没有监管的义务，也不承担责任。因此，本案中，物业服务企业对小区业主室内装修的质量问题不承担法律责任；楼上业主小刘是责任人，应当依法承担楼下业主老李房屋漏水的维修责任。

第三节　房屋维修工程

一、房屋维修工程的分类

（一）按房屋的完损状况和工程性质分类

根据房屋的完损状况和相应的工程性质，房屋维修工程可分为小修工程、中修工程、大修工程、翻修工程和综合维修工程五类：

1.小修工程（养护工程）。小修工程即房屋的日常养护，是指及时修复构件、配件和设备正常的小损、小坏，用工量少，综合平均费用为所管房屋现时总造价的1%以下的工程。其特点为项目简单、零星分散、量大面广、时间紧迫以及服务性很强。

小修工程的适用范围：①屋面渗水、修补屋面等；②钢、木门窗的整修、配玻璃等；③修补内外墙、抹灰、窗台等；④水卫、电气、暖气等设备的故障排除等；⑤下水道的疏通、修补散水、落水管等。

2.中修工程。中修工程是指需牵动或拆换少量主体构件，保持原有房屋的规模和结构，费用在该建筑物同类结构新建造价的20%以下的工程。其主要特点是工地比较集中、项目较小、工程量较大和有周期性。中修后的房屋70%以上必须符合基本完好或完好标准的要求。

中修工程的适用范围：①少量结构构件形成的危险点的房；②一般损坏的房屋，如整幢房屋的门窗整修，楼地面、楼梯维修、抹灰修补，油漆保养，设备管线的维修和零配件的更换等；③整幢房屋的共用生活设备，如上下水管道、通风采暖设备管道、电气照明线路等需局部进行更换改善或改装、新装工程的房屋以及单项维修的房屋。

3.大修工程。大修工程是指需牵动或拆换部分主体和房屋设备，但不需全部拆除，一次费用在该建筑物同类结构新建造价的25%以上的工程。其主要特点是工程地点集中、项目齐全和有整体性。大修后的房屋必须符合基本完好或完好标准的要求。在进行大修工程时，可考虑适当增添新的设施，改善居住条件。

大修工程的适用范围：①主体结构的大部分已严重损坏，无倒塌或有局部倒塌危险的房屋；②整幢房屋的公用生活设备（包括上水、下水、电照、通风、采暖等）必须进行管线更换，需要改善新装的房屋；③因改善居住条件，需要局部改建的房屋；④需对主体结构进行专项抗震加固的房屋。

4.翻修工程。翻修工程是指原有房屋需全部拆除、另行设计、重新建造或利用少数主体构件进行改造的工程。它包括原地翻修改建、移地翻修改建、小区复建房等。其特点是工程投资大、工期长，翻修后的房屋必须达到完好房屋的要求。

翻修工程的适用范围：①主体结构全部或大部分严重损坏，丧失正常使用功能，有倒塌危险的房屋；②因自然灾害破坏严重，不能继续使用的房屋；③主体结构、围护结构简陋、无修理价值的房屋；④地处陡峭易滑坡地区的房屋或地势低洼长期积水又无法排出地区的房屋；⑤国家基本建设规划范围内需要拆迁恢复的房屋。因翻修工程投资大，工期长，所以应尽量利用旧料，降低维修费用。新建住宅小区，基本上不存在翻修工程。

5.综合维修工程。综合维修工程是指成片多幢（大楼可为单幢）大、中、小修一次性应修尽修，其费用控制在该片（幢）建筑物同类的结构新建造价的20%以上的工程。这类维修工程应根据各地情况、条件的不同，考虑到一些特殊要求，如抗震、防灾、防火等，在维修中一并予以解决。经过综合维修后的房屋，必须符合基本完好或完好房的标准要求。综合维修工程在统计时计入大修工程项目内，可以不单独列出。

综合维修工程适用范围：①该片（幢）大部分严重损坏或一般性损坏，需进行有计划维修的房屋；②需改变片（幢）面貌而进行有计划维修的工程。

（二）按房屋的结构性质划分

按照房屋的结构性质，房屋维修工程可分为承重结构的维修和非承重结构的维修。

1.承重结构的维修。承重结构的维修是指对房屋的基础、梁、柱、承重墙以及楼盖的基层等主要受力部分进行维修。这是房屋维修的重点。房屋维修，安全第一，只有房屋的承重部分维修好，非承重部分的维修才有意义。

2.非承重结构部分的维修。非承重结构部分的维修是指对房屋的门窗、非承重墙面、地面、顶棚、上下水管道和附属部分的维修，也称为维修养护工作。非承重结构部分维修养护做得好，对承重结构部分也会起保护作用，同时也是对房屋外貌的装饰、美化，可以维持和改善住用环境。非承重结构部分的维修应以保证承重结构部分的完整无损为前提。

在房屋维修工程中还要考虑各地的不同情况，把抗震、防治白蚁，预防水灾、火灾，抗洪，防台风，防雷击等一些特殊要求，一并解决。

二、房屋维修的标准

根据《房屋修缮范围和标准》的规定，维修标准是按不同的结构、装修、设备条件，将房屋分为一等和二等以下两类分别制定的。

（一）房屋的分类

符合下列条件的为一等房屋：钢筋混凝土结构、砖混结构、砖木（含高级纯木）结构中，承重墙、柱不得使用空心砖、半砖、乱砖和乱石砌筑；楼地面不得用普通水泥或三合土面层；使用纱门窗或双层窗的正规门窗；墙面有中级或中级以上粉饰；独厨、水、电、卫设备，采暖地区有暖气。低于上述条件的为二等以下房屋。划分两类房屋的目的在于对原结构、装修、设备较好的一等房屋加强维修养护，使其保持较高的使用价值；对二等以下的房屋，主要是通过维修，保证住用安全，适当改善住用条件。

（二）房屋维修标准

维修标准按主体工程，木门窗及装修工程，楼地面工程，屋面工程，抹灰工程，油漆粉饰工程，水、电、卫、暖等设备工程，金属构件及其他等9个分项工程进行确定。

1.主体工程。它主要指屋架、梁、柱、墙、楼面、屋面、基础等主要承重构件的维修。当主体结构损坏严重时，不论维修哪一类房屋，均应要求牢固、安全、不留隐患。

2.木门窗及装修工程。木门窗应开关灵活、不松动、不透风；木装修应牢固、平整、美观，接缝严密。一等房屋的木装修应尽量做到按照原样修复。

3.楼地面工程。楼地面工程的维修应牢固、安全、平整，不起砂，拼缝严密，不空鼓开裂，地坪无倒泛水现象。如房间长期处于潮湿环境，可增设防潮层，木基层或夹沙楼板面损坏严重时，应改为钢筋混凝土楼面。

4.屋面工程。屋面必须确保安全，不渗漏，排水畅通。

5.抹灰工程。抹灰应接缝平整，不开裂、不起壳、不起泡、不松动、不剥落。

6.油漆粉饰工程。油漆粉饰要求不起壳、不剥落、色泽均匀，尽可能保持与原色一致。对木构件和各类铁制构件应进行周期性油漆保养。各种油漆和内、外墙涂料，以及地面涂料，均属保养性质，应制定养护周期，达到延长房屋使用年限的目的。

7.水、电、卫、暖等设备工程。房屋的附属设备均应保持完好，保证运行安全，正常使用。电气线路、电梯、安全保险装置及锅炉等应定期检查，严格按照有关安全规程定期保养。对房屋内部电气线路破损老化严重、绝缘性能降低的，应及时更换线路。当线路发生漏电现象时，应及时查清漏电的原因，进行修复或更换线路。对供水、供暖管线应该作保温处理，并定期进行检查维修。水箱应定期清洗。

8.金属构件。金属构件应保持牢固、安全，不锈蚀，损坏严重的应更换，无保留价值的应拆除。

9.其他工程。对属于物业管理范围的庭院原有院墙、院墙大门、院落内道路、沟渠下水道、窨井损坏或堵塞的，应修复或疏通。

三、房屋维修的工作程序

（一）施工准备工作

施工准备是指为了保证工程顺利开工而事先必须做好的一项综合性的组织工作。维修工程应根据工程量大小以及工程的难易程度等具体情况分别编制施工组织设计（用于大型工程）、施工方案（用于一般工程）和施工说明（用于小型工程）。

1.施工准备的主要内容：

（1）摸清施工现场情况，包括地面上及地面下有关房屋、设备状况；

（2）工程设计图纸齐全；

（3）编制施工组织设计或施工方案获有关部门批准；

（4）储备材料、成品和半成品等构件，能陆续进场，确保连续施工；

（5）领取建筑施工执照；

（6）安置好需搬迁的住户，切断或接通水源、电源；

（7）落实资金和劳动力计划。

2.大型维修工程施工组织设计或一般维修工程施工方案的内容：

（1）工程概况，包括工程地点、名称、规模、维修内容、工期和预算费用等。

（2）施工布置安排，包括主体部分的施工安排与施工方法、施工机械选择、预制构件加工方案、确保施工质量和安全生产及冬雨季施工的技术措施等。

（3）施工进度计划，即依据施工布置、方案、劳动力及材料供应情况确定计划工期。

（4）施工现场总平面图，即给出施工现场的平面、空间部署方案。

3.小型工程施工说明的内容。小型工程施工说明主要表述工程概况、维修性质和内容、维修预算、安全质量技术措施、旧料利用和料具配置等内容。

（二）施工阶段管理工作

1.技术交底。

技术交底是维修施工前的一项技术性工作，是在图纸会审的基础上，由施工负责人向负责该项工程的技术员、工长、班长等进行技术上的说明。其主要内容有：

（1）根据工程特点及设计要求，提出维修工程应达到的质量标准，并按照施工组织设计、施工方案和施工说明的总要求，提出保证工程质量和安全的技术措施。

（2）原有房屋或结构部件的拆除（如需拆除）程序、方法及安全技术措施，本工程对毗邻房屋的影响程度及应采取的安全技术措施。

（3）冬雨季、夜间施工安排及技术措施，针对维修工程质量通病制定防治措施。

（4）各工种施工的平行交叉与协调配合的注意事项。

（5）旧料利用的施工要求及技术措施。

2.施工调度。

施工调度是指以完成工程进度计划为目标，在整个施工过程中不断使劳动力、材料、机械、施工任务和进度要求之间处于平衡状态，并解决好各工种与各专业之间衔接的综合性协调工作。施工调度的主要工作内容是：

（1）经常检查、督促施工计划和工程合同的执行情况，进行人力、物力的平衡调度。

（2）组织好材料运输，确保施工连续性。监督检查工程质量、安全生产和劳动保护措施执行情况，及时发现施工中的问题，分析原因，提出相关措施，确保整体目标完成。

3.施工现场管理。

第一，施工现场经常性管理。这是指以施工组织设计、一般工程施工方案或小型工程施工说明为依据，在施工现场进行的各种管理活动。其主要任务有：

（1）修建或利用各项临时设施，安排好施工衔接及料具进退场，节省施工用地。

（2）及时清运场内建筑垃圾、多余土方、余料和废料，创建文明施工现场。

（3）确保住户人身安全和财产安全，做好施工防护工作，处理好毗邻建筑物的关系。

第二，施工现场的材料管理。这是指一个工程对象、一个施工现场的材料供应管理工作的全过程。现场材料管理是管好、用好材料的基本落脚点，直接影响计划进度和维修成本。其主要任务为：

（1）根据施工进度和现场大小，有计划地组织建筑材料分期、分批进场，以满足工程连续施工的需要。

（2）按施工材料需用计划，实行材料限额领料与核算制度，并做好现场材料的保管、检查。

（3）加强现场平面管理，根据施工变化及时调整材料堆放位置。

（4）及时回收旧料、废料，做好修旧利废。

（5）工程竣工后，及时清理现场，将剩余材料进行清点，并办好转、退料手续。

第三，施工现场的机具设备管理。为了发挥机具设备的使用效果，必须加强现场使用管理，其主要任务有：

（1）机械设备要专人专机操作，同时实行使用、保养责任制。

（2）根据各类机械设备的性能与特点，建立健全各项规章制度、安全操作规程和各种安全防护装置，确保安全生产。

（3）加强机械设备的维修保养工作，使其始终处于正常运转的良好状态。

（4）根据维修工程性质、场地大小和施工的实际需要正确选用维修机具与设备。

4.施工质量管理。

质量管理是指为保证和提高维修工程质量，贯彻"预防为主"，为下一道工序负责、为住户负责而进行的一系列工作的总和。房屋维修质量管理要做好以下几方面的工作：

（1）建立质量监督检查机构，配置专职或兼职质检人员。质量检查机构及工作人员必须坚持标准，并监督实施、指导执行操作规程。

（2）贯彻班组自检、互检和交接检查制度，对维修工程的关键部位，一定要经过检查合格，办理签字手续后，才能进入下一道工序施工。

（3）在施工准备阶段，熟悉施工条件和施工图纸，了解工程技术要求，为提高施工组织设计质量，制订质量管理计划与质量保证措施，提供控制质量的可靠依据。在施工过程中，应加强中间检查与技术复核工作，特别是关键部位的检查复核工作。

（4）做好施工质量的检查验收，坚持分项工程的检查，做好隐蔽工程的验收及工程质量的评定，不合格的工程不予验收签字。

（5）加强现场对建筑物配件、成品与半成品的检查验收，检查出厂时的合格证及检测报告。严格对建筑材料的品种、规格和质量进行检查验收，主要材料应具有产品合格证及测试报告单。

（6）对已交付使用的维修工程要进行质量跟踪，实行质量回访。

（三）维修工程验收

维修工程的竣工交验必须符合房屋交验的条件和质量评定标准，才能通知有关部门进行竣工验收，合格签字后方能交付使用。

1.工程交验的具体条件。

（1）符合维修设计或维修方案的全部要求并全部完成合同中规定的各项工程内容。

（2）做到水通、电通、路通和建筑物周围场地平整，供暖通风恢复正常运转并有使用功能。

（3）竣工图和施工技术资料准备齐全。维修施工单位应根据各地城市建设档案管理的有关规定，对施工技术资料进行分类整理，装订成册。一部分资料移交房产经营管理单位（物业管理部门），一部分自留归档。

2.验收的依据。

（1）物业服务企业同施工单位签订的工程承包合同。

（2）维修设计的有关图纸和技术说明。

（3）会审图纸、技术交底记录、设计变更签证。

（4）材料试验报告单。

（5）隐蔽工程验收记录、各种设备技术说明书、设备安装调试和试压记录等技术资料。

3.工程质量交验标准。

（1）维修工程的分项、分部工程必须达到建设部颁布的《房屋修缮工程质量检验评定标准》中规定的合格标准和合同规定的质量要求。

（2）维修工程中的主要项目，如钢筋强度、水泥标号、混凝土工程和砌筑砂浆等，均应符合《房屋修缮工程质量检验评定标准》中的规定。

（3）观感质量评定得分合格率不低于95%。

4.工程验收的组织。

施工单位在单位工程竣工后要根据竣工验收标准进行自验。在自验基础上，确认工程全部符合竣工验收标准，具备了交付使用条件后，施工单位在正式验收前10天，向发包单位发出"竣工验收通知书"，提请竣工验收。工程竣工验收由发包单位邀请设计单位及有关方面，同施工单位一起进行检查验收。合格者，由发包单位签发"施工验收证明书"，并办理工程移交和工程档案资料移交手续。同时，发包单位和施工单位还应签订工程回访保修协议，在保修期（大、中修工程为半年，翻修工程为一年）内若发现质量问题，由施工单位负责修复，最后办理工程费用结算手续。小型维修工程项目的竣工验收，可根据有关规定并结合实际情况，适当简化手续。

[实战演练 5-1]

单位工程的接管验收

某物业服务公司工程技术管理员小刚被经理安排负责新建小区楼地面工程的验收。假如你是小刚，你知道应该怎样检验吗？

提示：

1.新建小区具备以下条件后，可申请物业管理专项验收内容：①建设工程竣工验收合格，取得规划、消防、环保等主管部门出具的认可或者准许使用文件，并经建设行政主管部门备案。②供水、排水、供电、供气、供热、通信、公共照明、有线电视等市政公用设施设备按规划设计要求建成，供水、供电、供气、供热达到向终端用户计量和收费的条件。③教育、邮政、医疗卫生、文化体育、环卫、社区服务等公共服务设施已按规划设计要求建成。④道路、绿地和物业管理用房等公共配套设施按规划设计要求建成，并满足使用功能要求。⑤电梯、二次供水、高压供电、消防设施、压力容器、电子监控系统等公共设施设备取得使用合格证书。⑥物业使用、维护和管理的相关技术资料完整齐全。⑦法律、法规规定的其他条件。

2.参考文件与表格的准备。这包括《房屋接管验收标准》《物业管理条例》、接管验收问题整改表等。

3. 明确接管验收的标准和内容。房屋接管验收标准及业主生活的合理要求主要有：①面层与基层必须粘结牢固，不空鼓；②卫生间、阳台、盥洗间地面不应有积水，不允许倒泛水和渗漏；③木楼地面应平整牢固。

4. 弄清接管验收的程序。

5. 接管验收遗留问题的处理。

资料来源：佚名. 新建小区物业怎么验收 [EB/OL]. [2022-05-18]. https://m.110ask.com/question/16754649278921069214.html. 有删改。

第四节　房屋的日常养护

一、房屋日常养护的含义

房屋日常养护是指为确保房屋的完好和正常使用所进行的经常性的日常修理、季节性预防保养以及房屋的正确使用维护管理等工作，是物业服务企业房屋维修管理的重要环节。房屋日常养护与房屋维修一样，都是为了保证房屋能正常使用，但两者又有区别。日常养护是对房屋及时的预防保养和经常性的零星修理；维修则是相隔一定时间后，按需要进行的大、中修等。

通过对房屋的日常养护，可以维护房屋和设备的功能，使发生的损失及时得到修复；对一些由于天气的突变或隐蔽的物理、化学损坏导致的猝发性损失，不必等大修周期到来就可以及时处理。同时，经常检查房屋完好状况，从养护入手，可以防止事故发生，延长大修周期，并为大、中修提供查勘、施工的可靠资料，最大限度地延长房屋的使用年限。同时，可以不断改善房屋的使用条件，包括外部环境的综合治理。

二、房屋日常养护的原则和内容

（一）房屋日常养护的原则

1. 因地制宜，合理维修；

2. 对不同类型的房屋制定不同的维修养护标准；

3. 定期检查，及时维护；

4. 监督房屋的合理使用，确保安全；

5. 有效合理使用维修基金；

6. 最大程度发挥房屋的有效使用功能。

（二）房屋日常养护的内容

房屋日常养护分为零星养护、计划养护和季节性养护。

1. 零星养护。零星养护是指结合实际情况确定或因突然损坏引起的小修，包括：

（1）屋面堵漏（补漏）、修补层面、修补泛水和屋脊等；

（2）钢、木门窗的整修，拆换五金、配玻璃，换窗纱、油漆等；

（3）修补楼地面面层，抽换个别楞木等；

（4）修补内外墙、抹灰、窗台、腰线等；

（5）拆砌挖补局部墙体、个别拱圈，拆换个别过梁等；

（6）抽换个别檩条，接换个别木梁、屋架、木柱和修补木楼等；

（7）水卫、电气、暖气等设备的故障排除及零部件的修换等；

（8）下水管道的疏通，修补明沟、散水、落水管等；

（9）房屋检查发现的危险构件的临时加固、维修等。

日常零星养护项目主要通过维修管理人员走访住户和业主或住户的随时报修两个渠道来收集。零星养护的特点是修理范围广，项目零星分散，时间紧，要求及时，具有经常性的服务性质。

零星养护应力争做到"水电急修不过夜，小修项目不过三（3天），一般项目不过五（5天）"。

2.计划养护。房屋的各种构件、部件均有合理的使用年限，超过这一年限一般就开始不断出现问题，因此，要管好房子，不能等到问题出现后再采取补救措施，而应该制定科学的大、中、小修三级维修制度，以保证房屋的正常使用，延长其整体的使用寿命。房屋的计划养护包括：门窗、壁橱、墙壁上的油漆、油饰层一般5年左右应重新油漆一遍；外墙每10年应彻底进行一次检修加固；照明电路明线、暗线每年检查线路老化和负荷的情况，必要时可局部或全部更换等。这种定期保养、维修制度是保证房屋使用安全、完好的非常重要的制度。一般楼宇设施的保养周期和翻新周期见表5-2和表5-3。物业服务企业应根据具体楼宇所选用的设备、材料型号的质量来推算其使用年限。

表5-2　　　　　　　　　一般楼宇设施的保养周期

设　备	事　项	周　期
楼宇内墙	走廊及楼梯粉刷	每三年1次
楼宇外墙	修补粉刷外墙	每五六年1次
供水系统	检查、唧油及调试各水泵	每半个月1次
	清洗水池	每月1次
电梯	例行抹油及检查	每周1次
	彻底检查及大修	每年1次
消防设备	日常巡视保养	每月1次
	聘用政府认可的消防设备保养公司进行检查及维修并向消防处提交报告	每年1次
沟渠	清理天台雨水筒及渠闸	每周1次
	清理明渠及沙井之沉积物	每两周1次
机器栏杆	检查锈蚀的窗框、栏杆、楼梯扶手	每月1次
	涂漆	每年1次

表 5-3   一般楼宇设施的翻新周期

种　类	项　目	翻新周期（年）
楼宇附加装置	屋顶盖层	20
	窗	20
	门	30
	五金器具	20
修饰	墙壁	15
	地板	10
	天花板	20
供水及卫生设备	水管	30
	洁具	20
电力	电线	30
	电力装置	15
通风	空调	15
其他	电梯及自动扶梯	20

计划养护主要属于房屋保养性质，即定期对房屋进行检查保养。计划养护任务应安排在报修任务不多的淡季。若报修任务多，应先安排报修任务，再进行计划养护工作。

3.季节性养护。季节性养护主要是做好季节性地对房屋的预防保护工作，例如防汛、防梅雨、防冻、防治白蚁等。

[实战演练 5-2]

房屋日常养护流程

现在假设你是某物业服务公司的一名管理人员，全面负责房屋日常养护工作。那么，你会怎样分步骤去完成你的工作？

提示：

一、日常养护项目的收集

收集日常养护项目的渠道有两个：住户报修和走访查房。

1.住户报修。接受住户随时报修的途径可通过管理员在辖区设置报修箱和执行接待值班制度来实现。为此，管理员要定期打开报修箱收集住户的报修单，同时要配备一名报修接待员，负责全天接待来访、电话记录和收受信函。接待员应填写报修单和接收登记表。

2.走访查房。定期对辖区住户进行走访，查看房屋，主动收集住户对房屋维修的要求，及时发现房屋险情和公共部位的损坏，并建立走访查房手册。

二、日常养护项目的落实

管理人员根据房屋养护的计划表和随时发生的急修项目，开列小修养护单。维护人员凭养护单领取材料，根据养护单的项目内容进行施工。

三、组织咨询活动

　　管理人员一般利用节假日时间，在辖区内摆摊设点，征求住户各方面的意见。

三、房屋养护任务的来源

　　房屋养护的任务来源于两个方面：一是住户或用户临时发生报修的零星养护工程（包括对业主或使用人进行的房屋二次装修的管理）；二是物业服务企业通过平常掌握的检查资料从房屋管理角度提出的养护工程，包括房屋的零星养护和房屋的计划养护。

　　房屋的季节性预防养护的来源，主要有防台防汛、防梅雨和防冻防寒。

　　房屋日常养护的类型：

（一）零星养护

　　房屋的零星养护修理，是指结合实际情况确定或因突然损坏引起的小修。零星养护的特点是修理范围广，项目零星分散，时间紧，要求及时，具有经常性的服务性质。零星养护应力争做到"水电急修不过夜，小修项目不过三，一般项目不过五"。

　　日常养护项目：主要通过维修管理人员走访住房和业主或住户的随时保修两个渠道来收集。其主要内容包括：屋面补漏、修补屋面、修补泛水、屋脊；钢、木门窗的整修，拆换五金，配玻璃，换窗纱、油漆等；修补楼地面面层，抽换个别楞木等；拆砌挖补局部墙体、个别拱圈、拆换个别过梁；修补内外墙、抹灰、窗台、腰线等；抽换个别惊条、接换个别木梁、屋架、木柱、修补木楼等；水卫、电气、暖气等设备的故障排除及零部件的修换等；下水管道的疏通，修补明沟、散水、落水管等；房屋检查发现的危险构件的临时加固、维修等。

（二）计划养护

　　订立科学的大、中、小修三级修缮制度，以保证房屋的正常使用，延长其整体的使用寿命。房屋的纱窗每3年左右刷一遍铅油保养，门窗、壁橱上的油漆、油饰层一般5年左右重新刷一遍。外墙每10年应彻底进行一次检修加固。照明电路明线、暗线每年检查线路老化和负荷的情况必要时可局部或全部更换。

本章小结

　　房屋维修及其管理在整个物业管理工作中占有重要的地位与作用。房屋维修具有限制性、经常性、广泛性和分散性、技术性以及生产和服务双重性的特点。导致房屋损坏的原因可分为自然损坏和人为损坏。

　　房屋维修管理应遵循为业主服务的原则，经济、合理、安全、实用原则，区别对待的原则和明确责任原则，其内容包括房屋维修的计划管理、房屋维修的质量管理、房屋维修施工管理及房屋维修技术管理。房屋完损等级是指房屋的质量等级。依据一定的标准，可将完损等级划分为五类，即完好房、基本完好房、一般损坏房、严重损坏房和危险房。根据相关规定，房屋完损的标准可分为完好标准、基本完好标准、一般损坏标准、严重损坏标准。新建房屋的保修期限分两种情况：一种是建设工程承包单位向建设单位承诺的保修期限；另一种是建设单位向房屋使用者承诺的保修期限。针对不同的情况，房屋维修责任的划分是不同的。但保修期满后，由业主承担房屋维修责任，并承担维修费用。房屋维修工程可分为小修工程、中修工程、大修工程、翻修工程和综合维修工程五类。房屋维修标准是按不同的结构、装修、设备条件，分为一等和二等以下两类。房屋日常养护与房屋维修一样，都是为了保证房屋能正常使用，但两者又有区别。房屋日常养护可分为零星养护、计划养护和季节性养护，并应遵循因地制宜、合理维修、定期检查等原则。

◎ 主要概念 ┄┄┄┄┄┄┄┄┄┄┄┄┄┄┄┄┄┄┄┄┄┄┄┄┄┄┄┄┄┄┄┄┄

    房屋维修   房屋维修管理   房屋完损等级   房屋维修质量管理   房屋维修施工管理   房屋维修责任

💡 基础知识练习

一、单项选择题

1.房屋维修是在已有房屋的基础上进行的，工作上受到原有条件限制，设计和施工只能在一定范围内进行。这是房屋维修的（   ）。

A.广泛性和分散性 B.经常性   C.技术性   D.限制性

2.（   ）即房屋的日常养护，是指及时修复构件、配件和设备正常的小损小坏，用工量少，综合平均费用为所管房屋现时总造价的1%以下的工程。

A.中修工程   B.综合维修工程

C.小修工程（养护工程）   D.大修工程

3.在购房时，如果开发商在购房合同中承诺了保修期限，那么此房屋屋面防水的保修期限最少应为（   ）年。

A.5   B.3   C.1   D.2

4.依据各类房屋的结构、装修和设备等的完好或损毁程度可将房屋的完损等级划分为（   ）类。

A.5   B.3   C.1   D.2

5.对于（   ）以上的房屋维修工程，房屋所有人或者维修责任人必须向房屋所在地的有关质量监督机构办理质量监督手续；未办理质量监督手续的，不得施工。

A.中修   B.大修   C.小修   D.综合维修

二、多项选择题

1.中修工程的适用范围包括（   ）。

A.少量结构构件形成危险点的房屋   B.一般损坏的房屋

C.主体结构大部分已严重损坏的房屋   D.不能再继续使用的房屋

2.导致房屋自然损坏的因素有（   ）。

A.使用不当   B.日常预防保养较差

C.灾害因素   D.地理因素

3.人为损坏的情况主要包括（   ）。

A.灾害因素   B.使用不当

C.日常预防保养较差   D.设计和施工质量低劣

4.依据各类房屋的（　　　）的完好或损毁程度可将房屋的完损等级分类。

A.管道部分　　　　　　B.结构部分　　　　　　C.设备部分　　　　　　D.装修部分

5.房屋日常养护可分为（　　　），并应遵循因地制宜、合理维修、定期检查等原则。

A.零星养护　　　　　　B.计划养护　　　　　　C.季节性养护　　　　　　D.日常养护

三、判断题

1.绿地和道路不属于物业的范畴。　　　　　　　　　　　　　　　　（　　　）

2.基本完好房是指结构构件完好，屋面或板缝不漏水，装修和设备完好、齐全，管道通畅，现状良好并使用正常的房屋。　　　　　　　　　　　　　　（　　　）

3.业主需要改变房屋设计用途的，应该报有关行政主管部门批准，无须告知物业服务企业。　　　　　　　　　　　　　　　　　　　　　　　　　（　　　）

四、简答题

1.简述房屋维修的特点。

2.简述房屋维修管理的内容。

3.造成房屋损坏的原因有哪些？

4.如何正确划分房屋的维修责任？

5.房屋按完好程度可划分为哪几类？

🎯 实践操作训练

【实训情境设计】

作为物业服务项目客服人员，要有效地处理业主的报修，工程部人员要解决业主的报修，请根据既定报修问题，学生分组展示报修处理的整个过程。

【实训任务要求】

1.将全班同学分成若干小组，每个小组人数不超过5人，每组选派组长一名。实训采用小组长负责制。

2.每个小组从既定题目中抽选一个题目，完成编写剧本和实训展示的整个过程。

3.实训题目少于小组数量，通过抽签未获得题目的小组负责评议展示的效果，提出改进意见。

4.准备时间一周，每组展示时间5分钟左右，要求形象生动，声音洪亮，专业知识运用准确。

【实训提示】

1.参考"5.2.3　房屋维修责任的划分"相关内容。

2.实训重点注意日常接待礼仪、对维修责任的界定、维修承诺和关于费用问题的说明。

3.情景剧备选题目：

（1）关于业主家屋顶漏水报修的情景展示。

（2）关于业主家卫生间地面渗水报修的情景展示（保修期以内）。

（3）关于业主家卫生间地面渗水报修的情景展示（保修期以外）。

（4）关于业主家门窗开启不严报修的情景展示（保修期以内）。

（5）关于业主家门窗开启不严报修的情景展示（保修期以外）。

【实训效果评价】

将实训效果量化，参照表5-4进行评价。

表5-4　　　　　　　　　　　　实训效果评价表

评价项目	分值（分）	得分（分）
剧本完整，准备充分	20	
角色鲜明、形象生动	30	
专业问题界定清楚、解决程序到位	30	
态度端正、表达流利	20	
实训效果总体评价	100	

注：考评满分为100分。60分以下为不及格；60～69分为及格；70～79分为中等；80～89分为良好；90分及以上为优秀。

拓展阅读

盘点各国房屋维修费谁买单

第六章 物业设备设施管理

⊙ 学习目标

[知识目标]

了解物业设备设施管理的基本概念；熟悉物业设备设施的构成和分类；掌握物业设备设施管理的组织机构和岗位职责、物业给排水系统、卫生设备、消防和安防设备设施的管理方法和具体措施、物业通风、空气调节和电气设备设施的管理方法和具体措施。

[能力目标]

能够对建筑给排水系统、供热和燃气设备系统、通风、空气调节设备系统、供配电和电梯设备系统、物业消防、安防设备系统实施日常的管理。

[素养目标]

培养学生责任意识，让学生知道努力工作是个人理想价值与现实需要相结合的重要联系。具体工作会更复杂、困难也更多，让学生树立不畏难、不畏苦的精神。

>>>>>>> 引例

物业纠纷无小事　专业研判解心结　公共维修基金应如何启动

自 2019 年起，每逢下雨，四川成都的蔡先生家屋顶都会出现大面积渗水情况。于是，蔡先生要求小区物业公司履行维修义务，物业公司则表示，维修屋顶属于大维修范围，需要征求三分之二以上业主的同意，启动公共维修基金进行维修。因为维修责任和维修资金问题，蔡先生与小区物业公司一直僵持不下，遂将物业公司起诉至成都市龙泉驿区人民法院，要求物业履行维修责任。

近年来，随着大批居民小区和商业住宅小区使用年限超过开发建设单位的保修期，小区内的公共设施设备经过长期使用已经老化，有些地方涉及大面积的维修工程。但因公共设施设备的权属与管理主体责任关系不清，业主与物业公司等各方常常对维护维修责任认识不统一、对该不该启用住宅专项维修资金纠缠不清。

实践中，类似蔡先生与小区物业公司之间的纠纷屡见不鲜。记者通过检索中国裁判文书网发现，不少此类案件都经历了两审程序甚至再审程序，也存在反诉、互相上诉等情况。近日，民主与法制杂志社的记者邀请北京融商"一带一路"法律与商事服务中心副秘书长黄开国详细解释了有关小区公共维修的法律问题。

维修责任如何界定

黄开国表示，因维修问题引起的纠纷，涉及小区的普遍状况是建设标准不高、设施设备落后、功能配套不全，维护不够完善。而且，很多小区因产权关系不清晰、业主怠于行使权利、物业管理专有与共有部分关系界定不明、物业管理与市政专业经营单位权属不清等，导致小区管理维护方面的责、权、利关系不清，相关各方不知情、不明确或者不情愿为小区的设施维护承担责任。这些实际问题也导致此类纠纷在司法实践中出现当事人上诉、缠诉等现象。

蔡先生所在小区于2012年交房居住。2019年，蔡先生家所在单元有不少业主反映外墙飘窗等处有渗水情况，墙壁也出现发霉、变色、掉灰的问题，严重影响业主居住。物业公司表示，小区防水已过保修期，其曾多次维修处理过渗水问题。在案件审理中，维修责任成为争议的焦点问题。

黄开国从三个责任主体的角度对维修责任进行了分析。首先，国务院发布的《建设工程质量管理条例》第四十一条规定，建设工程在保修范围和保修期限内发生质量问题的，施工单位应当履行保修义务，并对造成的损失承担赔偿责任。其次，《中华人民共和国民法典》第二百七十二条规定，业主对其建筑物专有部分享有占有、使用、收益和处分的权利。业主行使权利不得危及建筑物的安全，不得损害其他业主的合法权益。既然业主对其专有部分享有所有权，那么同时也要承担其住宅专有部分和自用设备的维修养护责任。具体来说，业主自用部位即户门以内的部位和设备，由业主负责保修期满后的维修。

此外，对于物业公司的责任，《物业管理条例》第二条规定了物业管理相关定义，即业主通过选聘物业服务企业，由业主和物业服务企业按照物业服务合同约定，对房屋及配套的设施设备和相关场地进行维修、养护、管理，维护物业管理区域内的环境卫生和相关秩序的活动。因此，物业公司应依据物业服务合同来履行物业维修责任。

根据《物业服务收费管理办法》，业主支付的物业费中有一部分是用于物业共用部位和共用设备设施的日常运行、维护的。"物业公司一般法定的维修责任范围是物业共用部位和共用设备设施。除此之外，业主和物业公司可以通过具体协议约定其他的维修责任和费用，当然，此时的维修费用是不包括在物业费中的。"黄开国说。

蔡先生与物业公司签订的《前期物业管理服务协议》（以下简称《服务协议》）约定，物业公司对房屋共用部位、共用设施设备、绿化、环境卫生、秩序维护、道路等部位及项目进行维护、修缮、服务与管理……房屋共用部位是指房屋主体承重结构部位（包括基础、内外承重墙体、柱、梁、楼板、屋顶等）、户外墙面、门厅、管道及电梯等设施设备井、楼梯间、地面架空层、走廊通道等。

维修部位属于"共有"还是"专有"是关键

公共维修基金即住宅专项维修资金，是指住宅楼房的公共部位和共用设施、设备的维修养护基金。对于维修资金的缴存、管理与使用，蔡先生与物业公司在《服务协议》中约定，根据《成都市住宅专项维修资金管理办法》，在房屋交付时，业主一方应按所购房屋每平方米建筑面积成本价的2%~2.5%缴存住宅专项维修资金，该住宅专项维修资金用于住宅共用部位、共用设施设备保修期满后的大中修、更新、改造……《服务协议》中还明确约定了物业公司接受委托的事项，包括对房屋建筑共用部位进行维修、养护和管理，亦明确了维修费用的承担，其中小修、养护费用由物业公司承担，大中修费用及更新费用应使用公共维修基金。

蔡先生在案件审理中的诉求之一是要求物业公司履行维修义务，修缮屋顶。物业公司认为，这应属于《服务协议》中约定的"大中修"维修范围，需要启用公共维修基金维修。

2021年3月9日，一审法院组织双方勘查现场，发现蔡先生家房屋共有三间卧室，三间卧室外墙部分及厕所都有因渗水留下的痕迹。一审法院认为，根据蔡先生自述，案涉房屋出现大面积渗水，属于住宅共用部位，应属使用公共维修基金维修范围，物业公司也表示案涉房屋属于使用公共维修基金处理范围。结合法院的实际勘查情况，最终认定此案情况应属于上述《服务协议》中所述的"大中修"，故维修费用应通过提取公共维修基金来负担。

法院认为，物业公司对房屋建筑共用部位进行大中修的义务应理解为其提供相应协助义务来提取维修基金，其并非实质意义上的维修主体，而且物业公司已列举证据证明自身已履行了协助义务，要求物业公司立即履行维修义务于法无据，不予支持。

蔡先生一审败诉提起上诉，称其房屋屋顶维修不应属于大维修范围，应当由物业公司履行维修义务并负担费用。

黄开国表示，《中华人民共和国民法典》第二百八十一条规定，建筑物及其附属设施的维修资金，属于业主共有。经业主共同决定，可以用于电梯、屋顶、外墙、无障碍设施等共有部分的维修、更新和改造。建筑物及其附属设施维修资金的筹集、使用情况应当定期公布。此案中，无论根据现有法律规定，还是双方《服务协议》约定，屋顶都应认定为共有部位，属于应启动公共维修基金维修的范围，二审法院对此予以肯定，未支持蔡先生的诉求。

启用公共维修基金要遵循法定程序

蔡先生在二审中还辩称，物业公司在房屋漏水后没有严格按照物业服务合同约定履行维修义务，没有按照程序申报资料，在通知业主过程中通知户数不达标，通知时间严重滞后，应赔偿其经济损失。

法院调查显示，2019年7月，物业公司出具了一份《××小区××幢××单元外墙及屋面渗水申请维修资金维修的报告》，载明漏水情况后，向相关部门申请启用住宅专项维修资金对该单元外墙及屋面渗水进行维修处理。2019年10月，龙泉驿区某镇人民政府出具《成都市龙泉驿区××镇人民政府关于××小区××幢××单元屋面漏水使用住宅专项维修资金的授权》。这份授权书显示，该小区××幢××单元因屋面漏水需要启用住宅专项维修资金，由于该小区未成立业主大会，无业主委员会作为住宅专项维修资金的使用申请人，于是授权物业公司作为申请主体申请使用住宅专项维修资金用于处理漏水问题，并由物业公司组织涉及此次工程维修资金分摊范围内的业主进行投票表决工作。

黄开国表示，《住宅专项维修资金管理办法》第四条规定："住宅专项维修资金管理实行专户存储、专款专用、所有权人决策、政府监督的原则"；第二十二条规定了住宅专项维修资金的使用程序。根据上述规定，住宅专项维修资金属于业主共有，由符合法定比例的业主或者业主大会决定是否使用，经相关行政管理部门审核同意后，由住宅专项维修资金的专户管理银行将所需住宅专项维修资金划转至维修单位，物业服务企业在此过程中仅负责提出使用建议，并组织实施使用方案。

2020年9月21日，物业公司组织部分业主、施工单位、物业公司人员召开关于漏水单元楼顶防水项目维修资金维修会议。物业公司出具的《成都市住宅专项维修资金使用业主表决意见表》载明：业主征集意见时间为2020年12月9日至2020年12月29日，该表显示该幢楼共有152户业主，但仅20户业主在该表上签字，其余均未签署意见。最终二审法院判决驳回上诉，维持原判。

资料来源：任文岱. 物业纠纷无小事 专业研判解心结 公共维修基金应如何启动［EB/OL］.（2023-04-28）. https://m.thepaper.cn/baijiahao_22896095.

第一节 物业设备设施管理概述

一、物业设备设施管理的意义及影响因素

高层楼宇的出现是人类有效利用土地资源的结果。近年来，各种用途的高层楼宇在全国各地迅速崛起，与此同时，高层楼宇的物业管理问题也不容忽视地摆在了人们面前。我国当前许多高层楼宇多为出租和出售两种类型，是具有多种功能的综合楼宇，其特点为：

1. 高层综合楼高度高、层数多，功能复杂，人口稠密，管理难度大。要管理好高层综合楼，确保大楼各部分正常运作，确保楼内使用人的生命财产安全，任务十分艰巨。

2. 高层综合楼设施设备多，结构复杂，管理起点高，对物业管理队伍的素质要求高。高层综合楼设有中央空调系统，上水、排水、排污系统，高低压供电系统，煤气供应系统，电梯系统，楼宇自动化系统，通信自动化系统，办公、保安、消防自动化系统等。因此，物业服务公司需要建立一支素质较高的专业管理人员队伍，运用先进的管理手段、方法，对大楼各系统进行维护、保养和管理，保证这些系统的正常运转。

3. 房屋建筑主体的维修管理。物业管理应定期掌握房屋的基本情况，对楼道、楼面等进行经常维修、养护和管理，使建筑物保持完好、整洁和美观；对大楼的房屋装修进行严格的监督管理，使大楼不因装修而危及他人安全。

4. 大楼各系统设施设备的管理。物业管理人员要经常对大楼的供电、供水、排水、电梯、消防、中央空调、公共照明等公用设施进行维护检查，发现问题及时处理，保证设施设备完好的运行状态。

设施设备管理是一门发展中的应用科学，它包括系统的理论和丰富的实践经验两个组成部分。为了实现物业设施设备管理现代化，从业人员必须学习和掌握设施设备管理的基本原理，树立现代化科学管理的思想，结合物业设施的特征和具体实践，科学地完善管理组织和管理制度，提高管理人员的素质，推广先进的设施设备管理方法和管理技术，以促进物业设备设施管理向着现代化方向发展。

（一）设施设备管理的重要性

现代物业的价值不但取决于坐落位置、建筑结构、空间布局和室内外装潢，而且在很大程度上还取决于配备设施的品质性能、系统结构和运行状况。随着经济体制改革的深化和竞争机制的引入，物业对现代化设施设备的需求和依赖程度越来越高，设施设备

的作用也越来越大。事实上，设施设备管理几乎涉及物业管理经营过程的各个环节，归纳其功效与意义主要有以下几个方面。

1.关系到声誉和生存。

作为物业管理的重要组成部分，设施设备管理的好坏对保障房屋使用安全，保持和提高房屋设施的完好程度与使用功能，物业的保值、升值，物业服务企业的社会声誉乃至生存有着重要意义。物业设施一直处于良好状态，人们能安心、方便地生活和工作，物业服务企业则被认可，社会地位逐渐提高，竞争力得以加强，公司发展前景广阔。反之，如果一些设施设备经常处于性能不良或停机待修状态，直接影响整个物业的功能发挥，降低物业的使用价值和社会声誉，物业服务企业便无法再取得人们的承认，就会丢掉市场，丧失生存的根本条件。

2.关系到服务的成本和资金的合理利用。

事实上设备管理对服务成本的影响，除了表现在数量和质量上外，还表现在设施设备的投资效果、维修费用、能源和材料消耗等方面。树立经济运行的意识，节约运行中的能耗费用、操作费用，通过严格、规范的管理来减少日常机器、备品、材料的使用量，杜绝"跑、冒、滴、漏"等，都有利于减少相关成本，使设施设备一直处于最佳、最经济的运行状态。

随着现代化设施设备的不断发展和普遍使用，设施设备所占资金在固定资产中的比例越来越高。因此，要提高企业的经济效益，就要设法提高资金的合理利用程度，而设施设备管理的科学化无疑是最关键的。具体来说，这主要取决于设施设备管理的一系列环节是否达到最佳水平。

3.关系到技术安全和环境保护。

若设施设备的运行可靠性低，管理不善，如设备在运行中经常发生意外，这不仅会干扰物业管理的经营秩序，同时也会使业主遭受重大的经济损失。若设施设备陈旧落后，排放有害物质或噪声超标，则会污染环境甚至危害生命，成为社会公害。因此，保证安全，消除环境污染，有效地预防设施设备引致人身事故及社会公害，是现代设施设备管理的重要课题。

物业服务企业的迅猛发展，物业建设中的科技含量在迅速上升，网络化、智能化管理服务已经成为当前物业服务企业竞争制胜的关键筹码。为了保证在激烈的竞争中有较强的应变能力，就必须依靠技术进步，而先进的设施设备管理则是企业技术进步的根本保证。

（二）设施设备管理要达到的基本目标

设施设备的正常运行是楼宇运营的核心，应对写字楼水电设施（包括高低压变电房，备用发电房，高低压电缆、电线，上下水管道等各项设施）进行全面的管理和维修，供水、供电要有应急措施；应特别注重对电梯的保养与维修；注重对消防系统的检查、测试；注重对空调系统的保养、维修；应有健全的检查维修制度，对公用设备、公共场所，如大厅、走廊、电梯间等定期检查、维修、维护；应及时处理业主的设备报修，并定期检查；消防设施完好率应当达到100%。

良好的设施设备管理要做到以下几点：

1.建立先进的设施设备管理体制。

（1）按照物业管理区域的规模和使用设施设备的数量、复杂程度及设施设备集中程度、管理人员业务水平、检修人员技术力量与组织形式，结合企业的特性、功能及工作特点（运行班次、有无假日）等各种因素，实事求是地建立设施设备管理体制。管理体制力求理顺关系，提高工作效率，体现先进性。

（2）设施设备管理人员必须熟悉国家的有关政策、法规、条例，熟悉设施设备的技术理论，同时具有一定的业务能力。

（3）加强设施设备管理人员的培训教育工作，提高其职业道德及业务水平。对管理人员实行岗位责任培训，对操作人员实行使用维护培训，对检修人员实行技能培训，并把各项培训工作列入设施设备管理工作计划之中。

2.建立完善的设施设备管理规章制度。

制订严密的设施设备年、季、月、周保养计划和保养内容、检验标准以及考核实施办法，并不定期对实施设备的正常运行和完好情况进行抽检，使其管理工作始终处于动态之中，将突然性与计划性、集中管理与分散管理相结合。

（1）设施设备管理岗位责任制度。

（2）设施设备基础资料管理制度。

（3）设施设备运行和维护保养制度。

（4）设施设备检修制度。

（5）固定资产管理制度。

（6）培训教育制度。

（7）特殊设施设备管理及应急制度。

（8）各类机房的出入登记制度等。

3.做好设施设备的基础资料管理工作。

基础资料管理工作是设施设备管理工作的基本依据，基础资料必须正确齐全。物业设备设施一般都是组成系统发挥作用的，例如，中央空调系统是由冷水机组、冷却泵、冷冻泵、空调末端设施设备、冷却塔、管道、阀门、电控设施设备及监控调节装置等一系列设施设备组成，任何一种设施设备或传导设施发生故障，系统都将不能正常制冷。因此，除了设施设备单机资料的管理之外，对系统的资料管理也必须加以重视。系统图是员工培训教育中非常有效的参考教材。

利用现代手段，运用计算机进行管理，使基础资料电子化、网络化，有利于迅速、及时地反映全部设施设备的基本情况，从而为设施设备管理工作和指导实际工作提供方便。

4.选择恰当的设施设备管理目标。

管好、用好、修好、改造好现有设施设备，提高设施设备的利用率及完好率，是设施设备管理的根本目标。设施设备的使用维护及检修是设施设备管理的重要环节。设施设备技术性能的发挥、使用寿命的长短，固然与设施设备的先天条件有关，但在很大程度上取决于它的后天条件，即设施设备管理得好坏。如果一台设施设备能正确使用，精心维护保养，定期检查修理，就能够保持设施设备的完好，延长设施设备的使用寿命。

相反，如果使用不当，就会降低设施设备的有效利用率，缩短设施设备的使用寿命，严重时还会引发设施设备事故，造成设施设备的损坏或报废。

（1）设施设备的有效利用率。

根据统计，设施设备事故大多数是由于操作不当造成的。由于操作不当，同时没有正确维护保养，设施设备必然容易陈旧老化，设施设备的故障及检修也逐步趋向频繁，花费在排除故障及计划外检修（抢修）上的时间也越来越多，设施设备的有效工作时间越来越短，设施设备停机或无效工作时间越来越长，势必会大大降低设施设备的有效利用率。但是，不能任意消减必要的维护保养时间以提高有效利用率，也不能任意加大设施设备的运载能力，使设施设备长时间超负荷运行，这样"拼设施设备"势必会加剧设施设备的损坏直至报废。

（2）设施设备的完好率。

根据物业管理的质量目标，设施设备的完好率应为100%，只有通过日常巡检才能保证。

设施设备的完好率包括零部件完整齐全、符合质量要求及安全要求；设施设备运转正常、性能良好，功能达到规定要求；设施设备技术资料及运行记录齐全；设施设备整洁，无"跑、冒、滴、漏"现象；防冻、保湿、防腐等措施完整有效。

评定为不完好的设施设备，应针对问题进行整改，经过维护、维修，消除不完好因素，升级为完好设施设备。

5.加强培训教育工作，做到专业管理同全员管理相结合。

设施设备管理人员应当具有一定专业知识及业务管理水平。但是，单纯依靠少数设施设备管理人员来管好所有设施设备是不可能的，还应该动员公司全体员工自觉执行各项规章制度，共同用好、管好管辖区域内所有设施设备。因此，对操作设施设备的人员要进行培训教育，要求操作人员掌握设施设备的用途、结构、原理、技术性能、使用要点、维护方法、故障排除方法及报告等基本知识，指导大家正确使用设施设备、爱护设施设备。应该做到操作人员会检修设施设备，维修人员会操作设施设备，并要求只有取得了国家颁发的技术资格等级证书的人员才能上岗，从而提升从业人员的整体素质。

（三）实现设施设备管理目标的影响因素

1.现代化设施设备带来的新问题。

现代化设施设备在物业管理中的大量使用，使得物业服务公司在服务过程中面临着许多前所未有的新情况，给设施设备管理工作带来了一系列的新问题：

（1）现代化设施设备的使用可以获得高效率和高经济效益，但也会导致一系列严重的问题，如故障损失增多，磨损腐蚀加快，环境污染严重和能源资源消耗过大等。

（2）损失设备的投资、使用和维护费用大量增加，迫切要求注重设施设备运行与管理的经济效果。

（3）现代化设施设备技术性、综合性强，全过程环节多，且相互运行、相互制约。因此，必须进行系统管理，确保服务体系的优化运转。

（4）使用现代化设施设备时岗位分工较细，经常是单工序操作，同时由于设施设备结构复杂，人的感官能力难以适应，因此，要求加强人机关系的研究，以保证人与设施设备的协调。

2.传统设施设备管理方式的局限性。

面对使用现代化设施设备所带来的一系列新情况、新问题，传统的维修型设施设备管理方式越来越暴露出它的局限性：

（1）传统设施设备管理的大量工作集中在维修阶段，较少注意设施设备全过程的管理。设施设备维修的目的是保障服务的单一设施设备修复，本质是静态管理。而在科技迅速发展的情况下，这种管理方式已经不能适应对现代化设施设备进行系统管理的要求。

（2）传统设施设备管理不能保证各环节之间的有机联系。制造与使用的分家，前期管理与后期管理的脱节，不利于有效解决使用现代化设施设备所带来的新问题。

（3）传统设施设备管理在技术、经济、组织管理方面，侧重技术管理，忽视经济管理，同时对组织管理工作不够重视。

（4）传统设施设备管理仍然停留在单纯配角服务的阶段。在企业转变为以经营管理为中心的情况下，不能为贯彻企业的经营方针及时提供技术、经济保证。

（5）传统设施设备管理只注重设施设备管理机构和专业人员，没有把同设施设备有关的部门、人员、组织协调起来，缺乏广泛的群众基础。

由于传统设施设备管理存在局限性，已不能适应科学技术和商品经济迅速发展形势下管理好现代化设施设备的客观要求。

（四）设施设备管理的内容

1.设施设备管理的范围。

设施设备在其整个寿命周期中一般都处于运动状态，分别表现为物质运动和价值运动两种状态。设施设备的物质运动是指设施设备在使用中，由于物理的和化学的作用而产生磨损、腐蚀和老化等问题，因而需要修复、改造、更换，甚至报废处理。设施设备的价值运动是指设施设备在制造产品过程中的资金转化，即将设施设备原有价值和维持费用通过提取折旧与计入服务费用，逐步转移到服务的成本中去，从而导致设施设备净值不断下降的过程。两种形态形成设施设备的两种管理：技术管理和经济管理。它们分别受技术规律和经济规律的支配。因此，设施设备综合管理的范围不仅包括技术管理，而且包括经济管理。

2.设施设备管理的具体内容。

设施设备管理围绕设施设备的两种运动状态和整个寿命周期，具体开展以下各项工作：

（1）组织管理，包括设施设备管理工作目标的确定和展开，组织机构的建立及人员培训，各项规章制度的制定、贯彻和实施。

（2）设施设备前期管理，包括设施设备的规划、选型、采购、订货、安装、调试和使用初期管理及信息反馈等。

（3）设施设备固定资产管理，包括设施设备资产的验收、编号、移装、调拨、租借、封存、报废以及设备档案、资料整理等。

（4）设施设备使用与维护管理，包括设施设备使用制度、操作维护规程的制定，日常维护与定期维护、组织维护检查评比及润滑管理等。

（5）设施设备修理管理，包括设施设备修理计划的编制和实施，修理工艺的设计和新技术的采用，修前技术、生产准备，修理技术文件、工作定额的制定以及备品配件管理等。

（6）设施设备状态管理，包括设施设备技术状态完好标准的制定，设施设备的日常检查、定期检查和状态监测、诊断，设施设备的故障和事故管理等。

（7）设施设备技术改造与更新管理，包括技术改造、更新项目的确定，计划的编制，改造、更新的组织。

（8）动力设施设备（管网）管理，包括安全运行、维护监测和供能管网管理等。

（9）设施设备经济管理，包括设施设备投资、固定资产折旧、修理费用、改造更新资金管理等。

（10）设施设备信息形态管理，包括信息系统的建立，信息的分类和处理，数字化、网络化、智能化在设施设备管理中的应用等。

（五）做好设施设备管理现代化改造应具备的基本条件

目前，物业公司的设施设备管理工作尚有许多不能令人满意的地方，归根结底是因为设施设备管理思想、组织建设和制度建设及专业人才培养跟不上时代发展的步伐。积极应用科学技术成果，对设施设备进行有效的综合管理，充分发挥设施设备效能，实现设施设备管理现代化是物业服务公司解决制约其发展问题的重要环节。因此，必须重视和尽快完善本企业的设施设备管理体制、组织建设和制度建设，为进一步实现设施设备管理现代化开辟道路。

1.树立现代化的科学管理思想。

设施设备管理现代化首先是管理的现代化，即树立设施设备综合管理的思想，明确设施设备管理在企业管理中的重要地位，使它与企业管理系统的各个方面有机结合，运用系统管理理论，改变过去孤立地看待设施设备管理的观念，做到与企业管理现代化同步发展。

2.完善设施设备管理组织和管理制度。

根据设施设备管理现代化的要求，要不断调整和改革设施设备管理与维修组织机构，健全规章制度。建立与设施设备综合管理思想相适应的全员设施设备管理组织机构，强化专群结合的班组设施设备管理。健全设施设备前期管理、状态维修、改造更新和奖惩制度，以适应设施设备管理现代化的需求。

3.采用先进的设施设备管理方法。

推广应用设施设备诊断技术，从状态维修向预知维修发展；应用ABC分类法提高备件管理水平；应用网络技术组织关键设施设备大修理工作，达到缩短修理工期和降低维修费用，资源优化的目的，以提高设施设备在寿命周期各个环节的经济价值。

4.使用先进的设施设备管理工具。

根据需要积极推广先进的设施设备管理工具，提高设施设备管理工作的效率和质量。例如，应用电子计算机提高设施设备信息管理水平，采用先进的设施设备诊断仪器对连续运行的"精、大、稀、关"设施设备进行自动监测和控制，在设施设备修理中采用各种精密监测器具以提高修理精度等。

当今时代，世界经济区域集团化趋势日益明显，各国经济日益被纳入世界经济体系，加速了资金、技术、商品和人才的国际流动。世界经济正由总量增长型向质量效益型转轨，产业结构正向高增值型与知识集约型转变。物业管理行业要顺应潮流，尽快适应这种产业结构的变化，以高科技为基础，提高知识、技能密集度，结合国家和各物业服务企业的具体情况，对国内外先进的设施设备管理经验和方法加以消化和吸收，使设施设备管理工作逐步同国际接轨，以适应激烈的市场竞争。大力推行现代化设施设备管理，积极学习和推广先进的管理理论和经验，以达到国际先进水平。

二、物业设备设施及其管理

（一）物业设备设施的含义

物业设备设施是指房屋及附属于房屋建筑的各类设备设施的总称，它是构成房屋建筑实体不可分割的有机组成部分，是发挥物业功能和实现物业价值的物质基础与必要条件。随着经济和科学技术的高速发展，人们对现代物业功能的要求越来越高，智能化的建筑设备设施系统已经得到了广泛应用，如卫星通信系统、多媒体电视会议系统、建筑设备自动化系统以及各种智能化的安全防范和消防管理系统等，给人们的工作、生活和学习创造了更加经济、舒适、方便和健康的环境，但同时也给物业设备设施的管理工作带来了更新、更高的要求。

（二）物业设备设施的组成

物业设备设施是根据用户要求和物业用途不同而设置的。一般住宅中有给排水、供配电和卫生等设备设施，现代化的商务大厦还有电梯、空调、消防、安防、办公自动化、通信网络和各种电子信息设备设施系统。我国城镇建筑的物业设备设施主要由以下系统构成：

1.给排水系统。物业给排水系统是指建筑内部附属设备中的冷水、热水、开水供应和污水排放等工程设施的总称。它包括：

（1）给水设备。给水设备是用人工方法提供水源的设备，按整个供水环节可分为水箱、水泵、水表、供水管网四个方面的设备，按用途可分为生产、生活和消防用水三种。

（2）排水设备。排水设备是用来排除生产废水、生活污水和屋面雨、雪水的设备设施，它包括室内排水管道、通气管道、清通设备、抽升设备、室外排水管道等。按所排放污/废水的性质又可分为生活污水排水系统、工业废水排水系统和屋面雨水排水系统三大类。

（3）卫生设备。卫生设备主要是指浴缸、水盆、面盆、水箱和大小便器等卫生器具和与其相关的设施。

（4）热水供应设备。热水供应设备是指向建筑物内部供给热水的附属设备设施，包括加热设备、储存设备、热水管道、各种循环管道和热水表、疏水器、自动温度调节器、减压阀和补偿器等一系列器材和附件。

（5）消防设备。消防设备是物业设备设施的重要组成部分之一，主要包括火灾探测器、火灾自动报警控制器、自动喷水灭火系统、气体灭火系统、灭火器、消火栓、消防龙头、消防水泵和配套的消防设备设施，如防火卷帘、消防电梯、消防通道、疏散指示标志灯及事故照明等。

2.燃气供应系统。燃气供应系统是复杂的综合性设施，主要由燃气管网、燃气储配站和调压站等部分组成，常用设备设施有燃气灶、燃气热水器、燃气采暖炉、燃气表和燃气管道等。

3.供暖、通风和空气调节系统。

（1）供暖设备。供暖是利用热媒将热量从热源输送到各用户的工程系统，一般由热源、输热管道、散热设备三大部分组成。供暖系统可分为热水供暖、蒸汽供暖和热风供暖系统三类，其设备设施主要包括锅炉、换热器、补水泵、热量表、阀门、散热器、膨胀水箱、风机、除污器、补偿器和供热管网等。

（2）通风设备。通风就是把室内被污染的空气直接或经过净化后排到室外，把新鲜空气补充到室内，从而保持室内的空气环境符合卫生标准和满足生产工艺的需要。它一般包括通风机、通风管道、排气罩、排气口和除尘器等设备设施。

（3）空气调节设备。空气调节（简称空调）是指调节室内空气，给人们生活和生产创造一个良好的、舒适的室内环境。它主要包括制冷压缩机、冷凝器、蒸发器、组合式空调机、风机盘管空调系统、空调机组、风机、风道和冷却塔等设备设施。

4.电气工程系统。

（1）供电及照明设备。供电及照明设备是指向建筑物提供电能（供、配电和照明）的设备设施，一般包括高压开关、变压器、户外型负荷开关、户内型漏电保护自动开关、各种温控仪表、计量仪表、低压配电柜、配电线、配电箱、备用电源、开关和照明器具等。

（2）弱电设备。弱电设备是整个物业设备的神经中枢，一般包括广播电视和共用天线系统、通信和计算机网络系统、办公自动化和监控系统等设备设施。

（3）运输设备。运输设备是指物业设备设施中运载人或物品的交通运输工具，主要有直升电梯和自动扶梯两种。

直升电梯一般由曳引部分、引导部分、轿厢和厅门、对重装置、补偿装置、电气设备和控制装置组成。直升电梯按用途可分为客梯、货梯、客货梯、消防梯及各种专用电梯；按驱动电动机的电源可分为交流电梯（速度一般小于1m/s）和直流电梯（速度一般大于1.5m/s）；按其速度可分为高速电梯（速度为2m/s以上）、中速电梯（速度为1m/s～1.75m/s）和低速电梯（速度为0.75m/s以下）；按控制方式可分为信号控制电梯、集选控制电梯、微机程序控制电梯和简单手柄控制电梯等。

自动扶梯主要用于相邻楼层的人流输送，常用于大型商场、酒店、广场、机场、车站和娱乐场所等。自动扶梯一般由驱动装置、梯级、扶手装置、牵引链条和梯路导轨系统等组成。

（4）建筑防雷及接地装置。不同用途的建筑（构筑）物，具有不同的防雷等级要求。一般建筑物的防雷设施由接闪器（避雷针、避雷线、避雷带、避雷网）、引下线和接地极三个部分组成。接闪器、引下线和接地极等部分都要按照有关规范的具体要求安装，才能有效地防止雷击的危害。

5.智能建筑设备系统。智能建筑一般由建筑设备自动化系统、通信自动化系统、办公自动化系统和结构化综合布线系统等组成。

（1）建筑设备自动化系统（Building Automation System，BAS）用于对建筑内的各种机电设备设施进行自动控制，包括供暖、通风、空气调节、给排水、供配电、照明、电梯、消防和安防等。智能化控制设备主要包括直接数字控制器、各种传感器（温度、湿度、压差、电压、电流等）、智能化仪表（水表、电表、燃气表等）、中央控制计算机、电磁阀、执行机构、读卡机、报警器、摄像机等。

（2）通信自动化系统（Communication Automation System，CAS）主要由电话与传真网络系统、有线电视与可视图文系统、高速宽带数据网系统、背景音乐与紧急广播系统、卫星通信系统、电视会议与多媒体系统等子系统组成，主要设备有程控数字交换机、服务器、集线器、交换机、光纤、光端机等。

（3）办公自动化系统（Office Automation System，OAS）主要由多功能电话机、传真机、各类终端、文字处理机、计算机、声像存储装置等各种办公设备、信息传输与网络设备和相应配套的系统软件、工具软件、应用软件等组成。

（4）综合布线系统（Premises Distribution System，PDS）是指按标准的、统一的和简单的结构化方式编制、布置建筑物（或建筑群）内各种系统的通信线路，包括网络系统、电话系统、监控系统、电源系统和照明系统等，主要设备有配线架、信息插座、连接器、光发射器、光接收器、光缆、电缆和双绞电缆等。

物业设备设施的种类很多，一般情况下建筑物级别越高、技术含量越高，其功能也越完善，设备设施系统也越复杂。

（三）物业设备设施管理的含义

物业设备设施是物业正常营运的物质和技术基础，科学、合理的物业管理是指对设备设施在购置、安装、使用、维护保养、检查修理、更新改造直至报废的整个过程中，实施行之有效的技术管理和经济管理，使设备设施始终可靠、安全、高效、经济地运行，给人们的工作和生活创造一个舒适、方便、安全的环境，以此体现物业的使用价值和经济效益。

国际设施管理协会（International Facility Management Association，IFMA）对物业设备设施管理的定义是：以保持业务空间高品质的生活和提高投资效益为目的，以最新的技术对人类有效的生活环境进行规划、整备和维护管理工作。这个定义将物质的工作场所与人和机构的工作任务结合起来，综合了市场监督管理、建筑、行为科学和工程技术的基本原理。

国际设施管理协会认为物业设备设施管理的主要业务有：

1.物业的长期规划。

2.物业管理的年度计划。

3.物业的财务预测和预算。

4.不动产的获得及处理。

5.物业规划、业务房间装修标准的设定，机器、器具和备品的设置以及房间管理。

6.建筑和设备的规划和设计。

7.新建筑或原建筑的改造更新。

8.维护管理和运行管理。

9.物业的支援职能和服务。

三、物业设备设施管理的基本内容

物业设备设施管理的基本内容包括物业设备设施基础资料管理、运行管理、维护管理、更新改造管理、备品配件管理和固定资产（设备）管理等。

（一）物业设备设施基础资料管理

物业设备设施基础资料管理，主要是建立物业设备设施系统的原始档案、妥善保管设备技术资料以及政府职能部门发布的有关政策、法规、条例、规程和标准等文件。

1.设备原始档案和技术资料。设备的技术档案必须齐全、详细、准确，主要包括设备原始档案和设备技术资料两部分。

（1）设备原始档案。设备原始档案一般包括以下几个方面：设备清单或装箱单；设备发票；产品质量合格证明书；开箱验收报告；产品技术资料；安装施工、水压试验、调试、验收报告。

其中，开箱验收报告的内容包括验收设备名称、型号、规格、数量、外观质量、附带资料、验收人员、验收日期等。开箱验收应有购买使用单位、设计单位、负责安装设备的公司、监理公司和生产厂商等代表参加。

产品技术资料主要包括设备图纸、使用说明书、安装说明书等。

可分阶段进行竣工验收，每阶段验收要做详细的记录。记录上有验收工程名称、位置、验收日期、验收人员等。水压试验要记录试验的压力、持续时间及在场的工作人员。调试工作有单机调试及系统调试两种。调试时用户（业主）、设计院、安装公司和监理公司等单位必须有相关人员参加，设备生产厂商应参加单机调试工作。

（2）设备技术资料。其一般包括设备卡片、设备台账、设备技术登记簿、竣工图和系统资料等。

A.设备卡片。每一台设备都必须建立设备卡片，一般可按设备的系统分类、使用部门或设备使用场所对设备进行编号，按编号在设备卡片上登记设备的档案资料。

某物业服务公司设备卡片见表6-1。

表6-1　　　　　　　　　　　　设备卡片　　　　　　　　　编号：　登记日期：

设备名称				设备编号			
型号规格				安装位置			
设备参数				附　件			
功　率	电　压	电　流	转　速	名　称	型　号	规　格	数　量
操作方法及注意事项				维修保养要求			
备　注							

B.设备台账。将设备卡片按编号顺序统一汇总登记，就形成了设备台账。在设备台账中主要登记设备的大概情况，如设备编号、名称、型号、规格、生产厂商、出厂日期、价格、安装使用日期等，所有设备的概况在台账中要一清二楚，为管好、用好设备提供保证和便利。某物业服务公司设备台账见表6-2。

表6-2   设备台账

序　号				
设备编号				
设备名称				
设备型号				
设备规格				
制造国别				
制造厂名				
配套电动机	台　数			
	总容量			
出厂编号				
出厂日期				
进场日期				
安装日期				
使用日期				
安装地点				
设备原值（元）				
年折旧率				
总重量（kg）				
随机附件数				
备　注				

C.设备技术登记簿。每一台主要设备都应设立一本技术登记簿（即设备的档案簿），对设备在使用期间进行登录和记载。其内容一般包括设备概况、设计参数、技术特性、结构简图、备品配件、设备运行及维修记录（设备大、中修记录）、设备事故记录、更新改造及移动改装记录和报废记录等。

D.竣工图。施工结束并验收合格后，设计单位、监理单位和施工单位把已经修改完善的全部图纸进行整理后交给用户，这些图纸就是竣工图。竣工图是记载工程建筑、结构以及工艺管线、设备、电气、仪表、给排水、暖通、环保设施等安装工程真实情况的技术文件，是竣工验收以及今后进行管理、维修、改扩建等的重要依据，要妥善保管。

E.系统资料。按系统或场所把各系统分成若干子系统，对每个子系统，可单独采用示意图、文字和符号来说明，表达方式要直观、灵活、简明，以便查阅。

2.国家有关部门发布的相关政策、法规、条例、规范、标准等文件。

（1）政策、法规、条例及规范。环境保护方面有《中华人民共和国水污染防治法》《中华人民共和国大气污染防治法》《中华人民共和国固体废物污染环境防治法》《中华人民共和国噪声污染防治法》《中华人民共和国放射性污染防治法》《中华人民共和国水法》等。消防方面有《中华人民共和国消防法》《建筑设计防火规范》《高层民用建筑设计防火规范》《人民防空工程设计防火规范》等。节能方面有《中华人民共和国节约能源法》等。建筑方面有《中华人民共和国建筑法》等，分别从建筑工艺、勘察、设计、施工、验收、检验等诸方面对建筑工程进行规范。此外，电梯设备、变配电设备、燃气设备、给排水设备等都有政府部门的法规及条例进行监督和约束。

（2）技术标准。技术标准有《生活饮用水卫生标准》《室内空气质量标准》《污水综合排放标准》《工业锅炉水质》《锅炉大气污染物排放标准》《建筑装饰装修工程质量验收标准》《城市区域环境噪声标准》等。

国家相关部门颁发的政策、法规、条例、规范和各种技术标准是设备管理中的法律文件，指导和约束着物业设备的管理工作，必须分类存档，妥善保管好。

（二）物业设备设施运行管理

物业设备设施运行管理包括技术运行管理和经济运行管理两部分。

1.物业设备设施技术运行管理。物业设备设施技术运行管理就是要建立合理的、切合实际的运行制度、运行操作规定、安全操作规程等运行要求或标准，建立定期检查运行情况和规范服务的制度等，其主要作用是保证设备安全、正常地运行。物业设备技术运行管理应落实以下几个方面的工作：

（1）针对设备的特点，制定科学、严密、切实可行的操作规程。在设备管理工作中，应根据设备特点制定切实可行的操作规程。例如，空调系统的管理，必须制定空调机、制冷机、冷却塔、水处理设备和水泵等的操作规程；又如，供配电系统的管理要制定送电、断电和安全用电的操作规程等。

（2）对操作人员要进行专业培训教育，国家规定需持证上岗的工种，必须持证才能上岗。对特殊工种操作人员进行专业的培训教育是设备管理的一项重要工作，操作人员应积极参加政府职能部门举办的培训班，掌握专业知识和操作技能，并通过理论及实际操作考试，取得相应的资格证书，如锅炉操作证、高低压电工操作证、电梯运行操作证等。

（3）加强维护保养工作。设备操作人员在使用和操作设备的同时，要认真做好维护保养工作，做到"正确使用，精心维护"，确保设备始终保持良好状态。维护保养工作主要是加强日常及定期的清洁、清扫和润滑等工作。

（4）定期校验设备中的仪表和安全附件，确保灵敏可靠。压力表上应有红线范围，设备运行时绝对不能超越红线。安全阀前面严禁装设阀门，为了防止安全阀芯、弹簧等锈蚀而影响其灵敏度，要定期人为开启。压力表、安全阀的定期校验工作应由法定部门负责，校验报告应妥善保管。

（5）科学地监测、诊断故障，确保设备设施安全运行。对运行中的设备设施不能只凭经验判断其运行状况和故障，而应在对运行状态下的监测和对故障进行技术诊断的基础上，作深入、透彻、准确的分析，从而及时、准确地发现故障的潜在因素，采取有效措施改善和防止故障的发生，确保安全运行。

（6）如果设备发生事故，对事故的处理要严格执行"四不放过"原则，即事故原因不查清楚不放过、事故责任人及部门未受到教育不放过、没有行之有效的改进措施不放过、没有紧急事件的预防方案和弥补救护措施不放过。事故发生后应该对事故原因及故障规律进行分析，并制定出有效的改善措施，确保类似事故不再发生。

2.物业设备设施经济运行管理。物业设备设施经济运行管理的主要任务是在设备安全、正常运行的前提下，节约能耗费用、操作费用、维护保养费用以及检查修理等费用。其内容包括采用切实有效的节能技术措施和加强设备能耗的管理工作。

现代设备管理与传统设备管理的不同之处在于，不仅注重设备的技术性能管理，而且还注重设备使用的经济性管理，其主要内容包括初期投资费用、运行费用、能源费用及劳动力费用、维修费用和更新改造费用等支出计划的管理。物业设备设施经济运行管理的目的是在设备经济价值的变化过程中，力求以最少的投资得到最大的经济效益。

物业设备设施经济运行管理，可从以下几个方面进行：

（1）初期投资费用管理。在购置设备时，应结合实际情况综合考虑以下因素：设备的技术性能参数必须满足使用要求及其发展的需要；设备的安全可靠程度、操作难易程度及对工作环境的要求；设备的价格及运行时能源的消耗情况；设备的寿命，即设备从开始使用到因技术落后或经济上不合算而被淘汰所经过的时间（经济上不合算是指设备继续使用所需的维修费用高于该设备继续使用所能产生的效益）；设备的外形尺寸、重量、连接和安装方式、噪声和震动等；采用新技术、新工艺、新材料及新型设备等。

（2）运行成本管理。运行成本管理主要包括能源消耗经济核算、操作人员配置和维修费用管理等方面。

设备在运行过程中，需要消耗水、电、压缩空气、燃油等各类能源，节约能源就是节约能耗费用。能源消耗的经济核算工作主要有以下三个方面：

首先，制订能源耗用量计划和做好计量工作。设备管理部门每年要预先按月编制各类能源的消耗量及能源费用的计划，做出一年中每个月各类能源的耗用计划及能源费用支出计划。各类能源的使用要有正确可靠的计量仪表，坚持做到每天定时抄表记录，并计算出日耗用量，每旬检查统计一次实际耗用量，每月统计一次实际耗用量及能源费用，并将每月的实际耗用量及能源费用同年度计划进行比较。如能源耗用量出现异常情况，应立即查清原因并报告负责人。

其次，采用切实有效的节能技术措施。积极采用节能产品和节能技术，降低能源消耗，充分利用余热，减少一次能源的消耗；在选用设备时，注意设备的技术参数要同工艺要求相匹配，优先采用先进的电子控制技术，实施自动调节，使设备在运行过程中始终处于最佳的运行状况；在节约用水方面，要做到清浊分流、一水多用、废水利用；在节约用电方面，优先选用节能型电器设备，在供配电设施上应有提高功率的措施；在照明用电方面，要尽量多利用自然光，选择合理的照明系统和照明灯具，照明灯具的控制应采用时间控制、光电控制或红外音频控制等节能控制方式；在管网维护方面，要防止管道、阀门及管道附件泄漏和损坏，发现问题要及时修理和调换，对使用热源和冷源的管道与设备应加强保温绝热工作，以减少散热损失。

最后，切实做好节能管理工作。物业服务企业应由主管领导负责节能工作，能源管理人员应聘任具有节能专业知识、实践经验和有技术职称的人员，并报节能行政主管部门备案。能源管理人员负责对本单位的能源应用状况进行监督、检查，按照合理用能的原则，推行节能科学管理方法，组织实施节能技术措施，降低能耗；制定本单位合理的能源消耗定额，建立节能工作责任制度并且严格考核；开展节能教育，组织有关人员参加节能培训。能源管理人员和在重点耗能设备岗位上工作的操作人员，应在节能行政主管部门指定的机构培训，考试合格后方可持证上岗。

（三）物业设备设施维护管理

物业设备设施维护管理主要包括设备的维护保养和计划检修。

1.设备设施的维护保养。设备在使用过程中会发生污染、松动、泄漏、堵塞、磨损、震动、发热、压力异常等各种故障，影响设备正常使用，严重时会酿成设备事故。因此，应经常对使用的设备加以检查、保养和调整，使设备时刻处于最佳的状态。

（1）维护保养的方式。维护保养的方式主要是清洁、紧固、润滑、调整、防腐、防冻及外观表面检查。对长期运行的设备要巡视检查，定期切换，轮流使用，进行强制保养。

A.紧固。设备长期使用会因为震动等因素而导致螺母脱落、连接尺寸错位、设备位移以及密封面接触不严造成泄漏等故障，所以必须经常检查设备的紧固程度。

B.润滑。润滑是正确使用和维护设备的重要环节。对润滑油的型号品种、质量、润滑方法、油压、油温及加油量等都要有严格的规定。润滑管理要求做到"五定"（定人、定质、定时、定点、定量），并制定相应的润滑管理制度。

C.调整。因为设备的震动、松动等因素，零部件之间的相对尺寸会发生变化，容易产生不正常的错位和碰撞，造成设备的磨损、发热、有噪声、震动甚至损坏，因此，必须对有关的位置、间隙尺寸作定量的管理，定期测量、调整，并在调整后再加以紧固。

D.外观表面检查。外观表面检查主要检查设备的外表面有无损伤裂痕；震动和噪声是否异常；设备密封面是否有泄漏现象；设备外表面是否锈蚀以及设备的防腐保温层是否损坏；磨损是否在正常范围内；防护罩等安全装置是否齐全；温度、压力运行参数是否正常；电机是否超载和过热；传动皮带是否断裂或脱落等。

（2）维护保养工作的实施。维护保养工作主要是做好日常维护保养和定期维护保养工作。

　　日常维护保养工作是设备维护管理的基础，应该长期坚持，并且要做到制度化。日常维护保养工作要求设备操作人员在班前对设备进行外观检查，在班中按操作规程操作设备，定时巡视记录各设备的运行参数，随时注意运行中有无震动、异声、异味、超载等现象，在班后对设备做好清洁工作。

　　定期维护保养工作是有计划地将设备停止运行，进行维护保养。根据设备的用途、结构复杂程度、维护工作量及维护人员的技术水平等，决定维护的间隔周期和维护停机的时间。定期维护保养需要对设备进行部分解体，为此，应做好以下工作：对设备进行内外清扫和擦洗；检查运动部件转动是否灵活、磨损情况是否严重，并调整其配合间隙；检查安全装置；检查润滑系统油路的过滤器有无堵塞；检查油位指示器，清洗油箱，换油；检查电气线路和自动控制元器件是否正常等。

　　设备的定期维护保养能够消除事故隐患，减少磨损，延长设备使用寿命。

　　（3）设备点检。设备点检是指对设备有目的、有针对性的检查。一些设备在出厂时，生产厂商会提供该设备的点检卡或点检规程，其中包括检查内容、检查方法、检查周期以及检查标准等。

　　设备点检时可按生产厂商指定的点检内容和点检方式进行，也可以根据经验自己补充一些点检点，可以停机检查，也可以随机检查。检查时可以通过摸、听、看、嗅等方式，也可利用仪器仪表进行精确诊断。通过设备点检，可以掌握设备的性能、精度、磨损等情况，并可及时消除隐患，防止突发事故，既可以保证设备正常运行，又可以为计划检修提供可靠的依据。

　　设备点检的方法有日常点检和计划点检两种。

　　日常点检由操作人员随机检查，其内容主要包括设备运行状况及参数，安全保护装置，易磨损的零部件，易污染堵塞、需经常清洗更换的部件，运行中经常要求调整的部位，运行中经常出现不正常现象的部位等。

　　计划点检以专业维修人员为主，操作人员协助进行。点检时可使用先进的仪器设备和手段，点检的内容主要有设备的磨损情况及其他异常情况，确定修理的部位、部件及修理时间，更换零部件，安排检修计划等。

　　2.物业设备设施的计划检修。计划检修是对正在使用的设备，根据其运行规律及点检的结果确定检修周期，以检修周期为基础，编制检修计划，对设备进行积极的、预防性修理。

　　根据设备检修的部位、修理工作量大小及修理费用的高低，计划检修工作一般分为小修、中修、大修和系统大修四种。

　　（1）小修。小修主要是清洗、更换和修复少量易损件，并作适当的调整、紧固和润滑工作，一般由维修人员负责，操作人员协助工作。

　　（2）中修。中修是在小修的基础上，对设备的主要零部件进行局部修复和更换。

　　（3）大修。大修是对设备进行局部或全部的解体，修复、更换磨损或腐蚀的零部件，尽量使设备恢复到原来的技术标准，同时也可对设备进行技术改造。中修、大修主要由专业检修人员负责，操作人员协助工作。

　　（4）系统大修。系统大修是对一个系统或几个系统甚至整个物业设备系统的停机大检修，通常将所有设备和相应的管道、阀门、电气系统及控制系统都安排在系统大修中进行检修。在系统大修时，所有相关专业的技术管理人员、检修人员和操作人员都要按时参加，积极配合。

设备的计划检修虽然不能绝对消除计划外检修，如偶然性的故障抢修和意外事故的恢复性检修等，但是如果认真贯彻各项操作规程和规章制度，认真完成设备的日常维修和计划检修工作，计划外的检修是可以减少或避免的。

3.计划检修和维护保养的关系。物业设备设施管理的指导原则是：以维护保养为主，计划检修为辅。如果维护保养工作做得好，发现问题后及时加以处理，则会减少设备检修工作量；反之，如果设备操作人员不爱护设备，不遵守设备的操作规程和规章制度，不对设备进行维护保养工作，就会加剧设备的损坏，增加设备检修工作量。因此，设备操作人员和维护保养人员要具有很强的工作责任心，认真执行各项工作规范，精心操作、保养和维护设备。

（四）物业设备设施更新改造管理

任何设备使用到一定年限后，都会不同程度地出现故障率增高、效率降低、耗能增加、维护费用高等问题，并且可能发生严重的事故，为了使设备性能在运行中得到有效的改善和提高，降低年度维护成本，就需要对相关设备进行更新改造。

1.设备更新。设备更新是指以新型的设备来代替原有的老设备。任何设备都有使用期限，如果设备达到了它的技术寿命或经济寿命，则必须进行更新。

2.设备改造。设备改造是指应用现代科学的先进技术，对原有的设备进行技术改进，以提高设备的技术性能及经济特性。

3.设备改造的主要方法。设备改造的主要方法包括：

（1）对设备的结构作局部改进。

（2）增加新的零部件和各种装置。

（3）对设备的参数、容量、功率、转速、形状和外形尺寸作调整。

设备改造费用一般比设备更新要少得多，因此，通过技术改造能达到技术要求的，可以不对原设备进行更新。

4.编制设备改造方案。对设备进行技术改造，首先要对原设备进行分析论证，编制改造方案，具体内容包括：

（1）原设备在技术、经济、管理上存在的主要问题，设备发生故障的情况及原因。

（2）需要改造的部位和内容。

（3）在改造中应用的新技术及其合理性、可行性。

（4）改造后能达到的技术性能、安全性能、效果预测。

（5）预计改造后的经济效益。

（6）改造的费用预算以及资金来源计划。

（7）改造的时间及设备停用带来的影响。

（8）改造后的竣工验收和投入使用的组织工作。

（五）物业设备设施备品配件管理

备品配件管理的基本原则是在检修之前就把新的零部件准备好。

　　设备在运行过程中,一些零部件会磨损、老化,降低了设备的技术性能,为恢复设备的技术性能,需用新的零部件更换已磨损、老化的零部件。为了减少维修时间,提高工作效率,应在检修之前准备好新的零部件。

　　在管理工作中,既要科学地组织备件储备,及时满足设备维修的需要,保证设备维修的质量和进度,减少备件加工制造和采购的突击性和盲目性,又要将储备的数量压缩到最低程度,降低备件的储备费用,加快资金周转。

　　备品配件的管理应由专业技术人员负责,其职责主要是确定备件的范围,备件图纸的收集、测绘整理,确定备件来源,确定合理的储备定额和储备形式,编制备件卡和备件的台账,为备件的制造、采购和库存提供科学的依据。

　　(六)固定资产(设备)管理

　　固定资产是指使用期限较长,单位价值较高,并且能在使用过程中保持原有实物形态的资产,如房屋及建筑物、机器设备、运输设备和工具等。对于生产经营中使用的固定资产,只要使用期限在1年以上,就可以认定为固定资产,而对单位价值不加以限制;对于非生产经营领域中使用的固定资产,只要期限长于2年并且单位价值在2 000元以上,也可被认定为固定资产。

　　1.固定资产的利用程度。固定资产的合理使用,可以提高它的利用价值。衡量固定资产的利用程度的指标有固定资产利用率和固定资产生产率。

　　(1)固定资产利用率。它反映有多少固定资产在发挥作用。对不再使用的固定资产,要积极创造条件利用起来,对实在无用的固定资产应及时作转让或出租处理。

　　(2)固定资产生产率。它一般是指设备在单位时间内的功能发挥率,以台时产量表示。在使用设备时要合理组织运行任务,并且保持设备的完好率及最佳运行状况,同时采用先进技术对设备进行技术改造,以提高固定资产生产率。

　　2.设备折旧。设备在使用过程中不断磨损和损坏,其价值也逐步减小,这种设备价值的减小现象就是折旧。

　　确定设备折旧年限的一般方法有:

　　(1)参考同类设备历年来平均的使用年限。

　　(2)根据设备使用频率、工作环境恶劣程度和维修保养的质量来确定。

　　(3)技术进步的程度决定了产品淘汰的周期,也决定了折旧年限的长短。

　　3.设备的报废。设备由于严重损坏不能再继续使用,或者设备损坏后如果再修理在经济上不合算等,就应该作报废处理,购置新设备。

　　4.固定资产管理的基本要求。固定资产管理的基本要求包括:

　　(1)保证固定资产完整无缺。

　　(2)提高固定资产的完好程度和利用效果。

　　(3)正确核定固定资产需用量。

　　(4)正确计算固定资产折旧额。

　　(5)进行固定资产投资的预测。

[知识链接6-1]

　　某物业企业设备设施管理风险识别与处理措施(节选)见表6-3。

表 6-3　　　　　某物业企业设备设施管理风险识别与处理措施（节选）

风险名称	表现形式	发生概率	可能损失	风险预控	措　施
消防管理风险	消防栓等设施不完善	大	处罚、曝光、刑事拘留	风险自留	1.在消防维保合同中明确管理责任 2.在治安消防安全责任书中明确业主管理责任 3.加强消防设施的日检、周检、月检、季检、年检，做好记录
	消防器材老化或使用不当	大	处罚、曝光、刑事拘留		
	电气线路引发火灾	大	处罚、曝光、刑事拘留	风险转移与自留	1.接管中明确要求已经过验收并合格 2.在消防维保合同中明确管理责任 3.在治安消防安全责任书中明确业主管理责任 4.加强消防设施的日检、周检、月检、季检、年检，做好记录 5.设置监理员，加强人员培训和演练
	明火引发火灾	大	处罚、曝光、刑事拘留		
	喷淋头破损致使室内外浸水	大	物品损坏，赔偿	风险自留	1.加强消防设施巡查及维护 2.在装修管理服务协议中明确责任 3.设置监理员，备用物资到位
	消防水泵房进水	小	电动机等设备损坏或人员伤亡	风险自留	1.加强消防设施巡查及维护 2.确立预案，加强人员技术及风险培训
设备管理风险	触电伤人	中	赔偿	风险自留	加强对建筑物内配电箱、线路的巡视，及时关闭和处理，并增加安全标志
	排水管堵塞返水	小	物品损坏，赔偿	风险自留	1.加强巡查及维护 2.加强宣传教育
	管道爆管	中	业主矛盾，拒交物业管理费；水资源流失	风险自留	1.加强巡查及维护 2.确立预案，组织人员培训和学习
	二次供水设备损坏	小	业主矛盾，拒交物业管理费		
	水箱污染	小	人员伤亡、赔偿、曝光	风险自留	1.严格办理相关证件 2.水箱上锁并按规定定期清洗、检测 3.加强巡视
	突然超负荷、短路和停送电，造成电气设施设备损毁	小	赔偿	风险自留	1.加强与供电局的沟通，保证停送电信息准确 2.加强巡视，保证设备运行正常 3.计划性停电提前告知业主 4.建立预案，加强人员培训

续表

风险名称	表现形式	发生概率	可能损失	风险预控	措　施
设备风险管理	电梯困人	大	业主矛盾	风险转移	1.在电梯维保合同中明确责任 2.加强电梯巡视，保证设备运行正常
	设备检修、保养伤人	中	人员伤亡、赔偿	风险自留	提前告知，加强标示，严格操作规程
	单元门口对讲机设备故障导致业主不能进单元门	中	业主矛盾	风险自留	1.加强巡视，及时维修和养护 2.午夜巡逻及治安消防人员熟悉单元门启闭
	背景音乐室外音箱遭到损坏	小	设备损坏	风险自留	加强巡视，及时检修；加强对业主的引导
	化粪池爆炸	小	设施损坏、人员伤亡、赔偿	风险自留	加强巡视，及时清掏
	儿童落水	中	人员伤亡、赔偿	风险自留	1.增加安全标识 2.加强巡视管理
	儿童戏水触电	中	人员伤亡、赔偿	风险自留	
	游泳池伤人	中	人员伤亡、赔偿	风险转移	1.购买保险 2.明显处设置游泳须知和禁止标志 3.取得游泳池合法经营证件 4.建立预案，组织人员培训
	跌落、滑倒、碰撞	大	人员伤亡、赔偿	风险自留	
自然灾害风险	雷击	大	人员伤亡、赔偿	风险自留	定期检测保证防雷设施完好
	暴雨	大	设备机房、停车场进水，造成设备损坏	风险自留	1.注意天气变化 2.建立预案，定期组织培训和演练 3.保证应急物资到位
	大风	大	物品坠落、人员伤亡	风险自留	
	恐怖行径	大	人员伤亡	风险自留	建立预案，组织学习和演练
	流行性疾病（空调系统）	大	人员伤亡	风险自留	建立公共卫生事件应急预案，组织学习和演练

资料来源：根据网络相关资料整理。

四、物业设备设施管理的基本方法和目标

（一）物业设备设施管理的基本方法

加强设备设施管理工作，制定切实可行的设备或系统的操作、维护规程和巡回检查制度；建立健全设备或系统使用和维护责任制度；加强日常巡回检查，定期对设备设施进行测试和诊断，发现问题及时进行维护和修理，以保证设备设施完好无损，安全、可靠地运行，从而延长设备设施使用寿命，提高使用效率。

（二）物业设备设施管理的目标

管好、用好、修好、改造好现有设备，提高设备的有效利用率及完好率。

1.设备的有效利用率（A）。

$$A=\frac{T}{T+T'}\times100\%$$

式中：A为设备有效利用率（%）；T为设备有效工作时间（h）；T′为设备停机或无效工作时间（h）。

2.设备的完好率（B）。

$$B=\frac{S_n}{S}\times100\%$$

式中：B为设备完好率（%）；S_n为设备完好的台数；S为设备总台数。

3.设备的完好标准。

（1）零部件完整、齐全，质量符合要求。

（2）设备运转正常，性能良好，功能达到规定要求。

（3）设备技术资料及运转记录齐全。

（4）设备整洁，无跑、冒、滴、漏现象。

（5）保温、防冻、防腐等措施完备有效。

五、物业设备设施管理组织机构与岗位职责

（一）物业设备设施管理的组织机构

物业服务公司应根据具体情况建立自己的工程设备管理体系。一般来说，总工程师（或工程部经理）是物业设备设施管理的总负责人，在其领导下要建立一个结构合理的管理机构，组织一支精干高效的工程管理队伍，这样才能较好地完成物业设备设施系统的管理工作。

1.组织机构设置应考虑的主要因素。物业机构设置应考虑的主要因素包括：

（1）物业规模和特点。

（2）物业所有者的组织形式。

（3）物业的客户组成。

（4）物业的用途和经营方式（住宅、宾馆、办公楼、商场等）。

（5）物业安装的设备数量、形式、复杂程度及分布状况。

（6）物业管理的目标和风格。

（7）物业所在地与工程设备管理有关的社会化配套服务发展水平等。

物业设备设施管理的主要任务是保证设备设施正常、安全、可靠、经济地运行，对

设备进行日常和定期维护检修,处理应急的故障等。

2.机构设置方案。机构设置方案一般是在总工程师的领导下,设置工程部,工程部经理负责本部门职责范围内相关设备运行、保养、维护等管理工作。几种典型的设置方案如下:

(1)按专业和设备系统分工的组织架构(如图6-1所示)。

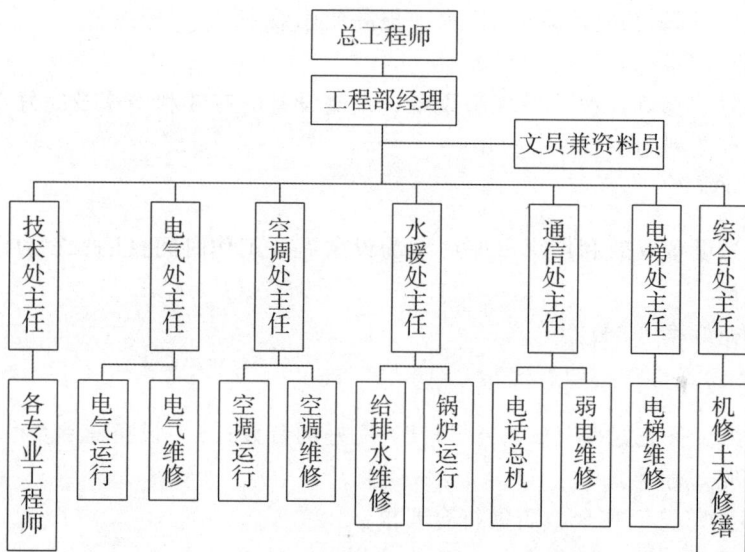

图6-1 按专业和设备系统分工的组织架构

各设备主管处主任负责本处工作,配备人员能够完成全部运行、保养和小型维修工作。分工较细,各单位职责明确,业务职能基本上能独立完成,但配备人员较多,适用于规模较大、专业技术人员充足、技术力量较强的物业服务公司。

(2)主管工程师负责的组织架构(如图6-2所示)。

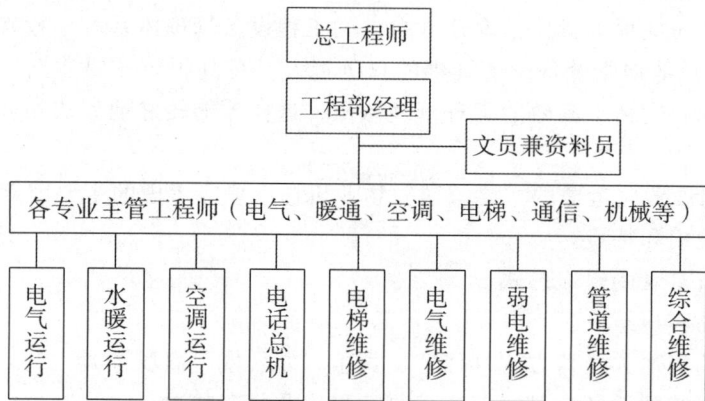

图6-2 主管工程师负责的组织架构

各专业主管工程师负责与本专业相关班组的工作,既分工又合作,消除了中间环节,配备人员较少,管理费用低,技术指导直接可靠,维修质量较高,便于协调指挥,但是必须有一支技术熟练、业务能力较强的工程技术队伍。

（3）运行和维修分开管理的组织架构（如图6-3所示）。

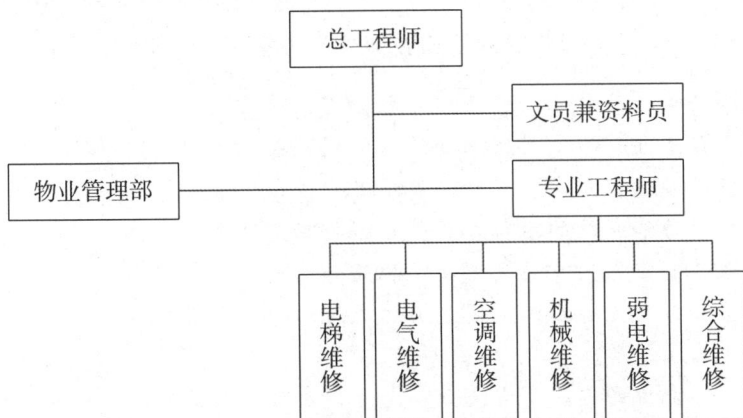

```
                    ┌─────────┐
                    │ 总工程师 │
                    └────┬────┘
                         │
                         ├──────────────┐
                         │         ┌──────────┐
                         │         │文员兼资料员│
                         │         └──────────┘
            ┌─────────┐  │  ┌──────────┐
            │物业管理部│  │  │专业工程师│
            └─────────┘  │  └────┬─────┘
                         │       │
         ┌────┬────┬────┬────┬────┬────┐
       电梯  电气  空调  机械  弱电  综合
       维修  维修  维修  维修  维修  维修
```

图6-3　运行和维修分开管理的组织架构

物业管理部只负责相关设备设施的操作运行，配备人员较少，对人员自身的文化素质要求不太高，但对其操作能力要求较高，主要技术力量集中在各工程维修部。如果维修质量有保障，其管理的设备越多，优势越明显。

（4）最简单的组织架构（如图6-4所示）。

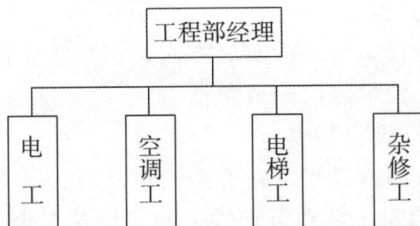

```
                ┌─────────┐
                │工程部经理│
                └────┬────┘
          ┌────┬────┬────┐
         电工  空调工 电梯工 杂修工
```

图6-4　最简单的组织架构

这种形式适用于建筑规模小、设备配置少、技术和管理要求不高的物业服务公司。工程部仅负责日常运行和处理一般故障，人员配备较少，管理比较简单。重大设备的维护、保养和维修由专业的维修公司承包，设备维修保养费用较高。

（二）物业设备设施管理岗位职责

制度是贯彻管理方针、完成管理计划和达到管理目标的重要保证。国内很多物业服务公司纷纷实施 ISO 9000 系列标准，规范管理运作程序，促使管理水平和服务质量有了较大的改观。制定规章制度应注意的问题是：与上级部门的相应规定、要求协调一致，不能有冲突或产生歧义的条文；各规章制度之间要注意相互协调，不能有矛盾和遗漏；文字条款要表达清楚、准确、全面、简明扼要，同时易于理解、记忆、接受和执行，要注意唯一理解性；既要结合实际，又要科学合理，在实际工作中切实可行，易于操作；规章制度经过一段时间运行后，要及时修改、补充和完善，注重加强对员工的政治思想和职业道德教育。

物业服务公司应根据自己的实际情况，制定切实可行、易于操作的相关岗位的岗位职责。

[实战演练 6-1]

某物业服务公司专业技术主管岗位职责

某物业服务公司专业技术主管岗位职责如下：

1. 负责编制设备年、季、月保养和维修计划，经工程部经理审批后组织实施；

2. 负责检查设备的使用、维护和保养情况，保证设备经常处于良好的工作状态；

3. 负责制订设备和系统的运行方案，督导员工严格执行操作规程；

4. 负责编制设备更新、改造计划及工程监督工作；

5. 负责调查、分析设备事故原因，提出处理意见及整改措施；

6. 负责员工培训工作。

问题：该岗位职责的内容是否全面？是否切实可行？你有什么好的建议？

提示：

该岗位职责切实可行但内容不全面，建议增加以下条款：

1. 在部门经理领导下，负责技术和管理工作。

2. 负责编制机电设备的操作规程等文件资料。

3. 协助经理完成上级主管部门布置的工作。

六、物业设备设施管理制度

专业化管理是物业设备设施管理的发展方向，在专业化管理中，要建立和完善一系列管理制度。物业设备设施管理制度一般包括：

（一）物业设备设施接管验收制度

物业设备设施接管验收制度是指设备安装或检修后、投入使用前，为加强对设备的安全管理，提高设备运行的安全性和可靠性，确保设备安全、稳定、长期满负荷运行，所制定的制度。接管验收工作不仅包括新建房屋附属设备的验收，而且包括对维修后设备的验收以及委托加工或购置的更新设备的开箱验收，还有妥善保管设备的有关基础资料。

物业设备在验收时，应对发生的问题及时商定解决意见，并商定复验时间，在复验时仍不合格的应限定解决期限。对设备的缺陷及不影响使用的问题应签订协议进行保修或赔款补偿，验收后应将验收单与协议等文件保存好。

（二）物业设备设施预防性计划维修保养制度

物业设备设施预防性计划维修保养制度是指为了防止意外损坏而按照预定计划进行一系列预防性设备维修、维护和管理的组织措施和技术措施。实行预防性计划维修保养的目的是保证物业设备能够长期保持正常工作能力，避免设备遭受不应有的磨损、老化、腐蚀等损坏，正确掌握设备状况，提高设备运转率，延长设备修理间隔期，降低修理成本和提高维修质量。具体的组织措施和技术措施包括：

1. 确定维修及养护工作的性质及内容，如日常及定期保养内容、月维修养护内容、季度和年度维修保养内容、大修内容等。

2. 确定设备维修、保养的标准和要求。

3.进行预防性计划保养工作的实施与监督。

4.大修计划应根据物业设备设施管理与修理相结合的方针，采用大修集中、维修分散的组织形式。

（三）物业设备设施运行管理制度

物业设备设施运行管理制度主要包括巡视抄表、安全运行制度、经济运行制度、文明运行制度等，对特殊设备要有特殊设备的运行制度，如制冷机安全运行制度等。

（四）值班制度

建立值班制度并严格执行，可以随时发现事故隐患并排除故障，从而保障设备安全、正常运行。具体内容如下：

1.值班人员必须坚守岗位，不得擅自离岗，不得随意调换值班岗位。如确因工作需要必须由符合条件的人替岗，应如实说明离岗时间及去向。

2.按操作规程及岗位责任制的要求，密切注意设备的运行状态，并做好相关记录，按时巡查，发现事故隐患要及时处理。

3.设备出现故障，当班人员无法处理时，应按报告制度及时、如实报告有关人员。

4.值班人员接到维修报告后，应立即安排有关人员抢修、急修。

5.不得随意调换值班岗位，就餐应实行轮换制，所有运行值班机房都应有人值班。

6.值班人员不得迟到、早退、无故缺勤，因故不能值班者，必须提前征得班长同意，按规定办理请假手续。班长应落实好代班人员，保证岗位上有人工作。

（五）交接班制度

交接班制度是值班制度的实施保证，其主要内容有：

1.值班人员应按巡回检查表，认真仔细巡查，发现问题及时报告解决，当班问题尽量不留给下一班，并做好记录。

2.接班人员要按时到岗，做好接班准备工作：接班人员提前15分钟上岗接班，查看值班记录，听取交班人员的情况介绍；检查仪表、工具，并在交接班记录表上签名；检查设备运行状况等。

3.交班人员办完交接班手续后方可下班。下列情况不得交接班：第一，上下班运行情况未交代清楚；第二，领班未找到或未经工程部经理（技术主管）同意指定合适的代班人；第三，接班人数未达到需要人数的最低限度；第四，接班人员有醉酒现象或其他神志不清的情况，而且未找到顶班人；第五，设备设施故障影响运行或影响营业。

4.值班人员在交班前应做好机房环境卫生工作。

5.接班人员若因故迟到，值班人员应坚守岗位，待接班人员到达后，办妥交接班手续后方可下班。

6.除值班人员外，无关人员不得进入机房。

（六）报告记录制度

建立报告记录制度能使物业经理、技术主管和班组长随时了解设备的运行情况及维修情况，及时发现管理中存在的问题，以便采取措施尽快解决。

1.下列情况必须报告领班：主要设备非正常操作的开、停、调整及其他异常情况；设备发生故障或停机检修；零部件更换修理；维修材料的领用；维修人员工作去向；运行人员暂时离岗等。

2.下列情况应向工程部经理（或技术主管）报告：重点设备非正常操作的启动、调整及异常情况；采用新的运行方式；重点设备发生故障或停机检修；系统故障及检修；重要零部件更换、修理、加工及改造；成批的和大件工具、备件和材料领用；员工加班、调班、补休、请假等。

3.下列情况必须向经理报告：重点设备发生故障或停机修理；影响物业设备设施的故障或工程施工；系统运行方式有重大改变；系统主要设备技术革新或移位安装；重点设备主要零部件更换、修理或向外委托加工及改造；设备的增减；班组长和技术骨干以上人员及班组结构调整。

第二节 建筑给排水系统及其管理

建筑给排水系统的管理既是给排水设备安全运行、延长使用寿命的保障，也是物业管理工作中非常重要的一个环节，它直接影响到用户（业主）的切身利益和物业服务企业的自身形象。

一、建筑给水系统的组成

建筑给水系统的任务是将城镇（或小区）给水管网或自备水源的水引入室内，经室内配水管网送至生活、生产和消防用水设备，并满足各用水点对水量、水压和水质的要求。建筑内部给水系统由下列部分组成（如图6-5所示）：

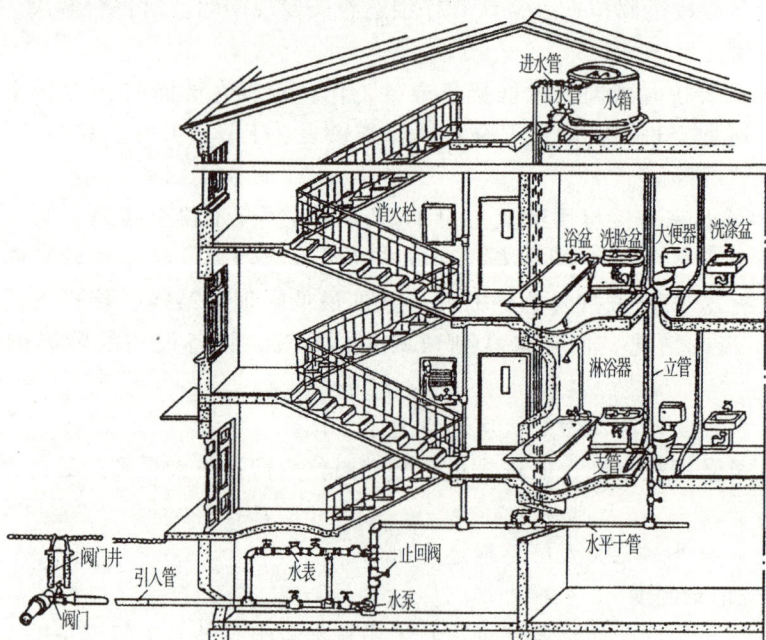

图6-5 建筑内部给水系统的组成

（一）引入管

引入管是指将室外给水管网的水引入室内的管道，也称进户管。

（二）水表节点

在引入管和每户支管上均应设置计量用水量的仪表——水表。水表节点是引入管上水表及其前后设置的阀门和泄水装置的总称，一般设置在水表井中（如图6-6所示）。

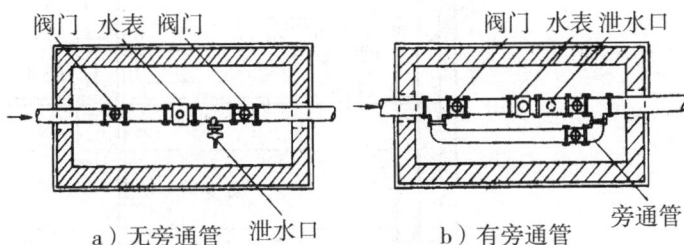

a）无旁通管　　　　　　b）有旁通管

图6-6 水表节点

（三）给水管道

给水管道包括水平干管、立管和支管。水平干管是将引入管送来的水输送到各立管中去的水平管道；立管是将干管送来的水送到各楼层的竖直管道；支管由立管分出，供给每一楼层配水装置的用水。

（四）给水附件

给水附件是指给水管网上的闸阀、止回阀等控制附件及淋浴器、配水龙头、冲洗阀等配水附件和仪表等。

（五）升压和储水设备

升压设备是指用于增大管内水压，使管内水流能达到相应位置，并保证有足够的流出水量、水压的设备，如水泵、气压给水设备等。贮水设备是指用于储存水的设备，有时也有储存压力的作用，如水池、水箱和水塔等。

（六）消防设备

室内消防设备是按照《建筑设计防火规范》和《高层民用建筑设计防火规范》的要求，在建筑物内设置的各种消防设备。在设置消防给水时，一般应设消火栓、自动喷淋等消防设备。

二、建筑排水系统的组成

建筑排水系统的任务是接纳、汇集建筑内各种卫生器具和用水设备排放的污废水，以及屋面的雨、雪水，并在满足（或经处理后满足）排放要求的条件下，将其排入室外排水管网。

（一）建筑内部排水系统的组成（如图6-7所示）

1.卫生器具。卫生器具是建筑内部排水系统的起点，用以满足人们日常生活或生产过程中各种卫生要求，是收集和排出污废水的设备。

2.排水管道。排水管道包括器具排水管（含存水弯）、横支管、立管、埋地横干管和排出管等。

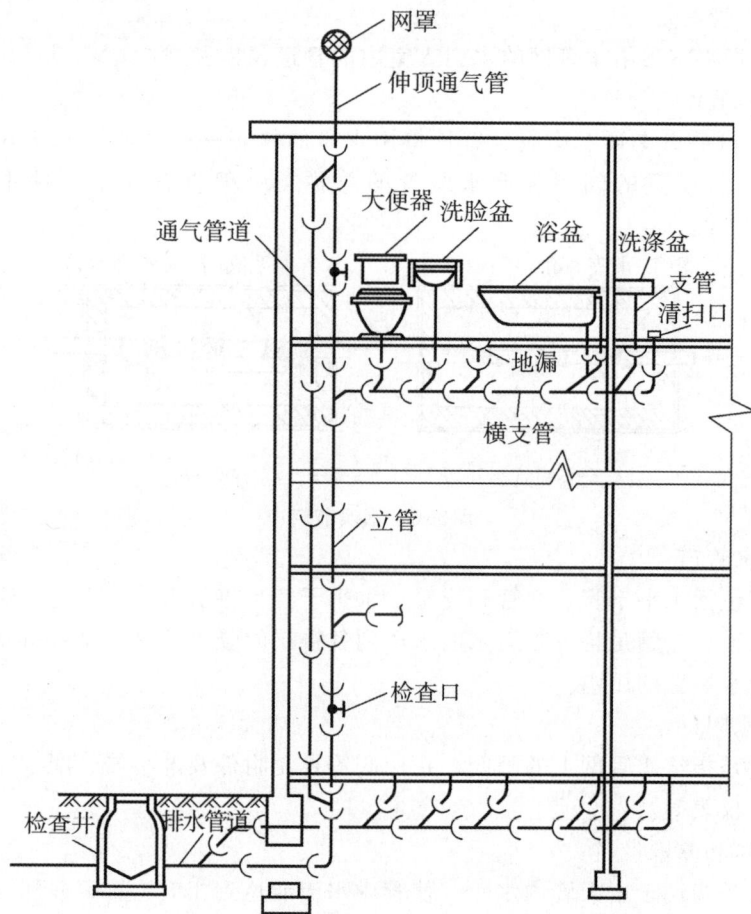

图6-7 建筑内部排水系统的组成

3.通气管道。设置通气管系统的目的是使建筑排水管道与大气相通，尽可能使管内压力接近于大气压力，防止管道内压力波动过大，以保护水封不受破坏。同时，通气管系统可以使管道中废水散发出的有害气体排放到大气中去，使管道内常有新鲜空气流通，减缓管道腐蚀，延长使用寿命。

4.清通设备。为了有效地疏通建筑内部排水管道，需设清通设备，主要有检查口、清扫口、带清扫门的90°弯头或三通以及埋地横干管上的检查井等。

5.抽升设备。当工业与民用建筑的地下室、人防建筑物、高层建筑地下技术层等地下建筑物的污废水不能自流排至室外时，常需设置污水泵等抽升设备。

6.污水局部处理构筑物。当建筑内部污水未经处理不能排入市政排水管网或水体时，需设污水局部处理构筑物，如化粪池、沉淀池以及中和池等。

（二）屋面雨水排水系统的组成

屋面雨水排水系统用以排除屋面的雨水和冰雪融化水，以免屋面积水造成渗漏。按照雨水管道是否在室内通过，屋面雨水排水系统可分为外排水系统和内排水系统。

1.外排水系统。外排水系统分为檐沟外排水系统和天沟外排水系统。檐沟外排水系统又称为普通外排水系统或水落管外排水系统。

（1）檐沟外排水系统（如图6-8所示）。该系统由檐沟和水落管组成，屋面雨水沿着具有一定坡度的屋面集流到檐沟中，然后由水落管引到地面、明沟或经雨水口流入雨水管。

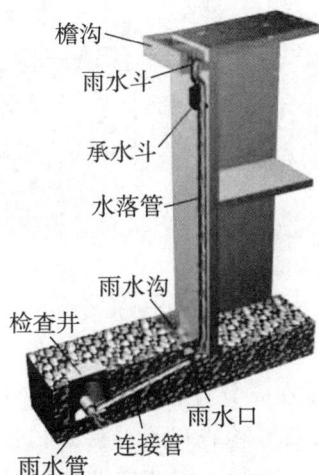

图6-8　檐沟外排水系统

（2）天沟外排水系统（如图6-9所示）。该系统由天沟、雨水斗和水落管组成。

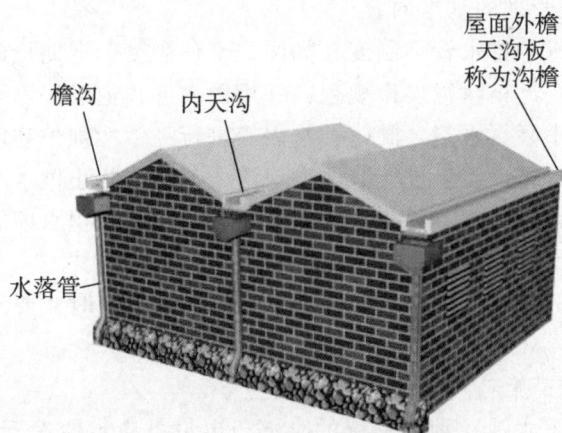

图6-9　天沟外排水系统

2.内排水系统（如图6-10所示）。内排水系统的雨水管道设置在室内，屋面雨水沿着具有坡度的屋面汇集到雨水斗，经雨水斗流入室内雨水管道，最终排至室外雨水管。

三、建筑给排水系统的管理

建筑给排水系统是否正常运行，关系到千家万户的生活质量，因此，我们应做好该系统的日常维护管理工作，尽量降低故障率，确保供水安全和排水畅通。

（一）严格执行验收接管制度

给排水管道和设备的验收要遵守国家验收规范。验收时要注意：

1.管道安装应牢固，控制部件灵活、无滴漏，水压试验及保温、防腐措施必须符合要求，应按户安装水表或预留水表位置。

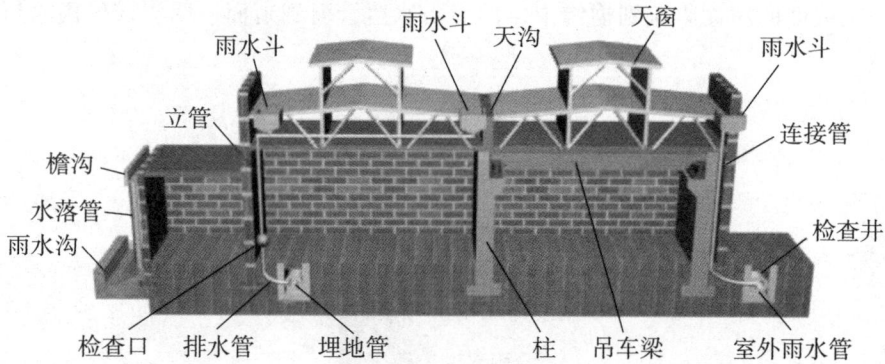

图6-10　内排水系统

2.高位水箱进水管与水箱检查口的设置应便于检修。

3.卫生间、厨房间内的排污管应分开设置，出户管长度不要超过8m，且不宜用陶瓷管和塑料管，地漏、排污管接口、检查口不得渗漏，管道排水必须流畅。

4.卫生洁具质量好，接口不得渗漏，安装应平整牢固、部件齐全、启闭灵活。

5.水表安装应平稳，运行时无较大振动。

6.消防设施必须符合国家标准的要求，并且有消防部门的检测合格证。

（二）给排水系统管理的基本内容

1.建立正常的给水、排水管理制度，如岗位责任制度、定期检修制度、巡回检查制度和登记报修制度等，严格执行操作规程，并用图表形式记录保养、检修的情况。

2.对供水管道、水泵、水箱、阀门、水表等进行经常性维护和定期检查。

3.经常对水池、水箱、管道进行清洗、保洁、消毒，防止供水水质二次污染。

4.注意节约用水，防止跑、冒、滴、漏及大面积跑水、积水事故的发生，发现阀门滴水、水龙头关闭不严等现象应及时维修。

5.制订突发事故的处理方案，当发生跑水、断水等故障时，要及时处理，防止事故范围扩大。

（三）水泵房管理措施

1.水泵房以及地下水池、消防系统的全部机电设备应定期进行保养、维修、清洁，发现故障苗头和消防隐患应及时处理，并认真做好记录，解决不了的问题书面报告主管领导，争取尽快解决。

2.要由专业人员操作水泵房内的机电设备，无关人员不得进入水泵房。

3.生活水泵、消防水泵、污水泵等水泵在正常情况下，选择开启位置与自动位置，操作标志都应简单明确。

4.生活水泵应在规定时间内轮换使用，连接处要定期检查擦洗，保证其正常运转。

5.消防水泵每月运转一次，以保证其正常运转，每半年进行一次"自动"或"手动"操作检查，每年进行一次全面检查。

6.水泵房卫生每周至少打扫一次，水泵及管道每半月清洁一次。

7.操作人员在2m以上的高度检修设备时，必须戴好安全帽，扶梯要有防滑措施，周围要有扶手栏杆等安全设施。

[案例分析6-1]

南方某市梅雨季节的一个晚上，某小区116幢别墅门口，地砖向外直冒水，水势很大。

当晚，工程部值班人员刘孙成接报后直奔事发现场，初步分析为自来水管爆裂，随即组织人员进行抢修。关闭相关水阀，挖开地面查看后，发现一直径为110mm的PVC水管破裂。因仓库无备用材料，刘孙成马上报告工程部主管，并联系采购部领导让供应商送货，经抢修，更换了110mm的PVC水管后，于次日凌晨1点10分恢复供水。

分析：物业管理服务中难免会遇到本案中所发生的突发事故，发生类似事故后，要及时做好与相关业主的解释沟通工作，避免集体投诉事件发生。同时，根据实际情况，工程部应配备一定数量的应急材料，以免出现突发事故时，因采购物品而耽误时间，影响业主正常的生活秩序。

第三节　供热和燃气设备设施管理

一、供热系统的组成及分类

（一）供热系统的组成（如图6-11所示）

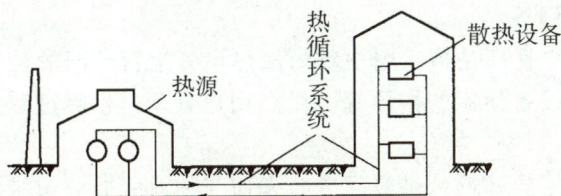

图6-11　供热系统的组成

供热系统习惯上被称作供暖系统、采暖系统。供热系统一般由热源、热循环系统和散热设备三大部分组成，其作用是满足冬季人们在室内取暖的需要及机器、设备在车间内正常运转的需要。热源是指供热热媒的来源，目前最广泛应用的是锅炉房和热电厂，所提供的热媒有水和蒸汽两种。

热循环系统是指进行热量输送的管道及设备，它是热量传递的通道。

散热设备是指将热量传递到室内的设备，它是供热系统中的负荷设备。

（二）供热系统的分类

1.按所使用的热媒分类。

（1）热水供热系统。热水供热系统以热水作为热媒，按热水温度的不同分为低温热水供热系统（水温低于100℃）和高温热水供热系统（水温高于100℃）两种。

（2）蒸汽供热系统。蒸汽供热系统以蒸汽作为热媒，它又可分为低压蒸汽供热系统（气压小于或等于70kPa）、高压蒸汽供热系统（气压大于70kPa）和真空蒸汽供热系统（气压低于大气压力）三种。

（3）热风供热系统。热风供热系统根据送风加热装置安装位置的不同，分为集中送风系统和暖风机系统。

2.按作用范围的不同分类。

（1）局部供热系统。向分散平房或独立的小楼供暖的系统称为局部供热系统。

（2）集中供热系统。向一幢或几幢楼房供暖的系统称为集中供热系统。

（3）区域供热系统。向楼群、住宅小区等大面积范围供暖的系统称为区域供热系统。

二、供热系统的管理

供热系统是寒冷地区建筑物不可缺少的组成部分，供热系统的管理日益成为物业设备设施管理的重要组成部分。供热系统管理的目的是使建筑物在供暖期内正常供暖，保证业主有一个良好的工作、生活和学习环境。

（一）供热系统管理的内容

供热系统必须配备专业维护管理人员，建立各项规章制度和操作规程，对系统经常进行检查、维护和修理，并保证供热质量，使系统安全、经济地运行。供热系统的管理主要包括热源管理、热网管理和用户管理。

1.热源管理。热源管理是指对锅炉及其附属设施的养护和管理，包括燃料采购和运输、炉渣的清理、操作与维修人员的培训等。

2.热网管理。热网管理是指对小区及建筑物内的供热管网进行养护和管理，包括管道的检查、养护、维修等。

3.用户管理。用户管理是指对用户室内散热设备运行情况的检查、维护，对取暖费用的收取以及对用户设备使用的指导等。供热用户管理是供暖过程管理的重要环节，其主要内容有：

（1）指导业主（用户）遇到供暖问题时如何与物业服务公司沟通。

（2）指导业主（用户）如何合理取暖，节约能源。

（3）检查房间的密闭性能并加强保温措施。

（4）当业主（用户）装修需变动管道、散热器位置或型号时，必须经管理人员的同意方可实施。

（二）供热系统的充水养护

在非供暖季节，为减少管道和设备的腐蚀，所有的热水、高温水供热系统均要充水养护，以延长管道和设备的使用寿命。充水养护的方法是：

1.供暖季节结束、系统停止运行后，先进行全面检查，并进行修理，更换已损坏的零部件或散热器等。

2.将系统充满水并按试压要求进行系统试压。

3.将系统内的水加热至95℃，保持1.5小时，然后停止运行。

4.设有膨胀水箱的系统，在非供暖期要保持水箱有水，缺水时要进行补水。

（三）供热系统的运行管理

在供暖季节来临前，需要先将系统内的保护水放空，并检查系统的所有设备，包括锅炉、管道、阀门、仪表、散热器等，保证所有设备能正常工作，并清洗管道和散热器的内部污垢和外表积尘，然后充入符合系统水质要求的水，最后启动供暖系统。

在供热系统的运行过程中，热源设备操作人员应根据室外气温的变化进行供热调节，合理地改变流量、温度和压力等供暖参数，使供暖合理、经济、实用。平时还要经常检查：

（1）容易结冻的供暖管道、保温层及设备等。

（2）电机、水泵运转是否正常。

（3）各种仪表（压力表、温度计和流量计等）是否灵敏、准确。

（4）系统中所有的疏水器、排气装置、各种调节及安全装置等是否正常可靠。

（5）室内供暖温度和散热设备的温度是否符合规定要求。

对于系统中隐蔽的管道、阀门及附件要定期检修，系统中所有的除污器、过滤器及水封底部等处的污物要定期清理。

（四）锅炉及锅炉房的维护与管理

锅炉是供热系统的心脏，是一种承受高温高压、具有爆炸危险的特殊设备。因此，锅炉的运行操作人员必须按照国家要求持证上岗，管理和工作人员也要具有相关的业务知识。

1.锅炉房管理的主要制度。

（1）岗位责任制。按锅炉房的人员配备，分别规定班组长、司炉工、维修工、水质化验人员等人员职责范围内的任务和要求。

（2）锅炉及其辅机的操作规程。其内容应包括设备投运前的检查与准备工作、启动与正常运行的操作方法、正常停运和紧急停运的操作方法、设备的维护保养。

（3）巡回检查制度。明确定时检查的内容、路线及记录项目。

（4）设备维修保养制度。规定锅炉本体、安全保护装置、仪表及辅机的维护保养周期、内容和要求。

（5）交接班制度。应明确交接班的要求、检查内容和交接手续。

（6）水质管理制度。应明确水质定时化验的项目和合格标准。

（7）清洁卫生制度。应明确锅炉房设备及内外卫生区域的划分和清扫要求。

（8）安全保卫制度。

2.锅炉房管理应有的记录。

（1）锅炉及附属设备的运行记录。

（2）交接班记录。

（3）水处理设备运行及水质化验记录。

（4）设备检修保养记录。

（5）单位主管领导和锅炉房管理人员的检查记录。

（6）事故记录。

以上各项记录应保存1年以上。

3.锅炉的安全运行管理。

（1）防止锅炉超压。在锅炉运行过程中要保持锅炉负荷稳定，防止突然降低负荷，致使压力上升；防止锅炉安全阀失灵，每隔1~2天人工排汽一次，并定期做自动排汽试验，如发现动作迟缓，必须及时修复；定期检验压力表，如发现不准确或动作异常，必须及时更换。

（2）防止锅炉过热。防止锅炉运行中缺水，每班冲洗水位表，检查所显示的水位是否正确；定期清理旋塞及连通管，防止堵塞；定期维护、检查水位报警阀超温报警设备，保证灵敏可靠；严密监视水位，万一发生严重缺水，绝对禁止向锅炉内充水；正确使用水处理设备，保持锅炉水质符合标准；认真进行表面排污和定期排污操作，定期清理水垢。

（3）防止腐蚀。根据锅炉内水质的不同，采取有效的水处理和除氧措施，保证供水和炉水质量合格；加强停炉保养工作，及时清除烟灰，涂刷防锈漆，保持炉内干燥。

（4）防止水锤现象。勿使锅炉水位骤升骤降，避免锅炉发生满水、缺水、汽水共腾等现象。

（5）防止裂纹和起槽。保持燃烧稳定，避免锅炉骤冷骤热，加强对封头、扳边等应力集中部位的检查，一旦发现裂纹和起槽，必须及时处理。

[案例分析6-2]

入冬以后，每个小区的供暖情况也不一，有些小区非常暖和，而有些小区暖气就处于低温运行状态。不仅如此，这些暖气温度不符合规定的小区物业一般也怠于履行维护修缮的义务。那么如果物业公司出现上述情况，业主是否可以拒绝交纳物业费或者供暖费呢？

分析：这个问题要看小区热力供应的性质。如果是热力直供小区，热力公司和物业公司都是独立的单位，热力公司类似于供电公司。如果热力是小区物业公司转供的，物业公司是代热力公司对小区供暖，会签订用热服务协议。简单来说，供热费交给物业的基本上是物业公司转供的。暖气不热，需要根据情况依次寻找负责人：①首先联系物业公司。一般情况下，导致市民家中无暖气或温度不达标的原因往往出在小区。换热站换热设备漏气、换热设备未开启、小区管网老化、楼宇管网阻塞、入户过滤网阻塞、私改暖气等都是导致无暖气或室温不达标的常见原因。因此，业主遇到供暖问题后应首先联系小区物业公司。②若物业公司无法解决问题则联系热力公司。根据《物业管理条例》第五十一条的规定，供水、供电、供气、供热、通信、有线电视等单位，应当依法承担物业管理区域内相关管线和设施设备维修、养护的责任。

根据《最高人民法院关于审理物业服务纠纷案件具体应用法律若干问题的解释》第三条的规定，物业服务企业不履行或者不完全履行物业服务合同约定的或者法律、法规规定以及相关行业规范确定的维修、养护、管理和维护义务，业主请求物业服务企业承担继续履行、采取补救措施或者赔偿损失等违约责任的，人民法院应予支持。

同时，如果物业公司未按合同要求提供服务或其提供的服务质量与合同约定不符的，亦属于违约行为。如果业主有证据证明其违约行为，法院根据物业管理公司提供服务的质量状况，可以适当减少业主应交的物业管理费用。

三、燃气供应

燃气供应系统是复杂的综合性设施，主要由燃气管网、燃气储配站（门站、分配站）和调压站（或调压箱）等部分组成。燃气系统应保证安全、经济、可靠地向各类用户供应燃气。

（一）燃气的种类

燃气可分为人工煤气、液化石油气和天然气三种。

1.人工煤气。在人工煤气中，以煤为原料制成的煤气称为煤制气，以油为原料制成的煤气称为油制气。油制气是以石油及其产品（如原油、重油等）为原料，经裂解制取的煤气。

人工煤气具有强烈的气味和毒性，含有硫化氢、氨、焦油等杂质，容易腐蚀和堵塞管道。因此，人工煤气要加以净化后才能使用。

2.液化石油气。液化石油气是在对石油进行加工处理过程中，所获得的具有多种气体混合物的可燃气体，主要是丙烷、丙烯、丁烷、丁烯等。这些气体很容易加压液化，因此称为液化石油气。

3.天然气。天然气是指从钻井中开采出来的可燃气体。纯天然气是一种气井气，它是从钻井中自由喷出来的可燃气体；另一种是溶解于石油中，在石油开采出来后从石油中分离出来的可燃气体。天然气的主要成分是甲烷，因为它没有气味，在使用时通常加入某种无毒而有臭味的气体（如乙硫醇），以便检查泄漏，防止发生中毒或爆炸等事故。

（二）城镇燃气供应方式

城镇燃气供应方式分为管道输送和瓶装供应两种。

1.管道输送。天然气或人工煤气经过净化后，便可输入城镇燃气管网。根据输气压力的不同，城镇燃气管网可分为七级，如表6-4所示：

表6-4　　　　　　　　　城镇燃气管网根据输气压力所划分的等级

名称		压力（MPa）
高压燃气管道	A	2.5<PN≤4.0
	B	1.6<PN≤2.5
次高压燃气管道	A	0.8<PN≤1.6
	B	0.4<PN≤0.8
中压燃气管道	A	0.2<PN≤0.4
	B	0.01<PN≤0.2
低压燃气管道		PN<0.01

城镇燃气管网包括街道燃气管网和庭院燃气管网两部分。在供气区域较大的大城市，街道燃气管网可采用高压管网或次高压管网，以利于远距离输送；在小城镇，一般采用中、低压管网。无论采用何种压力的街道管网，在接入庭院燃气管网供居民使用之前，必须降压至低压范围，这可通过区域煤气调压站进行减压来实现。

燃气管道是承受压力的，而且所输送的燃气是有毒、易爆的气体。因此，不仅要求燃气管道具有足够的强度，而且要具有不透气、耐腐蚀等性能。

2.瓶装供应。我国目前供应的液化石油气多采用瓶装。在储配站（灌瓶站）设置球形储罐，通过一定设备把储罐内的石油气灌入气瓶内，经供应站供给用户使用。

根据用气量的大小可采用单瓶或瓶组供气。其中单个瓶装供应采用15kg钢瓶（供家庭使用）；瓶组是把钢瓶并联供应给用气量较大的用户使用。钢瓶内液态石油气的饱和蒸气压力一般为70kPa～8 000kPa，在室温下可自然蒸发。在供燃具使用时，要经瓶上的减压阀减压至2.8kPa±0.5kPa。钢瓶在运输过程中，应严格按规程装卸，严禁乱扔乱甩。

（三）室内燃气系统的组成

室内燃气系统主要由室内燃气管道系统和燃气设备等部分组成。

1.室内燃气管道系统（如图6-12所示）。在民用公共建筑物中，供应燃气的管道与城镇分配管网相连接，并将燃气送到每一个燃气用具。这部分燃气管道主要由用户引入管、立管、干管、用户支管、用具连接管等组成。

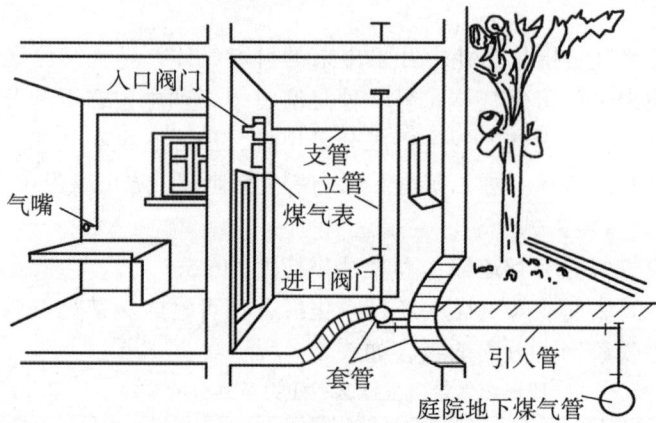

图6-12　室内燃气管道系统的组成

2.燃气设备。常用燃气设备有以下几种：

（1）燃气计量装置。常用燃气计量装置有膜式燃气表、智能卡式燃气表、孔板流量计、涡轮流量计和超声波流量计等。

（2）燃烧设备。常用的燃烧设备有民用灶具（单眼灶、双眼灶、三眼灶）、燃气热水器、燃气火锅、燃气饭煲、燃气蒸箱、燃气烤炉等。

四、燃气设备设施的管理

（一）燃气供应系统的管理

1.燃气设施的检查和报修。通常采用巡回检查和用户报修相结合的办法，以便及时了解燃气系统的运行状况，发现和处理燃气设备的故障。

2.燃气设施的保养和维修。对室内燃气管道和设备进行养护维修，可减少管道设备的机械和自然损坏，提高燃气的安全可靠性，并可延长管道和设备中修、大修的周期。

3.安全用气宣传教育。通过宣传资料、技术咨询服务等形式，广泛宣传燃气安全使用知识，使用户了解燃气设施养护等方面的知识，自觉配合专业管理部门维护好室内燃气供应系统。

4.室内燃气设施的安全管理。燃气系统的安全管理，是关系到国家和人民生命财产安全的重要问题，必须严格执行国家颁布的《城镇燃气管理条例》，从燃气和设备的使用、销售等方面，切实做好管理，杜绝燃气事故的发生。

（二）室内燃气安全

1.室内燃气作业的注意事项和安全措施。

（1）作业人员要严格遵守各项燃气操作规程，熟悉所维护的燃气系统情况。

（2）室内燃气设施维修，一般不允许带气作业，要关闭引入管总阀门，并把管道中的燃气排到室外，维修作业过程中要加强室内的通风换气。

（3）未经主管部门批准，已供气的室内燃气管道，一律不准采用气焊切割和电（气）焊作业。必须采用时，要事先编制作业方案。

（4）维修结束后，用燃气置换管道中的空气时，作业范围及周围严禁一切火种。置换时的混合气体不准在室内排放，要用胶管接出排到室外，并应注意周围环境和风向，避免发生人员中毒或其他事故。

（5）室内管道重新供入的燃气在没有检验合格前，不准在燃气灶上点火试验，而应当从管道中取气样，在远离作业现场的地方点火试验。

（6）带有烟道和炉膛的燃气用具，不准在炉膛内排放所置换的混合气体。燃气用具如果一次点火不成功，应当关闭燃气阀门，在停留几分钟后再进行第二次点火。

（7）检修管网总入口阀门和清通引入管，要严格按操作规程作业。

2.使用燃气的注意事项。

（1）用户要有具备使用燃气条件的、通风良好的厨房，禁止厨房和居室并用；燃气灶具不能同取暖炉并用。

（2）装有燃气设施的厨房切忌住人。

（3）使用燃气的厨房里不准堆放易燃易爆物品，在燃气设施上禁止乱拉绳索、吊挂物品，以免造成燃气的泄漏。

（4）燃气灶具点燃并正常运行后，要有人看守，防止沸水溢出浇灭火焰，用小火时，防止被风吹灭。

（5）要经常检查燃气胶管是否老化、破损，如有老化、破损要及时更换新管。

（6）用完燃气后关闭燃气灶具开关，并将燃气表前（或后）的闸阀关闭。

（7）带有自动点火的灶具一次点不着时，应立即关闭灶具开关，不得将开关打开时间过长，以免燃气外漏。点燃灶火后要观察火焰燃烧是否稳定、正常，火焰燃烧不正常时需调节风门。

（8）教育儿童不要随意乱动燃气灶具开关，更不要在有燃气设施的房间内玩火。

（9）燃气泄漏时，应立即打开门窗，对发现的漏点及时处理，处理不了的立即报告燃气公司或有关部门采取措施。

（10）用户不准私自拆、迁、改装燃气管道和燃气设施，装修房屋时不得将燃气设施置于装饰物品内。

第四节 通风、空气调节设备管理

一、通风的作用和系统的组成

（一）通风的含义

通风就是把室内被污染的空气直接或经净化处理后排到室外，把新鲜空气补充进来，从而保持室内的空气环境符合卫生标准和满足生产工艺的需要。通风包括从室内排除污浊空气和向室内补充新鲜空气两个方面，前者称为排风，后者称为送风。为实现排风和送风所采用的一系列设备、设施的总体称为通风系统。通风系统按作用动力可分为自然通风和机械通风。按通风范围的不同，机械通风又可分为全面通风和局部通风。

（二）通风系统的组成

通风系统一般由风机、风道、风阀、风口和除尘设备等组成。

二、通风系统的管理

通风系统是一个复杂的、自动化程度比较高的系统，除了依靠具有高技术和高度责任心的操作运行人员进行运转管理以外，还依赖于科学的管理制度。

（一）建立和执行各项规章制度

以下是必须制定的六条管理制度：

1. 岗位责任制度：规定配备人员的职责范围和要求。

2. 巡回检查制度：明确定时检查的内容、路线和应记录项目。

3. 交接班制度：明确交接班要求、内容及手续。

4. 设备维护保养制度：规定设备各部件、仪表的检查、保养、检修、定检周期、内容和要求。

5. 清洁卫生制度。

6. 安全、保卫、防火制度。

同时，还应有执行制度时的各种记录，如运行记录、交接班记录、水质化验记录、设备维护保养记录、事故记录等。

（二）制定操作规程

根据风机及其辅助设备的使用说明书，与制造厂商一起制定通风系统的操作规程。

（三）通风系统的运行管理

1. 开车前的检查。开车前要做好运行准备，必须对设备进行检查。主要检查项目有风机等转动设备有无异常，打开应该开启的阀门，向测湿仪表加水等。

2. 测定室内外空气的温度、湿度。运行方案是根据当天的室内外气象条件确定的，因此需要测定室内外空气的温度、湿度。

3. 开车。开车是指启动风机等其他各种设备，使系统运转，向通风房间送风。开车时要注意安全。启动设备时，要在一台转速稳定后再启动另一台，以防供电线路启动电流太大而跳闸。风机启动要先开送风机，后开回风机，以防室内出现负压。

风机启动完毕，再开电加热器等设备，设备启动完毕，然后巡视一次，观察各种设备运转是否正常。

4.运行。开车后要认真按规定时间做好运行记录，读数要准确，填写要清晰。值班人员不许擅离职守，不得大声喧哗，精神保持高度集中；要随时巡视机房，尤其是对刚维修过的设备更要多加注意；掌握设备运转情况，监督各种自动控制仪表，保证其动作正常，发现问题应及时处理，重大问题应立即报告；认真观测和分析实际运行与所确定方案是否相符。

5.停车。停车是指关闭通风系统各种设备，此时要先关闭加热器，再停回风机，最后停送风机。停车后巡视检查，看设备是否都已停止运行，该关的阀门是否关好，有无不安全因素，检查完毕方可离开值班室。

三、空气调节系统的组成

空气调节（简称空调），就是通过采用一定的技术手段，在某一特定空间内，对空气环境的温度、湿度、洁净度及气流速度进行调节和控制，从而把室内空气的环境及室内噪声控制在一定的范围内，以保证工艺生产、产品质量和人们生活舒适的要求。为了对空气环境进行调节和控制，需要对空气进行加热、冷却、加湿、减湿、过滤、输送等各种处理，空调系统就是完成这一工作的设备装置。

空调系统是一个非常复杂的系统，一般由冷热源系统、空气处理系统、空气能量输送与分配系统和自动控制系统等四个子系统组成（如图6-13所示）。

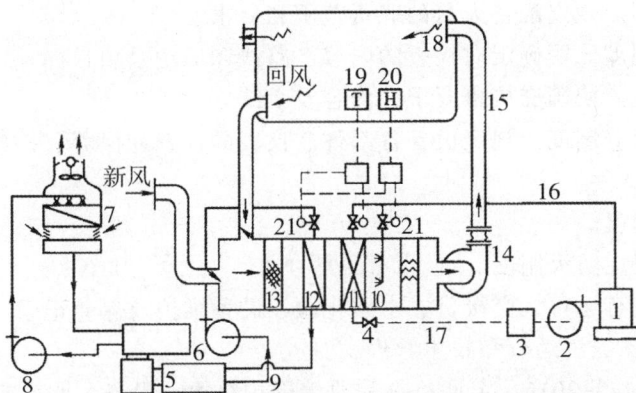

冷热源系统：1-锅炉　2-给水泵　3-回水滤器　4-疏水器　5-制冷机组　7-冷却塔
8-冷却水循环泵　9-冷水管系统空气处理系统　10-空气加湿器　11-空气加热器
12-空气冷却器　13-空气过滤器空气能量输送与分配系统　6-冷冻水循环泵　14-风机
15-送风管道　16-蒸汽管　17-凝水管　18-空气分配器自动控制系统　19-温度控制器
20-湿度控制器　21-冷热能量自动调节阀
图6-13　空气调节系统的组成

空调系统按设备的设置情况可分为集中式、半集中式和分散式（局部式）三种。

常用的集中式空气调节设备有冷热源设备、喷水室、表面式换热器、空气加湿与减湿设备、空气净化处理设备、空气输送与分配设备等。

四、空气调节系统的管理

空调系统是一个复杂的、自动化程度高的系统，其正常运转除了要求配备具有高技术及高度责任心的操作运行人员外，还依赖于科学的管理制度。

空调系统的管理包括对空调系统的运行管理和日常维护两大主要内容。所谓运行管理是指根据建筑物实际情况确定空调系统的运行方案，使空调系统在节能、合适的状况下工作，既满足使用者的要求，又达到经济运行的目的。空调系统的日常维护是指物业服务公司对空调系统在运行过程中出现的问题要及时处理，保证空调系统正常运行。

（一）制定操作规程

按制冷机及其辅助设备使用说明书，或者与制造厂商一起制定设备操作规程，保证正确、安全地操作制冷机及其辅助设备。操作规程包括：

1. 空调机操作规程。

2. 制冷机操作规程。

3. 冷却塔操作规程。

4. 水处理设备操作规程。

5. 水泵操作规程。

6. 换热器操作规程。

7. 其他设备操作规程。

（二）建立各项规章制度

1. 岗位责任制。规定配备人员的职责范围和要求。

2. 巡回检查制度。明确定时检查的内容、路线和应记录项目。

3. 交接班制度。明确交接班要求、内容及手续。

4. 设备维护保养制度。规定设备各部件、仪表的检查、保养、检修、检定周期、内容和要求。

5. 清洁卫生制度。

6. 安全、保卫、防火制度。

执行制度时应有运行、交接班、水质化验、设备维护及保养记录和事故记录等。

（三）空调系统经济运行和技术管理

1. 参照 GB/T4272-2015，定期检查和改善围护结构、设备、水和空气输送系统的保温性能。

2. 在满足生产工艺和舒适性的条件下，合理降低建筑物空调的温湿度标准，适当增大送回风温差和供回水温差。

3. 在保证最小新风量的前提下，合理控制和正确利用室外新风量。

4. 定期检查、维修水和空气输送系统，减少系统泄漏。

5. 定期维修、校核自动控制装置及检测计量仪表。

6. 加强对空调水系统的水质管理。

7. 建立运行管理、维护、检修等规章制度。

8. 建立运行日志和设备的技术档案。

9. 管理和操作人员应经过培训及节能教育，考试合格后才能上岗。

10. 主管部门定期派专人检查有关规章制度的执行情况。

[知识链接 6-2]

物业工程怎样管理中央空调

中央空调系统的安装质量关系到用户使用的效果及舒适性，随着我国各类高档建筑不断增多，中央空调系统的应用及安装也相应增多。那么物业工程怎样管理中央空调呢？

一、中央空调运行管理节能问题

（一）水泵的节能运行。

由于水泵在设备选型时大都留有余量，因此水泵的出水侧阀门都不会全开，有的仅能开到 1/2，这就导致阀门的节流损失，同时由于阀门限制水量，使主机的制冷效果不理想，往往造成单机供冷不够，双机或多机供冷浪费的现象。变频调速技术能使阀门全开，节流效果良好。设计负荷运行时间占总运行时间的 6%～8%，水泵的能耗很大，占空调系统总能耗量的 15%～20%。为此，采用变频变流量系统，使输送能耗随流量的增减而增减，具有显著的节能效果。但需要注意的是，在设计变流量水系统时，必须注意到各末端装置的流量变化与负荷的改变并不是线性关系，所以应考虑系统的动态平衡和稳定问题，才能达到节能的最佳效果。

（二）冷却塔的节能运行。

冷却塔的能耗在空调系统中所占的比例虽然并不大，但由于其使用频率高，累计能耗还是十分大的。冷却塔的设计也是按全年最不利工作状况设计的，如何改善其工作状况，实现节能的目的，同样具有重要的意义。

冷却塔冷却能力的影响因素有循环水量、水温、诱导风量、当地空气干湿球温度和空气中灰尘浓度等。在这些因素中，除空气中灰尘浓度无法控制外，其他因素都可以通过一些控制手段来改变冷却塔的工作状态，因而应找出适合这些因素变化的最佳工作状况，从而达到节能目的。

二、物业工程怎样管理中央空调

（一）减少水侧污垢、腐蚀影响。

水侧的水垢、腐蚀对制冷系统影响极大，这也是空调系统能耗高的重要原因。为了减少水垢、腐蚀对水系统的影响，除设备生产厂家应采取水处理装置，国内外的实践证明，高频多段磁场能很好地对水质进行处理，因此空调设计应提倡选用高频电磁多功能水处理装置。

（二）风管的制作工艺。

1. 矩形直管的加工制作。

利用生产线自动化的优势，将矩形直管的规格和数量输入电脑后，便可以自动完成下料、压加强筋、冲剪、咬口、折弯等工序。生产时需要 4 名工人的相互配合操作，各工序板料的给送由皮带传动机完成。一个台班可以加工 1 000 平方米的风管。为了便于运输，矩形直管加工成两块"L"形的半成品，运至施工现场后再组装为矩形直管成品。

矩形直管的下料是以镀锌卷板的宽度为直管的长度，因此，直管的加工制作材料为零损耗，可节约 6%～8% 的钢材。

2.异形风管的加工制作。

采用单体设备加工异形风管，在电脑上输入风管的图形、尺寸、规格和数量，再由电脑操作员发出指令，等离子切割机便可以把板料割成各种形状的几何图形，再由联合角咬口机等单体设备完成异形风管的全部加工制作工序。

按照相关规定，应用咬口方式连接风管两块"L"形半成品组合。而风管两段之间的连接，则根据风管管口大边长度的不同，采用薄钢板插接法兰和角钢法兰连接。

（三）中央空调安装工程问题的分析。

1.图纸设计与施工。

部分建筑物由于主梁过大，也会对空调系统的水系统、风道标高造成影响。室内的各种设计主要包括空调工程、装饰工程、消防工程、给排水工程、弱电和强电工程设计等，由不同的设计人员负责，具体的施工过程则由不同的施工单位在相应的时间进行。这种工程的设备装置和空调位置在空间、平面位置中都很容易出现偏差，甚至在局部造成管道、设备重叠、交叉或者垂直等问题。例如，在实际施工中天花板出现喷淋头、灯位、风口、监控探头在同一位置的现象，这些位置对工程设备来讲，都是最佳位置。部分水系统、风道和下水管道、消防管道在交叉或者同一位置上都有统一的标高，如果采用上下布置、互相避让的方法，就会让室内天花板顶部过低，进而对室内功能、空间环境造成影响。

2.排风系统存在的问题与处理措施。

调查显示：在酒店包房、大厅等场所经常出现排风系统串味现象，特别是厨房、卫生间等需要排风的区域。一般情况下，上述区域如果设计成负压区，就能有效防止异味扩散。在某工程设计中，设备布置很重视各个区域温度平衡，但是忽略了不同区域的气压状况，新风量、厨房送风过大，而没有空调的走廊会让厨房气压大于整个走廊压力，让厨房气味快速向走廊分散，从而出现串味。另一个工程实例是，很多卫生间和包房排风由同一风道排出，在系统排风的过程中，让房间内部出现异味。

因为厨房油烟排放能力有限，通过加大排烟风机风压、风量，可以不断增强室内吸风状况，也可以通过风阀调节不断减少新风量，进而让厨房变成负压区。从卫生间串味的原因来看，它是各种因素共同作用的结果。例如，施工中的额外阻力、尺寸设计、排风机选择的合理性等。另外，除了改变以上参数，还可以在排风口设置对应的单向风口，在阻止气体流向的同时，保障室内效果。部分串味现象会出现在服务区内部，水汽、烟雾或者其他味道的停留时间过长，这是由于室内设计欠考虑。因此，在施工安装中，必须根据不同情况进行完善，尤其是包房、饭店等。

资料来源：佚名.物业工程怎样管理中央空调［EB/OL］.［2021-08-23］.https：//www.qinxue365.com/xxzx/PMP/519688.html.

第五节 供配电和电梯设备管理

一、供配电系统的组成

发电厂通过高、低压输送线路将高压10KV或低压220/380V的电能送入建筑物内称为供电；送入建筑物的电能经配电装置分配给各个用电设备称为配电。选用相应的电气设备

（导线、开关等）将电源与用电设备联系在一起即组成建筑供配电系统。建筑供配电系统一般由总降压变电所、高压配电线路、分变电所、低压配电系统和用电设备所组成。

一般的住宅建筑及写字楼多采用10KV高压进线，经过小区的变电所降压成为一般电气设备可以直接使用的380V和220V低电压，而对于大中型物业管理区或高层建筑物通常经过6KV、10KV或者35KV的变配电所降压后再向用户供电。

供配电系统常用的电气设备有电力变压器、高低压配电箱（盘）、高低压配电柜（屏）、刀开关、熔断器、自动空气开关和漏电保护器等。

二、供配电系统的管理

（一）配备专业管理人员

管理部门应根据管理供配电设备的种类和数量分别配备专业技术人员进行管理。

（二）建立供电设备档案

设备档案建立是设备管理的重要环节。一般住宅区或高层楼宇以每幢楼为单位建立档案。其内容主要有电气平面图、设备原理图、接线图等图纸，使用电压、频率、功率、实测电流等有关数据，还有运行记录、维修记录、巡视记录及大修后的试验报告等各项记录。这些资料由公司工程部供电设备管理员负责保管；运行记录、巡视记录由值班电工每周上报供电设备管理员一次；维修记录及大修后的试验报告则在设备修理、试验完成后由值班电工及时上报供电设备管理员。

（三）供电系统的管理

1. 负责供电运行和维修的人员必须持证上岗，并配备专业电气工程技术人员。

2. 建立严格的配送电运行制度和电气维修制度，加强日常维护检修。

3. 建立24小时值班制度，发现故障要及时排除。

4. 保证公共使用的照明灯、指示灯和景观灯的良好状态；电气线路符合设计、施工技术要求，线路负荷要满足业主需要，确保发配电设备安全运行。

5. 停电、限电要提前通知业主（用户），以免造成经济损失和意外事故。

6. 对临时施工的工程及住户装修要有严格的用电管理措施。

7. 对电表安装、抄表、用电计量及公共用电进行合理分配。

8. 发生特殊情况（如火灾、地震、水灾等），要及时切断电源。

9. 严禁乱拉、乱接供电线路和超载用电，如确需要，必须取得主管人员的书面同意。

10. 建立各类供电设备档案。

（四）发电机房管理

1. 未经工程部主管同意，非工程部人员不得随意进入机房。

2. 柴油机组平时应置于良好的状态，蓄电池置于浮充电状态，冷却水应满足运行要求，油箱内应储备8小时满负荷用油量，室内应配备应急照明灯。

3. 柴油机组的开关及按钮，非值班人员和维修人员不得操作。值班操作人员必须熟悉设备并且严格按照操作规程进行操作。

4. 机房内严禁抽烟、点火，室内应配备手持式气体灭火器。

5. 机房内不能堆放任何杂物,更不能存放易燃物品。

6. 每两个星期启动柴油机空载试机一次,时间为 15～20 分钟,发现问题及时处理,并做好记录。

7. 机房及机组的清洁卫生要有专人负责,达到设备无积尘,墙、地面卫生整洁。

（五）配电房管理

1. 配电房的全部机电设备,由机电班负责管理和值班,停送电由值班电工操作,非值班电工禁止操作,无关人员禁止进入配电室,非工作人员须办理书面许可才能进入。

2. 保持良好的室内照明和通风,室内温度控制在 35℃ 以下。

3. 建立运行记录,每班至少巡查一次,每月组织检查一次,半年大检修一次,查出问题及时修理,不能解决的问题及时报告管理处和工程部。

每班巡检内容:记录电压、电流、温度、电度表运行参数,检查屏上指示灯,电器运行声音,房内是否有异味,以及电容补偿柜的运行情况等,发现异常要及时处理并上报。

4. 供配电线路操作开关应设明显标志,停电拉闸和停电检修应悬挂标志牌。

5. 严格执行岗位责任制和各种设备的安全操作规程,节约电能消耗,降低成本。

6. 配电房内设备及线路改变,需经主管人员同意,重大改变要上报公司经理批准。

7. 严格遵守交接班制度和安全、防火、清洁卫生制度。

8. 严禁违章操作,检修时必须遵守操作规程,使用绝缘鞋、绝缘手套等。

9. 在恶劣的气候环境下,要加强对设备的特巡,当发生事故时,应保持冷静,按照操作规程及时排除故障,并按时做好记录。

（六）配电室交接班管理

1. 接班人员应提前 10 分钟到达工作岗位,做好接班准备,了解设备运行情况,办好接班手续。

2. 接班人员生病、有酒意或精神不振者不得接班,值班人员缺勤应向主管领导报告。

3. 交接班双方事先做好准备,必须按照下列内容进行交接:

（1）运行记录、事故记录、设施记录、工作票、操作票、主管部门的通知、运行图纸等应正确齐全。

（2）工具、设备用具、仪器、消防设备、钥匙等应齐全完整,室内外应保持清洁。

（3）在交接班时发生事故或执行重大操作时,应由交班人员处理完毕后方可交接,接班人员要协助处理。

（4）以上手续办好之后,双方应在记录本上签字。

（5）双方签字之后,表示交接班手续已办妥,正式生效,未履行交接班手续的值班人员不可离开工作岗位。

三、电梯管理

电梯是高层建筑和商场中不可缺少的运输设备。物业服务公司应加强电梯的安全使用管理和维修养护,建立健全必要的运行管理制度,以确保人身安全和电梯的可靠运行。

（一）电梯管理的基本内容

1. 严格遵守交接班制度、安全操作规程、防火制度和巡回检查制度。

2. 认真执行电梯轿厢、井道、机房及各电梯控制柜的清洁卫生制度。

3. 电梯运行中突然出现停机事故，值班秩序维护人员应先救乘客出电梯，并通知电梯工及时修复；当秩序维护人员无法救援乘客出电梯时，应安慰乘客不要惊慌，并通知有关人员迅速到岗，进行应急处理。

4. 电梯工应全面执行旬保、月保、季保、年保的维修保养规定，认真填写维修保养记录及故障处理记录，并报送主管部门。

5. 电梯维修人员实行24小时值班制，因维修、保养、正常停用等原因停梯，应在适当位置悬挂告示牌。

6. 当电梯工交班时，应交代清楚电梯运行情况，接班者应按规定的巡检时间对机房和电梯运行情况进行检查，如发现异常情况，应协同检修。

7. 未经主管领导书面批准，电梯任何设备及功能都不准改变。

8. 收集和整理电梯的有关技术资料，具体包括井道及机房的土建资料，安装平面布置图，产品合格证书，电气控制说明书，电路原理图和安装接线图，易损件图册，安装说明书，使用维修说明书，电梯安装及验收规范，装箱单和备品备件明细表，安装验收试验和测试记录以及安装验收时移交的资料和材料，国家有关电梯设计、制造、安装等方面的技术条件、规范和标准等。资料收集齐全后应登记建账，妥善保管。只有一份资料时应提前联系复制。

9. 在电梯轿厢内明显位置张贴"服务公约"、"乘梯须知"和《电梯安全使用许可证》，注明注册登记及检验合格标志、电梯管理部门、管理人员、安装企业、维修保养企业以及相应的应急报警及投诉电话号码。

10. 一旦发生火灾，电梯全部迫降至底层，引导乘客从消防梯逃生，严禁乘电梯逃生。

（二）电梯管理制度

1. 建立24小时运行制度，即白天连续运行，夜间值班运行。无司机运行电梯要执行白天巡视制和夜间值班制。

2. 制定岗位安全操作规程，严密监视和掌握电梯的运行动态，及时做好电梯运行的调度、管理工作。

3. 制定服务规范，服务公约，乘梯须知，司机、维修工岗位职责和电梯服务标志。

4. 根据电梯的图纸资料和技术性能指标制定电梯安全运行和维修保养的规章制度。

5. 电梯运行人员和维修人员要持证上岗，电梯的故障修理必须由劳动和社会保障部门审查认可的专业维修公司承担。

6. 坚持定期检查和维修保养制度，健全电梯设备档案及维修保养记录，做好电梯的保修和安全年检工作。

（三）常用电梯管理制度

1. 乘电梯人员须知。

（1）注意轿厢内是否具有"电梯安全检验合格"标志，未经检验合格或超过检验有效期的电梯不得使用。

（2）乘梯时应相互礼让，不得在轿厢内打闹、蹦跳或进行其他危害电梯安全运行的行为。

（3）请勿在轿厢内吸烟、吐痰或从事其他不文明行为，不准携带易燃、易爆及腐蚀性物品乘坐电梯。

（4）应正确使用轿厢内外各按键，请勿乱按，禁止乱动电梯消防开关和轿厢内开关，服从电梯司乘人员指挥。

（5）电梯门在打开时请勿使用外力或物品强行阻止电梯门关闭，电梯运行中不得用手或其他物件强行推扒电梯门，以免发生停梯事故。

（6）学龄前儿童及其他无民事行为能力人员搭乘无人值守电梯时，应有成年人陪同。

（7）电梯运行中如发生任何意外，应利用轿厢内警铃和通信装置与电梯维修、管理人员联系，等待救援，切勿扒门脱离电梯，以免发生危险。

（8）禁止靠在轿厢门一侧，以免开关门时被夹挤。

（9）发生地震、火灾时，禁止使用电梯逃生。

2.司机守则。

（1）电梯司机必须身体健康，适应倒班工作，具有良好的职业道德和高度的工作责任心，受过有关部门的技术培训，并经考试合格。

（2）电梯司机是操作电梯设备的专职人员，应对乘客的安全负责，必须严格遵守各项规章制度和安全操作规程。

（3）每次开启厅门进入轿厢前，必须检查轿厢是否停在该层。在正式运行前，应做一次简单的试运行，检查各部分有无异常，在确定无故障的情况下方可正式运行。

（4）电梯运行时若出现异常声音或失控状态，应立即按下急停开关和警铃，请求维修部门修理；当出现停电故障，电梯未在平层位置时，不得随意扒门跳跨，应及时取得外界援助。

（5）禁止电梯超载运行，客梯不得用作货梯使用。

（6）电梯禁止运载超长超宽物品，在运载垃圾及建筑材料时，必须包装完整。

（7）严禁在电梯运行时开启厅门。

（8）每日工作完毕，须将轿厢停在基站，切断电源开关，关好厅门。

（9）连续停用7天以上的电梯，再次使用时须详细检查各部分情况。

3.电梯机房管理制度。

（1）机房内照明应保持完好，线路整齐，无临时接线。

（2）机房内应保持环境清洁，通风良好，门窗完好。

（3）机房内应备有灭火器，并放置在易取处。

（4）机房钥匙由专人保管，任何无关人员不得进入机房。

（5）严禁在机房内吸烟。

（6）每日对机房内的设备进行一次检查，确保设备运行正常。

（7）做好机房的记录（检查记录、维修记录等）。

（8）在暴风雨来临之前，做好机房的防风、防雨准备，并在风雨过后及时进行检查。

[知识链接 6-3]

突发电梯故障（困人）应急预案

电梯困人应急组织架构及职责分工见表 6-5。

表 6-5　　　　　　　　　　　电梯困人应急组织架构及职责分工

组 别	职责分工	备 注
指挥组	现场指挥、协调各组开展工作	事发后 2 天内登门致歉
抢修组	抢修电梯故障，尽快恢复运行	
救援组	在保证安全的情况下，尽快解救被困人员	
警戒安抚组	（1）现场确认秩序维护员应在 5 分钟内赶到现场，与对方通话，尽量安抚被困人员； （2）现场警戒、通报情况、寻求支援； （3）受伤人员送医治疗时的协助工作	在伤者家属到达医院后方可申请离开
解答通信组	（1）确认情况，电话通知相关人员和呼叫中心； （2）通知电梯公司立即派员赶往现场，救援人员到场时间应在 15 分钟内； （3）联系受伤人员家属	

电梯困人紧急处理预案流程见表 6-6。

表 6-6　　　　　　　　　　　电梯困人紧急处理预案流程

步 骤		工作内容
一、接到信息	解答通信组 消防监控中心	（1）立即查看监控系统，查看被困人员楼层； （2）用对讲机通知秩序维护员到电梯困人地点查看，并安抚被困人员； （3）在第一时间内通知电梯公司在最短时间内赶到现场进行解救
	客户服务中心	用对讲机通知秩序维护员到电梯困人地点查看，并安抚被困人
二、安抚了解	警戒安抚组	（1）应使乘客镇静等待，劝阻乘客不要强行手扒轿门或企图出入轿厢； （2）应了解轿厢被困人数及健康状况、轿厢内应急灯是否点亮、轿厢所停层位置以便解困； （3）确认轿门处于关闭状态，告知乘客尽量远离轿门，更不要倚靠轿门，不要在轿厢内吸烟、打闹，必须听从操作人员指挥
三、救援	救援组	（1）操作前先通知被困人员，救援操作已经开始，请乘客予以配合； （2）当轿厢停于接近平层位置或不高于层门地坎 600mm 时： ①关闭机房电源开关； ②用三角钥匙开启层门； ③在轿厢外用人力慢慢开启轿门； ④协助乘客离开轿厢； ⑤重新关好层门 （3）轿厢远离电梯平层位置时的援救步骤： ①进入机房，关闭该故障电梯的电源开关； ②拆除电机尾轴端盖，接上盘车手轮； ③救援人员用力把住盘车手轮，另一救援人员手持制动释放杆，轻轻撬开制动轮，注意观察平层标志，使轿厢逐步移动至最接近层门； ④当确认刹车制动无误时，放开盘车手轮，然后按③的方式救援 （4）如遇不能解决的情况，可拨打应急电话"119""120"求助； （5）注意：盘车时应缓慢进行，尤其当轿厢处于轻载状态下往上盘车时，防止因对重侧重造成溜车；当对无齿轮曳引机的高速电梯进行盘车时，应采取"渐近式"，一步步松动制动器，以防止电梯失控；在开启层门时应小心，防止因电梯不在本层而发生人员坠落井道的事故
四、善后	指挥组	（1）做好文案记录，电话回复呼叫中心； （2）维修人员修复电梯故障，电梯恢复运行； （3）解答通信组向业主合理解释； （4）管理处经理做好事故分析，若有人员受伤应在 24 小时内向物业管理部报告

资料来源：佚名. 电梯困人应急预案演练方案［EB/OL］.［2023-02-04］. https://zhuanlan.zhihu.com/p/603469940.

第六节　物业消防、安防设备管理

一、消防系统的组成及分类

消防系统一般由火灾自动报警系统及灭火系统构成。火灾自动报警系统由探测器、报警控制器、报警按钮、消防广播、应急控制系统等组成；灭火系统由防排烟系统、水喷淋系统、消火栓系统等组成。常见的消防系统有：

（一）室内消火栓给水系统

室内消火栓给水系统是利用室外消防给水系统提供的水源，扑灭建筑物中与水接触不能引起燃烧、爆炸的火灾而在室内设置的固定灭火设备。

消火栓给水系统由水枪、水龙带、消火栓、消防水泵、消防管道、消防水池、水箱、增压设备和水源等组成。

（二）自动喷水灭火系统

自动喷水灭火系统按喷头开闭形式分为闭式自动喷水灭火系统和开式自动喷水灭火系统。

闭式自动喷水灭火系统又有湿式、干式、干湿式和预作用自动喷水灭火系统之分。该系统主要由闭式喷头、管道系统、报警阀、报警控制装置和供水设施等组成。

开式自动喷水灭火系统可分为雨淋喷水、水幕和水喷雾灭火系统。该系统主要由开式洒水喷头、水幕喷头、水雾喷头、管网、给水设备、报警阀和报警控制装置等组成。

（三）二氧化碳气体灭火系统

二氧化碳气体灭火系统是一种纯物理的气体灭火系统。其按灭火方式可分为全淹没系统、局部应用系统、手持软管系统、竖管系统；按保护范围可分为单元独立系统和组合分配系统。该系统主要由喷头、储气瓶、管网、火灾探测器、报警控制装置和联动装置等组成。

（四）干粉灭火系统

干粉灭火系统就是以干粉作为灭火剂的灭火系统。该系统常用的灭火剂有普通型干粉、多用途干粉和金属专用干粉等。该系统按其安装方式有固定式和半固定式之分；按其控制启动方法有自动控制和手动控制之分；按其喷射干粉的方式有全淹没系统和局部应用系统之分。该系统主要由干粉储罐、氮气瓶和集气管、喷嘴、压力控制器、火灾探测器和电磁阀等组成。

（五）泡沫灭火系统

泡沫灭火系统是指以泡沫作为灭火剂的灭火系统。该系统常用的灭火剂有化学泡沫、蛋白质泡沫、合成型泡沫等。泡沫灭火系统按其使用方式有固定式、半固定式和移动式之分；按泡沫喷射方式有液上喷射、液下喷射和喷淋方式等；按泡沫发泡倍数有低倍、中倍和高倍之分。该系统主要由泡沫液储罐、比例混合器、消防泵、水池、泡沫产生器和喷头等组成。

（六）卤代烷灭火系统

卤代烷灭火系统就是把具有灭火功能的卤代烷碳氢化合物作为灭火剂的一种气体灭火系统。该系统由灭火剂储罐、管网、喷嘴、自控装置、联动装置、自动报警控制器、火灾探测器等组成。

二、消防设备管理

（一）消防设备管理概述

消防设备管理主要是对消防设备的保养和维护。消防设备的维修需要专门的技术，特别是一些关键设备，一般应委托给政府认可的专业公司或当地的消防部门。物业服务公司要积极贯彻"预防为主、防消结合"以及"专业消防与义务消防相结合"的方针，同时应做好以下几方面的工作：

1.熟悉消防法规，了解各种消防设备的使用方法，制定切实可行的消防制度。

2.禁止擅自更改消防设备。

3.定期检查消防设备的完好情况。

4.检查电器、电线、开关、燃气管道等有无霉坏、锈坏、氧化、熔化、堵塞等情况，防止短路或爆炸引起火灾。

5.制止任何违反消防安全的行为。

6.积极开展防火安全教育，提高全民防火意识。

（二）物业消防设备管理的内容

物业消防设备管理主要应做好以下几项检查工作：

1.集中报警控制器的检查。

2.消防泵、喷淋泵及稳压泵的检查。

3.消防栓、水泵接合器的检查。

4.火灾探测器的检查。

5.消防卷帘、防火门的检查。

6.联动控制设备的检查。

7.防排烟系统的检查。

8.紧急广播的检查。

9.气体灭火系统的检查。

10.消防电源的检查。

（三）消防设备管理的主要制度

物业管理部门要结合建筑物的实际情况，建立严格的消防设备管理制度，并且要认真落实执行。常用消防设备管理制度如下：

1.消防控制室值班制度。消防控制室应建立24小时值班制度，值班人员要具有高度的责任心并具备消防基本知识，同时对建筑物内的消防设备有充分的了解，并熟练掌握火灾事故的处理程序。

2.防火档案制度。物业管理部门要建立防火档案制度，对火灾隐患、消防设备状况（位置、功能、状态等）、重点消防部位、前期消防工作概况等要记录在案，以备随时查阅，还要根据档案记载的前期消防工作概况，定期进行研究，不断提高防火、灭火的水平和效率。

3.防火岗位责任制度。要建立各级领导负责的逐级防火岗位责任制，上至公司领导，下至消防员，都要对消防负有一定的责任。

4.防火安全"三级"检查制度。

（1）一级检查由班组组织实施。值班员工每天对本岗位、本地段进行一次火情安全的检查，排除本身能够排除的不安全因素，上报不能解决的火情隐患及不安全因素；发现问题应及时处理，及时报告，发生事故则由本岗位当班人员负责；每天个人检查的结果应向领班汇报；接班时应提前10分钟进入岗位，并向上一班人员了解情况，对检查内容进行验收并签名，发现一般问题由接班班长负责处理，较大问题以书面形式报上级领导处理，不得忽视或拖延。

（2）二级检查由工程部领导实施。工程部领导每周组织各班领班对所管辖地段及设备物资进行一次检查；检查班一级对防火安全工作的执行落实情况；组织处理火险隐患，并及时进行整改，做好职员的安全教育工作；每月向企业安全主任汇报一次所负责区域的消防安全情况。

（3）三级检查由企业领导实施。每月由企业领导对各部门进行重点检查或抽查，企业领导小组每年不少于一次全面检查；检查各部门贯彻防火安全制度执行情况，重点检查要害部门防火安全管理及执行情况。

5.消防控制室管理制度。消防控制室是物业消防系统的心脏，在建筑物的消防系统中有着极其重要的作用，在业务方面接受上级消防管理部门的管理。

（1）消防控制室是火警预报和信息通信中心，消防值班员必须树立高度的责任感，有高度的警惕性，严肃认真地做好消防中心的值班监视工作。

（2）遵守值班纪律，不得迟到、早退和离岗，上岗时必须保持清醒的头脑，不得闲聊、吵闹、喝酒、睡觉。

（3）消防控制室严禁其他无关人员进入。

（4）遵守交接班制度。交接班的内容有消防报警系统是否正常，是否有火灾隐患（如非正常火源、临时火源、易燃品的堆放等）。

（5）消防值班员如发现有火灾隐患，必须及时处理，并报上级领导，有权制止乱放易燃、易爆物品和其他违反消防规定的行为。

（6）定期检查、维修、保养好消防设施，使消防设施随时处于正常状态。

（7）发生火灾时要严格按照火灾处理程序有条不紊地、积极主动地工作。

（四）发生火警时的处理程序

1.立即拨打报警电话，向上级与有关部门报告。

2.组织人员赶赴现场抢救，采取恰当措施，尽力控制火势。

3.组织群众撤离危险区。

4.做好安全保卫工作，严防有人趁火打劫和搞其他破坏活动。

5.协助有关部门处理善后工作，并做好记录。

（五）室内消火栓给水系统的管理与维护

消火栓箱应经常清洁、保持干燥，防止锈蚀、碰伤或其他损坏。每半年（或按当地消防监督部门的规定）至少进行一次全面的检查维修。检查要求为：

1.消火栓和消防卷盘的供水闸阀不应有渗漏现象。

2.消防水枪、水龙带、消防卷盘及全部附件应齐全良好，卷盘转动灵活。

3.报警按钮、指示灯及控制线路功能正常，无故障。

4.消火栓箱及箱内配装的消防部件的外观无破损，涂层无脱落，箱门玻璃完好无缺。

5.消火栓、供水阀门及消防卷盘等所有转动部位应定期加注润滑油。

三、安全防范系统的组成

安全防范系统主要由出入口控制系统、闭路电视监控系统、防盗报警系统和电子巡更系统等组成。

（一）出入口控制系统

出入口控制系统又称门禁系统，其作用就是对社区（或建筑）内外正常的出入通道进行管理，主要由读卡机、磁卡、电子门锁、出口按钮、报警传感器、门传感器和报警喇叭等设备组成。

（二）闭路电视监控系统

闭路电视监控系统是一种先进的、防范能力很强的综合系统，它可以通过摄像机及辅助设备直接监视监控现场，并且可以和其他安全技术防范体系联动运行，从而获得更好的防范效果。常用设备有摄像机、视频切换器、多画面分割控制器、云台、监视器和录像机等。

（三）防盗报警系统

防盗报警系统负责建筑内外各个点、线、面和区域的侦测任务，一般由探测器、报警控制器和报警控制中心三部分组成。常用设备有报警控制器、探测器、开关报警器、玻璃破碎报警器、周界报警器、声控报警器、微波报警器、超声波报警器、红外线报警器和双鉴报警器等。

（四）电子巡更系统

电子巡更系统是技术防范与人工防范的有机结合，其作用是：既可以要求秩序维护值班人员能够按照预先随机设定的路线顺序地对防区内各巡更点进行巡视，也可以保护巡更人员的安全。

电子巡更系统主要由管理计算机、信息采集器、信息钮和数据发送器等设备组成。

四、安全防范系统的管理

（一）安防设备管理的内容

安防设备的管理主要是对安防设备的保养和维护。安防设备的维修需要专门的技术，一般应承包给政府认可的专业公司。物业安防设备的管理主要包括防盗报警探测器的检查，摄像机、摄像头的检查，磁控开关的检查，报警按钮和闭路电视监视器的检查等。物业服务公司日常应做好以下工作：

1. 了解各种安防设备的使用方法，制定安全防范制度。

2. 禁止擅自更改安防设备。

3. 定期检查设备的完好情况。

4. 检查电器、电线、燃气管道等有无霉坏、锈坏、氧化、熔化、堵塞等情况，防止短路或爆炸引起火灾。

5. 提高管理人员的安全与保密意识。

（二）闭路电视监控系统的管理

1. 24小时严密监视防范区域的各种情况，发现可疑或不安全迹象，立即通知值班秩序维护人员处理，并及时向治安办公室报告，随时汇报现场情况。

2. 发现监视设备故障要立即通知值班秩序维护人员加强防范，并进行修复。

3. 要准确、完整地记录当班的所有监视情况。

4. 严格执行交接班制度，做到交接班手续完整、无遗漏、无差错，监视设施无损坏、无丢失，登记内容清楚、准确，如实记录和反映情况。

5. 保持监控室内卫生整洁，严禁无关人员进入工作室。

6. 值班时精神要集中，不准擅离岗位、无故空岗。

7. 坚守岗位，保持高度的警惕性，发现可疑情况，严密监视，同时通知该区域秩序维护人员或上报有关负责人，密切配合，确保安全。

（三）出入口控制系统的管理

1. 了解门禁系统的基本工作原理、性能和常规的维护保养工作，熟练掌握该系统操作规程。

2. 定期对控制系统进行检测，时刻监视系统是否有故障发生，如有故障，要及时维修或通知生产厂家进行维修，确保系统正常运作。

3. 工作及管理人员要清楚装有门禁系统的门的具体位置。

4. 按照规定给员工和业主做好磁卡的发放和收缴等管理工作。

5. 没有接到通知时，不能随便更改消防通道的开关时间。

6. 一般工作人员不得擅自更改系统的任何资料。

7. 做好门禁系统的安全保密工作，不得泄露门禁系统的保密用户及相关密码。

8. 遇到门开、关不了时，能够迅速找出故障，并及时通知有关部门进行维修。

（四）防盗报警系统的管理

1. 维修保养工作应有专人负责，其他人员不得随意打开报警控制器主机箱，不得随意乱动相关的器材及内部线路和元器件。

2. 检查报警控制器电源电压是否符合要求，各类电线（电源线、信号线和控制线等）接头是否牢固。

3. 防盗门、窗启闭机械装置要定期加注润滑油，及时更换损坏、磨损的零部件。

4. 经常检查报警器和控制器的工作情况，及时清扫报警器和主机箱内外的灰尘。

5. 每半年对整个系统的主机、线路、探测器等进行一次检查，发现问题及时处理。

6. 进行建筑维修时，应避免对主机产生较大的震动，并注意防止水流入主机箱内。

[实战演练 6-2]

房屋设备不全，业主依法维权

位于闹市区的某小区第四期高层新房，业主入住近两年了，奇怪的是该房的安防系统一直未开通，最使业主恼火的是大门的门禁洞开无法关闭，给业主和使用人的安全带来了很大隐患。明明是经过有关部门验收交付的新房，怎么连最基本的防范设施都不全？物业管理处的管理人员称，该房安防系统物业与开发商一直未办理交接手续，原因是安防系统存在问题不能正常使用，为此物业管理处多次致函开发商要求解决无果。开发商称，该房安防系统经过有关部门验收，是物业管理的问题和业主使用的问题，开发商没有责任。为什么开发商把责任推向物业管理处和业主呢？原来因为业主反应强烈，物业管理处在问题未解决前，曾经采取临时加锁措施，但由于这一措施不能与房内联网，所以效果不好，不了了之。无奈之下，许多业主把怨气出在物业公司身上拒交物业费。在了解了该问题的来龙去脉，经过一番深入调查后，该小区四期的一位业主将开发商告上了法院。

原告业主称：入住至今，按照《商品房预售合同》和《房屋使用说明书》，被告至今未开通住户安防系统（对讲访客门禁系统、住户报警系统）。设在住户房里的对讲电话、住户报警系统形同虚设，门禁至今从未关上。安全系统从掌握的证据来看，物业与开发商未交接和调试过，在有关部门进行房屋设施设备总体验收时，物业有关人员虽然参加了会议，但没有认可签字。显然，被告开发商设置的安防系统存在瑕疵，不能因为该房总体验收通过，就可免除被告应承担的法定和约定义务。由此给原告的居住安全带来了极大的隐患，要求履行合同。原告业主在法庭上出具了《商品房预售合同》《房屋使用说明书》《住宅质量保证书》，物业公司两年来先后致开发商的有开发商工程部签收的函、有关部门验收现场的相关记录材料、一组照片和证书等。

被告开发商称：该房安防系统的设计、施工、安装完全按照国家现行标准进行，交房前是经过有关部门验收的，是物业管理的问题和业主使用问题，开发商没有责任。被告出具了工程验收的相关材料。

法院判决：原、被告签订的《商品房预售合同》系双方当事人真实意思表达，具有法律约束力，双方均应按约定全面履行。因原被告双方存在商品房买卖关系，被告理应对房屋及附属设施设备全面履行，原告主张被告修复、开通房屋安防系统应予支持。

法院判决后不久，小区开发商另请了安防系统公司对小区四期房屋的安防系统进行了全面检修整改，在小区物业公司的协助下，安防系统通过调试，现已修复开通，困扰物业管理处和业主的难题终获解决。

【案例分析】

本案中，虽然开发商获得了市房屋土地资源管理局和市建设工程质量监督站联合监制的《××市新建住宅质量保证书》，但此种保证书并不能免除开发商在买卖合同中承担的质量瑕疵担保责任。本案原、被告之间签订的《商品房预售合同》系双方当事人的真实意思表达，具有法律约束力，开发商应该遵守《商品房预售合同》中的相关约定，全面履行约定义务。

本案中部分业主因为开发商交付的物业存在瑕疵，而拒绝交纳物业费是没有法律依据的。

问题：针对类似问题，物业部门应该怎样做好管理与服务工作？

提示：

（1）积极主动与业主沟通，求得谅解。

（2）采取有效的防范措施，防止治安事件发生。

（3）进一步与开发商联系，督促问题圆满解决。

资料来源：佚名. 物业管理案例 100 条［EB/OL］.［2023-02-14］. https://hzlsqy.com/info/show-2401.html.

本章小结

物业设备设施管理的内容主要有基础资料管理、设备设施运行管理、设备设施维护管理、设备设施更新改造管理、备品配件管理、固定资产管理和工程资料管理等七项。物业设备设施管理的目标是：用好、管好、维护好、检修好、改造好现有设施设备，提高设施设备的利用率和完好率。物业服务企业要明确物业各个系统的管理范围，加强对各个系统的管理与维护。如果要保障物业设备设施的良好运转，就必须建立、健全组织机构，完善切实可行的规章制度，各部门积极协调工作，加强对设备设施的日常巡检和定期维护保养，从而把物业设备设施的管理工作落到实处。

主要概念

物业设备设施　物业设备设施管理　物业设备设施运行管理　设备完好率　设备更新　设备改造　设备点检　计划检修　小修　中修　大修

基础知识练习

一、单项选择题

1.一个系统或几个系统甚至整个物业设备系统的停机大检修一般称为（　　）。

A.小修　　　　B.中修　　　　C.大修　　　　D.系统大修

2.为了防止设备发生更大震动导致螺帽脱落、连接错位、设备位移等故障，必须经常检查设备的（　　）。

A.紧固程度　　B.润滑程度　　C.调整程度　　D.外观表面

3.建筑给水系统主要由引入管、水表节点、给水管道、给水附件、升压和储水设备及室内（　　）设备等组成。

A.通风　　　　B.消防　　　　C.空调　　　　D.电力

4.加强设备的维护保养，给设备带来的影响是（　　）。

A.设备不易出现故障　　　　　B.不会发生部件损坏

C.能降低设备的损坏速度　　　D.加快设备的损坏速度

5.火灾自动报警系统由（　　）、报警控制器、报警按钮、消防广播、应急控制系统等组成。

A.探测器　　　B.水喷淋系统　　C.消火栓系统　　D.防排烟系统

二、多项选择题

1.供暖系统可分为（ ）。

A.热水供暖　　　　B.蒸汽供暖　　　　C.热风供暖　　　　D.热电供暖

2.一般建筑物的防雷设施由（ ）三个部分组成。

A.接闪器　　　　　B.接上线　　　　　C.引下线　　　　　D.接地极

3.根据设备检修的部位、修理工作量大小及修理费用的高低，计划检修工作一般分为（ ）。

A.小修　　　　　　B.中修　　　　　　C.大修　　　　　　D.系统大修

4.屋面雨水排水系统用以排除屋面的雨水和冰雪融化水，以免屋面积水造成渗漏。按照雨水管道是否在室内通过，屋面雨水排水系统可分为（ ）。

A.内排水系统　　　B.内循环系统　　　C.外循环系统　　　D.外排水系统

5.供热系统管理包括（ ）。

A.热源管理　　　　B.热网管理　　　　C.用户管理　　　　D.热能管理

三、判断题

1.物业设备设施管理的根本目标是：用好、管好、维护检修好、改造好现有设备，提高设备的利用率及完好率。（　　　）

2.自动喷水灭火装置是一种当火灾发生后能自动喷水灭火，同时发出火警信号的消防给水设备。（　　　）

3.中央空调的维修和保养一般应由专业的维修机构负责。（　　　）

4.消防系统的管理和维护必须请相关的专业公司负责。（　　　）

四、简答题

1.物业设备设施管理的目的和基本内容是什么？

2.如何评定设备的完好率？

3.什么是物业设备设施的经济运行管理？如何进行经济运行管理？

4.建筑给排水系统管理的基本内容是什么？

5.安全防范系统主要由哪几部分组成？各部分有什么主要作用？

◎ 实践操作训练

【实训情境设计】

作为某小区物业管理处的负责人，你应该怎样做好物业设备设施的管理工作？

【实训任务要求】

1.参观考察某物业小区管理处，全面了解设施设备的管理工作。

2.制定相关的管理制度和具体措施。

【实训提示】

1.实训前全面复习并掌握物业设备设施管理的基本理论知识。

2.实训中积极主动与管理人员交流沟通，认真考察并记录相关的数据和资料。

3.实训后认真整理、加工素材，撰写考察报告，制定相关的规章制度。

【实训效果评价】

将实训效果量化，参照表6-7进行评价。

表6-7 实训效果评价表

评价内容	分值（分）	评分（分）
参观考察及撰写考察报告情况	25	
规章制度建设、完善情况	20	
规章制度的条理性和实用性	20	
规章制度的逻辑性和系统性	20	
保障规章制度贯彻执行的相关措施	15	
综合评价	100	

注：考评满分为100分。60分以下为不及格；60~69分为及格；70~79分为中等；80~89分为良好；90分及以上为优秀。

拓展阅读

物业节能降耗具体方案

第七章 物业综合管理

▶▶▶▶▶▶ 引例

"失管"小区变幸福家园

位于青秀山脚下的老旧小区秀山花园共有9个园区，72个单元，居住人口约3 000人，属于规模较大的老旧小区。

秀山花园业主与物业服务企业曾有过不少矛盾，小区存在设施设备失修、杂草丛生、车辆乱停乱放、物业服务费收缴率低等问题，更换了多家物业服务企业都无法解决，一度"失管"，日常工作只能靠街道和社区"兜底"。由于社区人口多、工作人员少，在开展综合整治等工作中，只能对小区采取"突击""集中"等治理方式，但这样做成本高、成效低、易反弹，无形中增加了社区工作人员的负担和治理压力。

2022年7月初，原物业服务企业退出，秀山花园又回到了"失管"状态。这次，秀山社区委托该市A物业服务公司通过委托制物业服务模式进驻，为秀山花园小区提供专业化物业服务，并灵活接受部分业主或全体业主的委托，增加服务范围和内容，按照服务需求开展工作。

短短5个月，物业服务费收缴率就从7%提升到83%，物业服务企业赢得了大多数业主的认可。物业服务企业进驻小区后进行"拉网式"排查并解决业主关注的焦点问题，清理杂草、清扫小区、杀蚊灭鼠、清理排污管道等，提升业主对小区环境的满意度；所有信息公开透明，以短视频的方式，每日向业主群发送物业服务工作简报，让业主更加信任物业服务企业。

市勘测设计院集团和 A 公司投入巨资建设城市片区物业运营服务中心，部署"一系统三平台"智慧综合服务系统，运用"老友管家"让居民享受在线缴费、报事报修、远程呼叫、24 小时在线云客服等线上物业服务，优化小区资源配置，降本增效，实现物业服务质量和居民生活品质"双提升"。他们还经常走访并帮助老人做一些力所能及的事，开展关爱"高龄老年业主"志愿服务工作，以"阳光服务，温暖你我"的服务理念，大力提高物业服务质量，为业主打造更温暖、更有人情味的生活空间。

在这种创新的经营模式下，物业服务企业可以接受多重主体委托，按需提供服务，居民也可以灵活选择服务内容。相较于常规物业综合服务、大包大揽的服务方式，委托制物业服务的内容和范围可以更加灵活，物业服务企业和街道合力，加强居民协商，按照居民需求精准开展工作，让居民都能够享受定制化的物业服务。

资料来源：覃雨轩，丘珊珊. "失管"小区变幸福家园——广西南宁实施委托制物业服务小记 [EB/OL]．[2023-02-22]．https://www.sohu.com/a/644706990_121123925.

第一节　物业综合管理概述

一、物业综合管理的含义和特点

（一）物业综合管理的含义

物业综合管理是指除房屋建筑主体管理和房屋设备、设施管理之外的各项服务与管理工作。物业综合管理包括环境管理与安全管理，它是物业服务企业面向所有住户提供的最基本的管理和服务，也是物业管理最重要的工作内容。

（二）物业综合管理的特点

物业综合管理除具有物业管理委托性和有偿性的基本特点外，还具有以下三个突出特点：

1.综合性强。

无论是高层楼宇，还是低层住宅小区，物业综合管理都有很强的综合性。一个住宅小区，本身就是一个小型的社会，其住户来源复杂，不同的职业、生活习惯的差异、文化背景的不同等等，会导致各种矛盾和纠纷，并给物业管理提出不同的要求。同时，住宅小区人员流动性大，也更复杂，每天进出的人流量难以计数，其中可能包括一些品质不良、素质低下的人员，如盗窃犯等。若是商业大厦，或者文化娱乐场所，客流量、人员流动性就更大了，人员也更为复杂，这些都给物业综合管理带来了一定的难度。物业服务企业不仅要维护正常的工作、生活秩序，还要应对可能发生的一系列突发事件。

2.专业性强。

物业综合管理的每项内容，都是一个专业，如秩序维护、消防、绿化等管理工作，都要求具体从事该项工作的人员具有一定的专业知识和专业技能，有的还要求管理人员必须经过专门的培训。此外，一些管理工作还要求有专门的工具、器材或装置等。

3.政策性强。

在物业综合管理中，物业管理人员可能会遇到这样那样的问题，面临不同性质的种种矛盾，需要调解大大小小的各类纠纷。这些问题、矛盾和纠纷中既有违法犯罪行为，如偷窃、行凶；又有违反治安管理条例的行为，如扰乱社会秩序、打架斗殴等；更多的则是违反一般规章制度、管理规定以及破坏社会公共道德的行为，如违章停车、私占公共区域等。在物业综合管理中，物业管理人员必须对这些行为给予及时的解决和处理。此时，因政策性很强，物业管理人员必须切实掌握好法律、政策的界限和是非、道德的标准。

二、物业综合管理的运作与基本要求

（一）物业综合管理的运作形式

物业服务企业是物业综合管理的组织者与管理者。其各项管理服务的具体运作有两种形式：

微课7

物业综合经营服务

1.委托专业服务公司实施综合管理。

随着物业管理行业的全面发展，其社会化水平不断提高，社会上各类专业服务公司越来越多。专业化的服务公司一般都具有人员精干、技术水平高、技术装备全、服务质量好、服务收费合理的特点。对于一些新组建的物业服务公司，当其所管物业规模不大时，可将一些要求明确、职责清晰或专业性强、技术要求高的服务项目（如电梯维护等）委托给专业化的服务公司承担。

选择专业服务公司来承担综合管理，对减少冗员、提高服务质量、降低服务成本都有较大作用。这也是今后物业管理发展的方向之一。

在选择专业服务公司时，物业服务企业要加强考察，考察的主要内容是：①公司人员情况，尤其是技术人员的数量、水平；②专业技术装备情况；③以往的工作业绩，包括公司的成立时间、已承接服务的物业及服务质量；④对于承接的服务工作的设想和具体措施。

必要时，可先行试用一段时间，再正式签订委托服务合同。签订合同时，委托时间不要过长，一般是1~2年，特别要注意委托时间不得超过物业服务企业自身的服务期限。合同签订后，物业服务企业要指派专人负责与专业服务公司的联系并监督、管理其服务行为。

2.物业服务企业自行组建专业服务队伍。

根据需要，物业服务企业可以设立相应的部门或机构，聘用有关技术人员和操作人员，组建自己的专业服务队伍，提供相应的服务。绝大多数物业服务企业都有自己的专业服务队伍。物业服务企业也可以将部分服务项目委托给专业服务公司，自己负责其余部分或大部分服务项目。

无论采用哪种形式，都要接受服务对象的监督检查，物业服务企业都要负全部管理责任。

（二）物业综合管理的基本要求

物业服务企业必须切实加强物业综合管理，确保服务质量。其加强管理的主要措施是建立、健全规章制度并严格落实。规章制度的建立有以下三方面作用：

1. 确保按国家有关规定与行业标准来执行。对物业综合管理中一些专业技术要求高、与住户生命财产安全密切相关的项目，国家都有一些严格的规定、技术标准与规范，必须严格执行。

2. 规范服务人员的行为。规章制度大多是各项工作制度、岗位责任制度、管理制度等，这些都是为了规范服务人员的行为、确保服务的质量，使工作规范化、制度化、公开化，做到及时、周到、优质，同时也便于检查、监督、考核与管理。

3. 明确服务对象的权利和义务。规章制度的另一个作用就是明确服务对象在接受服务过程中所享有的权利和服务人员应该承担的义务，双方互相配合，才能做好服务工作。

物业服务企业必须高度重视管理制度的建设，尽可能参照国家有关部门推荐的示范文书，广泛听取住户的意见，结合实际情况来制定。

第二节 物业环境管理

一、物业环境分类

环境是指围绕着人群的空间以及其中可以直接或间接影响人类生活和发展的各种因素的总和。物业环境则是指某个物业区域内的环境。按照物业使用功能的不同，物业环境可以划分为生活居住环境、办公环境、商业环境和生产环境。其中，生活居住环境又有多种分类方法。

（一）按照环境空间的不同划分

1. 内部居住环境

内部居住环境，即居住建筑的内部环境。其影响因素有住宅标准、住宅类型、隔音、隔热和保温、保湿、光照、日照、通风、室内小气候、室内空气量和二氧化碳含量等。

2. 外部居住环境

外部居住环境，即由住宅和与居民生活密切相关的各类公共建筑、公共设施、绿化、院落和室外场地等所构成的环境。其影响因素有居住密度、大气环境、声（视）环境、小气候环境、邻里和社会环境、环境卫生等。

（二）按照环境性质的不同划分

1. 自然环境

自然环境包括地形、地质、水质、温差、日照、风向等。人们居住的自然环境将直接影响人们的身体健康。

2. 人为环境

人为环境包括住宅小区社会经济、文化环境，绿化、美化、卫生环境，治安环境等。这些人为环境是住宅小区管理者及居民人为创造的。

二、物业环境管理的含义

物业环境管理是指物业服务企业通过执法检查、履约监督、制度建设和宣传教育工作，防止和控制可能发生和已经发生的物业环境污染。

根据环境管理和专业化物业管理的要求，物业环境管理的内容主要包括各种污染的防治、保洁管理和绿化管理等。

物业环境管理的原则有：

1. 以防为主、防治结合的原则，即在加强管理的同时，控制污染源，防止新污染，并对已发生的污染采取有效措施进行治理。

2. 物业服务企业专业管理与业主和非业主使用人参与管理相结合的原则。业主和非业主使用人有享受良好环境的权利，也有保护环境的义务，因此，管理者与被管理者要相互配合。

3. 环境保护与资源利用相结合的原则。进行环境保护，必须强调加强资源的再利用，如水的循环利用、余热的再次利用、生活垃圾的资源化处理等。

4. 污染者承担相应责任的原则。污染的制造者必须承担相应的责任，如损害补偿责任、治理责任、法律责任等。

5. 环境管理与精神文明建设相结合的原则。环境管理必须以加强社会主义精神文明建设为契机，才能收到预期的管理效果。

此外，物业环境管理还要严格遵守国家规定的锅炉、茶炉、大灶烟尘排放标准，改进社区燃料结构，推广清洁燃料。

三、环境污染防治

（一）大气污染的防治

1. 教育住户和生产单位改变能源结构。

2. 平整和硬化地面。

3. 严禁在物业管理区内焚烧产生有毒、有害和恶臭气体的物质。

4. 严格控制管理区内工厂排放含有毒物质的废气和粉尘。

5. 加强车辆管理，限制机动车辆驶入辖区。

6. 实施开墙透绿、立体建绿、屋顶种绿、阳台种绿、见缝插绿、严格管绿等措施。

[知识链接 7-1]

大气污染防治：保卫蓝天白云 物业行业在行动

2019 年，某省出现了严重的雾霾污染，物业服务企业响应市委、市政府大气污染防治工作的总体部署，行动起来。

物业保洁员正紧张忙碌地洗刷公共垃圾桶；工作人员对小区路面进行洒水无尘作业；绿化带里的喷淋设备正在浇灌鲜花绿地、洒水抑尘，着重对物业管理区域内的楼顶垃圾、杂物和积尘进行全面清理整治，防止二次扬尘污染。他们充分利用楼道通知、LED 滚动、宣传栏等载体，营造打赢大气污染攻坚战氛围。

对于物业区域减少雾霾有哪些好的对策建议呢？物业服务企业可以从以下几个方面

来考虑：

首先，可以采取与物业项目有关的减霾举措，包括：

（1）采用雨污分流系统，广泛收集雨水，建好小口大肚蓄水池，储备足够的洗尘水源。

（2）构建人工喷雨系统，利用储备水和小区湖池景观水源、地下水源等，在浮尘之日启动人工降雨系统，清洗道路、树木、花草及净化区域空气。

（3）有些小区四周都是高楼，有若干入口，小区相对安静和独立，可在入口处设计水幕和喷泉，减少入区粉尘。在小区楼顶制高点，可设计人工喷水系统，利用小区雨水归集系统储备水源，为小区人工降雨减尘。

（4）设计植物网格和栅栏，种植吸尘、挡尘植物，多栽种表面易清洗的植物。

其次，加强区域人口行为管理，比如：

（1）防止燃煤等非清洁能源消费行为。

（2）防止焚烧垃圾、秸秆，烧烤、熏肉等行为。

（3）施工场地要采取喷水等防尘措施。

（4）保洁人员工作时应少扫多拖，适量洒水，减少浮尘。

最后，可巧借天公，积极行动。

城市太大，晴日人工洗尘成本很高，效果也不佳。大面积下雨时，是扫、冲、擦、抹物业区域公共场地和设施的最好机会。晴日积尘、纳污，雨天被雨水冲刷，稍作清扫、擦抹就会焕然一新。还可以发动居民种植植物，净化空气。

资料来源：佚名. 大气污染防治|保卫蓝天白云 临沂物业行业在行动［EB/OL］.［2019-09-06］. http：//sd.dzwww.com/sdnews/201909/t20190906_19151772.htm.

（二）水体污染的防治

做好水体污染的防治，一要加强污水排放的控制，以制度和管理控制随意排污和超标准排污现象；二要加强生活饮用水二次供水卫生管理。为此，物业服务企业必须履行下列职责：

1. 指定专人负责二次供水设施的具体管理。

2. 保证使用的各种净水、除垢、消毒材料符合《生活饮用水卫生标准》。

3. 每年至少清洗水箱两次，并建立档案。

4. 根据净水效果及时更换或者维护净水设施。

5. 配合卫生防疫机构抽检水样，每半年对二次供水的水质检测一次。

6. 保持设施周围环境清洁。

7. 采取必要的安全防护措施，对水箱加盖、加锁。

8. 直接从事二次供水设施清洗、消毒的工作人员，每年必须体检一次，取得卫生行政部门统一发放的健康合格证后方可上岗。

9. 禁止任何毁坏二次供水设施或污染二次供水水质的行为。

（三）固体废弃物污染的防治

1. 防治的基本原则。

（1）全过程管理，即固体废弃物的防治必须贯穿从产生、排放、收集、输出、贮存、综合利用、处理到最终处置的全过程，对各个环节都实行控制和监督管理，提出防治要求，并实行专业化管理。

（2）实行三化，即固体废弃物的减量化、资源化、无害化。

（3）集中防治与分散防治相结合。在物业辖区中，集中防治是物业管理单位的职责，如建立生活垃圾压缩收集站；分散防治是业主和非业主使用人应尽的义务，如业主和非业主使用人将生活垃圾分类装袋。

2.城市生活垃圾污染的防治要求。

（1）任何单位和个人均应按当地环卫部门规定的地点、时间和有关要求排放、倾倒生活垃圾，不得擅自乱倒或裸露堆放。

（2）垃圾箱（桶）等设施的设置应与生活垃圾量相适应，有密封、防蝇、防污水外流等防污染设施。

（3）生活垃圾应及时清扫收集，统一运输和处理，做到日产日清，防止一次污染和二次污染。

（4）生活垃圾应实行分类收集，逐步实现三化。

（5）重量超过5kg、体积超过0.2m³或长度超过1m的旧家具、办公用具、废旧电器和包装箱等，应按管理部门规定的时间放到指定的收集场所，不得随意投放。

（6）医疗垃圾、放射性垃圾、传染病人垃圾和动物尸体等有害垃圾，以及单位和个人在翻建、改建或装修房屋时产生的渣土垃圾，应按有关规定处理，不得混入生活垃圾中。

（7）贯彻"谁产生生活垃圾和废弃物，谁承担相应义务"的原则。

（四）噪声污染的防治

1.对于交通车辆的噪声，应限制车辆进入物业区域，实行人车分离的办法。

2.对于建筑施工的噪声，应禁止施工单位在夜间从事施工作业。

3.对于社会生活噪声，应加强精神文明教育，制定切实可行的管理办法。

四、保洁管理

（一）物业环境保洁管理的含义

物业环境保洁管理是指物业服务企业通过宣传教育、直接监督和日常清洁工作，保护物业环境，防治环境污染，定时、定点、定人进行日常生活垃圾的分类收集、处理和清运。

（二）保洁机构的设置与岗位职责

1.机构设置

保洁管理由物业服务公司保洁部执行，保洁机构应根据所管物业的类型、布局、区域大小的不同而灵活设置，如设置一个公共卫生清洁班，或保洁部下设楼宇清洁服务班（组）、公共区域清洁班（组）、高空外墙清洁班（组）等。

2.保洁部各级人员职责（见表7-1）。

表 7-1 保洁部各级人员职责表

序号	人员	工作职责
1	部门经理	（1）根据公司管理目标，组织各项清洁服务的具体工作 （2）经常检查各区域清洁任务的完成情况 （3）接洽各种清洁服务业务，为公司创收 （4）定期向公司总经理汇报工作 （5）经常进行巡视抽查，发现卫生死角及时处理
2	领班	（1）指挥下属员工分区域清洁卫生 （2）检查员工出勤情况，如当天有缺勤，及时安排补位清洁 （3）检查员工所管范围清洁情况，并进行当班考核 （4）检查清洁工具、设备保养情况，及时做好器具清洁、公共区域的水电、照明等器材的采购和维修工作 （5）编制保洁用品、物料使用计划，控制清洁卫生成本
3	保洁员	（1）遵守员工手册的规定，着工装上岗 （2）服从安排，按规定标准和操作程序保质保量地完成职责范围内的清洁任务 （3）做好区域内的保洁工作
4	技术员	（1）配合经理拟订保洁工作的实施方案 （2）对专用清洁设备进行使用指导 （3）随时检查、保养清洁用具和机械设备 （4）检查分管的保洁区域和项目 （5）完成经理交办的其他工作
5	仓库保管员	（1）严格遵守员工守则和各项规章制度，服从主管的工作安排 （2）认真做好仓库的安全、保洁工作，按时到岗，经常巡视打扫，合理地堆放物品，发现问题及时上报 （3）负责清洁工具和用品的收发工作，严格执行收发手续，对手续欠缺者一律拒发 （4）严禁私自借用工具和用品 （5）做好月底盘点工作，及时做好月末库存报主管 （6）做好月清洁物料库存采购计划，提前呈报主管

（三）保洁管理的工作范围

1.楼宇内的公共部位

楼宇内的公共部位是指楼宇内从底楼（含地下）到顶楼天台的所有公共部位，包括楼梯、大厅、天台、电梯间、公用卫生间、公共活动场所、楼宇外墙等。

2.物业区域内的公共场地

物业区域内的公共场地是指物业辖区内（或大厦周围）的道路、绿化地带、公共停车场、公共娱乐区域等所有公共场地。

3.生活废弃物

物业辖区内的生活废弃物包括垃圾和粪便两大类。

（四）保洁管理的操作细则

保洁管理的操作细则见表7-2、表7-3和表7-4。

表7-2 每日清洁操作细则要求

物业对象	清洁部位、区域（内容）	清洁方式	清洁次数	项数
小区 （含高层楼宇）	指定区域内道路（含人行道）	清扫	2	1
	指定区域内绿化带（含附属物）	清扫	1	2
	住宅各层楼梯（含扶手）过道	清扫、抹擦	1	3
	住户生活垃圾、垃圾箱内垃圾	收集、清除、集运	2	4
	电梯门、地板	清扫、抹擦	2	5
	楼梯扶手、电梯扶手、两侧护板、踏脚板	清扫、抹擦	2	6
	男女卫生间	拖抹、冲洗、抹擦	3	7
	会议室、商场等	拖抹、抹擦	2~4	8

表7-3 每周清洁操作细则要求

物业对象	清洁部位、区域（内容）	清洁方式	清洁次数	项数
小区 （含高层楼宇）	天台、天井	清扫	1	1
	各层公共走廊	拖洗	1	2
	住户信箱	抹擦	1	3
	电梯表面保护膜	涂上	1	4
	手扶电梯打蜡	涂上	1	5
	公用部位窗户、空调风口百叶（高层）	抹擦、打扫	1	6
	地台表面	拖擦	2	7
	储物室、公用房间	清扫	1	8

表7-4 每月清洁操作细则要求

物业对象	清洁部位、区域（内容）	清洁方式	清洁次数	项数
小区 （含高层楼宇）	公用部位天花板、四周墙体	清扫	1	1
	公用部位窗户	抹擦	1	2
	公用电灯灯罩、灯饰	抹擦	1	3
	地台表面打蜡	涂上	1	4
	卫生间换气扇	抹擦	2	5
	地毯	清扫	0.5	6

（五）清洁卫生工作标准

1.“五定”。

五定，即清洁卫生工作要做到定人、定地点、定时间、定任务、定质量。保洁部要在小区内所有应清扫（保洁）的部位都设专人负责清扫（保洁）工作，明确保洁人员保洁工作的具体任务、工作时间，以及应达到的质量标准等。

2.“七净”“六无”

物业管理区域的保洁标准是“七净”“六无”。“七净”是指路面净、路沿净、人行道净、雨（污）水井口净、树根净、电线杆根净、墙根净；“六无”是指无垃圾污物、无人畜粪便、无砖瓦石块、无碎纸皮核、无明显粪迹和浮土、无污水脏物。

3.垃圾清运及时，当日垃圾当日清除

物业服务公司要采用设垃圾桶、袋装垃圾的办法集中收集、处理垃圾。

（六）保洁管理的具体措施

1.实行生活垃圾分类袋装化。

2.进行超前宣传教育。

物业服务公司在“早期介入”阶段，即应通过各种渠道向未来的业主和非业主使用人进行有关保洁工作的宣传教育。

3.配备必要的硬件设施。

为了增强保洁工作的有效性，物业服务公司可配备与之相关的必要的硬件设施。

4.经济处罚及典型曝光。

对于小区住户的各种不良卫生习惯，物业服务公司除了进行宣传教育外，还应当采取必要的硬性措施，针对各种违约行为按照处罚条例进行经济处罚。对于极少数屡教不改的“素质病”患者，还可以采取典型曝光的方法。

（七）保洁管理的日常操作

大型高档商场对环境卫生的要求较高。下面以一幢11层高的商场的具体管理为例，对保洁管理的日常操作介绍如下（见表7-5、表7-6和表7-7）。

表7-5　　　　　　　　　　　××商场保洁人员配置表

区　域	职　位	名额	职 责 及 范 围
商场	商场主管	1人	负责商场的日常清洁管理工作，处理顾客的清洁投诉，对物业服务企业负责
商场	物料员	1人	负责商场日常清洁工作所需的工具、机械、物料的出入及保管，对商场主管负责
商场	技术顾问（兼职）	1人	负责商场总体清洁技术处理，如不锈钢保养、玻璃养护、地台打蜡等，对商场主管负责
商场	商场监督员	1人	负责商场内部清洁管理工作及人员调配，处理商场内的清洁投诉，对商场主管负责
商场总体1~6层	保洁员	9人	负责商场内地面、玻璃镜面、不锈钢设施、天花板等的日常清洁工作，并严格按照本区域内的清洁服务常规执行，对商场监督员负责

续表

区 域	职 位	名额	职 责 及 范 围
扶手电梯	养护员	2人	负责商场内的电梯日常清洁保养工作，并严格按清洁服务常规执行，对商场监督员负责
男女卫生间	保洁员	4人	负责商场内男女卫生间的日常清洁工作，并严格按清洁服务常规执行，对商场监督员负责
7～8层室内	保洁员	2人	负责本区域内的日常清洁工作，对商场监督员负责
1～11层消防梯	保洁员	3人	负责清扫消防梯及收集每层垃圾，对商场监督员负责
大堂	保洁员	1人	负责大堂、地台除尘及保养工作，对商场监督员负责
外围1～2层	保洁员	1人	负责1～2层外围清扫及日常清洁维护工作，对商场监督员负责
人、货电梯	养护员	2人	负责人、货电梯的日常保养、维护工作，对商场监督员负责
商场入口大堂	保洁员	1人	负责大堂地台除尘、保养工作，对商场监督员负责

表7-6　　　　　　　　　　××商场日常清洁使用机械、工具、物料一览表

项目	内 容		
清洁机械	• 升降工作平台	• 长铝梯	• 吸尘磨光机
	• 干泡地毯机	• 喷射式地毯抽洗机	• 洗地机
	• 吸水机	• 吸尘机	• 伸缩杆（节）
	• 榨水器连车架	• 扶手电梯清理机	
清洁工具及用品	• 玻璃涂水器	• 玻璃水刮	• 玻璃铲刀
	• 快洁布刷	• 清洁毛布	• 小喷壶
	• 清洁地拖	• 清洁扫把	• 电源线及插板
	• 工作指示牌	• 清厕刷	• 清洁工作车
	• 清洁水桶	• 手动喷枪	• 黑色起蜡垫
	• 喷蜡垫	• 抛光垫	• 地毯纤维垫
	• 高速抛光垫	• 垃圾收集车	• 垃圾袋
	• 厕纸		
清洁材料	• 高级去污粉	• 地毯清洁剂	• 万能起渍剂
	• 玻璃清洁剂	• 洁厕剂	• 空气清新剂
	• 不锈钢清洁剂	• 不锈钢保护油	• 灯饰清洁剂
	• 地台面蜡	• 推尘剂	• 卫生球
	• 磨光蜡	• 洁具消毒水	• 杀菌消毒剂
	• 除臭消毒剂	• 地毯消泡剂	• 酸性洗剂

表7-7   ××商场清洁服务细则要求

清洁范围	清洁内容	清洁要求
（一）商场总体服务	1.清理商场内的所有垃圾	每天4次
	2.收集及清理所有垃圾箱、烟灰缸及花槽内的垃圾	每天4次
	3.清洁垃圾箱、烟灰缸及花槽外表面	每天4次
	4.清洁所有告示牌、橱窗及指示牌	每天2次
	5.清洁所有花盆及植物	每天2次
	6.清洁所有出口大门	每天4次
	7.清除所有手印及污渍，包括楼梯墙壁、防烟门	每天2次
	8.清洁所有扶手、栏杆及玻璃表面	每天4次
	9.清洁所有通风窗口	每天2次
	10.清洁空调风口百叶及照明灯具	每天2次
	11.拖擦地台表面，包括花岗岩（大理石）等	每天4次
	12.清洁所有房间，包括储物室、办公室等	每天1次
	13.全部地台表面打蜡	每天1次
	14.全部地毯清洗	每2月1次
	15.抹净积聚在电灯箱、灯罩及空调风口上的尘埃	每天2次
	16.清洁所有楼梯、走廊及窗户	每天1次
	17.清洗所有灯饰	每2月1次
	18.所有柜台、货架清洁	每天1次
（二）电梯扶手	1.抹净扶手带表面及两旁的安全板	每天4次
	2.踏脚板、梯级表面吸尘	每天2次
	3.扶手带及两旁安全板表面打蜡	每天1次
（三）男女卫生间	1.抹净所有门	每天1次
	2.抹、冲及洗净所有卫生间设备	每天4次
	3.抹净所有卫生间内的镜面	每天4次
	4.抹净地台表面	每天4次
	5.天花板及照明设备表面除尘	每天2次
	6.抹净换气扇	每天2次
	7.更换厕纸、毛巾、肥皂及清洁液	每天2次
	8.清理卫生桶脏物	每天2次
（四）人行楼梯	1.扫净及拖抹所有楼梯	每天2次
	2.抹净扶手及栏杆	每天2次
	3.洗擦扶手及栏杆	每天2次
	4.洗擦及磨光楼梯表面	每天1次
（五）大堂入口	1.扫净及洗刷大堂入口地台及梯级	每天2次
	2.抹净大堂入口内墙壁表面	每天1次
	3.抹净大堂入口内所有玻璃门窗	每天2次
	4.拍打天花板灰尘	每天1次
（六）电梯	1.扫净及清擦电梯门表面	每天2次
	2.抹净电梯内壁、门及指示板	每天2次
	3.电梯天花板表面除尘	每天1次
	4.电梯门缝吸尘	每天1次
	5.抹净电梯通风口及照明灯片	每天1次
	6.电梯表面涂上保护膜	每天1次
	7.电梯槽底垃圾清理	遇有需要时

续表

清洁范围	清洁内容	清洁要求
（七） 防烟大堂、电梯 大堂及走廊	1.拖抹地台表面 2.抹净防烟大堂及防烟门表面 3.走廊的清扫及拖抹	每天2次 每天1次 每天2次
（八）天台	1.清理积聚于天台的垃圾，避免渠道阻塞 2.抹净天台大门表面	每天1次 每天1次
（九）地台起渍 打蜡	1.商场 2.公共地方 3.写字楼	每天1次 每天1次 每天1次

[案例分析 7-1]

北方某城市冬日早晨9：00，A小区管理处环境美化部保洁员对公寓楼各楼层进行了一次全面彻底的清洁工作，并在各大门上悬挂"工作进行中"的指示牌。9：30左右，保洁员做完最后的拖地工作，收拾工具并取下大门上悬挂的"工作进行中"的指示牌准备离去。这时，过来一位四楼的业主上楼，一会儿，保洁员听到"扑通"一声，忙过来察看，原来是业主摔倒在地上。

保洁员赶到现场，扶起业主并道歉，询问业主有无受伤。在确定无受伤的情况下，保洁员再次向业主道歉。此业主通情达理，未追究任何责任。

分析：

（1）北方地区冬日寒冷，保洁员可选择在一天中温度较高不易结冰的时间进行清洁工作，清洁地面后应及时把地擦干，地面不能有积水、结冰。

（2）保洁员的安全防范意识不强，工作现场没有"小心地滑"的警示牌，为此而造成的后果是要负责的。

五、绿化管理

（一）绿化机构的设置与岗位职责

1.机构设置

物业服务公司绿化养护部门的设置，应根据需要从实际出发，可设专门部门，也可与清洁部门合并。绿化养护部门一般至少设一个养护组兼管理职责，如果需要，也可设花圃组和服务组。花圃组和服务组可直接对外经营，为公司创收。

2.岗位职责

绿化管理人员的岗位职责见表7-8。

（二）绿化管理的基本内容

1.园林绿地的设计和营造

（1）设计要求

园林绿地是一个功能与美观相结合的整体，它的设计原则是"适用、经济、美观"的有机结合。对园林绿地的设计，要做到遮阴、降温、减少噪声、防尘、增加湿度等。重点美化部分应放在小区出入口处等引人注目的地方，而且要注意与周围建筑风格相协调。

表7-8 　　　　　　　　　　　　　绿化管理人员的岗位职责

序号	人　员	岗位职责
1	绿化部门经理	（1）负责绿化部门的全面工作，制定绿化工作规划 （2）检查、督促和考核下级的工作 （3）组织有关人员养护苗木 （4）主持、组织员工进行技术培训
2	绿化技术人员	（1）主持部门内的技术培训，管理、指导工作 （2）负责制定绿化技术管理规定和措施 （3）负责绿化养护员工培训的实施 （4）负责绿化种植、养护、管理的技术指导 （5）负责有关绿化经营的技术业务工作
3	养护管理人员	（1）全面负责区域内花木、绿地的养护和管理 （2）对损坏花木、践踏草坪者进行教育，情节严重的按规定给予处罚 （3）妥善保管、使用各种工具、肥料和药品等

（2）植物选择

植物是园林绿化的主体，在选择时要因地制宜，充分考虑当地的地质、水质、气候、温度等因素，尽量做到四季有花、常年见绿。

（3）配置方式

小区园林绿化配置可采用规则式和自然式两种形式。接近房屋建筑物的园区采用规则式，远离房屋的地方采用自然式。两者结合起来，则形成混合园林。

园林植物配置，不仅要取得绿的效果，还要给人以美的享受。因此，必须考虑植物的外形、颜色等方面的特性，仔细选择，合理配置。我国古代园林在设计时常采用的对景、借景、引景等手法，很值得我们在规划城市及区域内的绿地时借鉴。

2.园林绿地的日常养护和管理

物业区域内绿化工程的营造与日常养护是紧密相连的。绿化工程竣工后，为了巩固绿化成果、提高绿化质量，物业绿化管理人员需要连续不断地开展养护工作，只有这样才能使花草茂盛。同时，为了维护绿化效果，物业服务企业还应当出台物业辖区的绿化管理规定，并对物业住户进行教育，使每一个人都树立环境保护意识。

（三）绿化养护管理的操作及要求

1.绿化养护管理的特点

（1）经常性

绿化工程的日常养护管理十分重要，居住区绿化工程完成后，要巩固其成果。

（2）针对性

不同种类的树木、花草具有不同的品性，它们对赖以生存的客观条件，如土壤、温度、地理环境等十分敏感，因而在养护管理时必须具有针对性。

（3）动态性

绿化养护管理的对象是植物，其处于漫长的生命变化之中，功能和观赏效果有一个逐步提高和完善的过程，而且植物生长随着季节的变化而变化。因此，绿化养护管理具有动态性，应掌握不同时期的养护重点。

2.绿化养护管理的质量要求和考核指标

绿化养护管理的质量要求是树木生长茂盛无枯枝，树形美观完整无倾斜，绿篱修理整齐无缺枝，花坛土壤疏松无垃圾，草坪平整清洁无杂草。其具体的考核指标为：

（1）新种树苗。新种树苗中本地苗成活率应大于95%，外地苗成活率大于90%。

（2）新种树木。高度1m处倾斜超过10cm的树木不应超过总数的2%，栽植1年以上的树木成活率应大于98%。

（3）有五大虫害的树木不应超过树木总数的2%，树木二级分枝枯枝不超过树木总数的2%。

（4）绿化围栏设施无缺损，绿化建筑小品无损坏。

（5）草坪无高大杂草，绿化无家生或野生的攀缘植物。

（6）绿地整洁，无砖块、垃圾。

（7）绿化档案齐全、完整，有动态记录。

3.花木的养护

花木的养护包括：

（1）浇水

绿化部门应根据季节、气候、地域条件以及绿地、花木品种、生长期等决定浇水量。

（2）施肥

绿化部门应根据土质、花木生长期、花木品种和培植需要决定施肥的种类和数量。例如，植物长叶期要多施氮肥，开花期要多施磷肥。

（3）除杂草、松土

杂草是指非人工培植的草类，绿化部门必须根据管辖区域大小决定除草量；松土也类似。

（4）修剪整形

绿化部门必须根据树木形态、观赏效果、树木品种和生长情况等对其进行修剪整形。修整树木一般在冬季。修剪程度一般分为两种三级（见表7-9）。

表7-9 树木修剪程度

修剪种类		修剪程度	
重修剪	轻截	一年生枝条长度	1/5～1/4
	中截	一年生枝条长度	1/3～1/2
	重截	一年生枝条长度	3/4～2/3
轻修剪	轻疏	全树枝条	10%
	中疏	全树枝条	10%～20%
	重疏	全树枝条	20%以上

（5）除病虫害

绿化部门应根据病虫害发生的规律实施综合治理，可施药预防或创造有利于花木生长的良好环境，提高花木的抗病虫害能力。

（6）树木等的技术管理

绿化部门应掌握树木等的技术管理要求，如涂白（冬季）、护围（含立支柱）、洗尘等。

（四）居住区绿化标准与类型

1.居住区绿化标准

我国早在1992年就颁布了《全国城市文明住宅小区达标考评实施细则》，规定住宅小区人均公共绿地应达到1.5m²以上，绿地率达到30%，绿化覆盖率达到25%以上。

我国地大物博，南北气候差异较大，目前，各省市纷纷出台了适合本地区的《居住区绿化标准》。

2.居住区绿化类型

居住物业的绿地是普通绿化的重点，是城市人工生态平衡系统中重要的一个环节，是居住小区中不可缺少的有机组成部分。居住区的绿地种类有小区级绿地（小游园）、组团绿地、居住区宅旁绿地、居住区道路绿地、公共建筑及设施专用绿地等。

（1）小区级绿地（小游园）

它是指儿童和少年学习、活动，老年人休闲的绿地，其集中反映了小区绿地的质量水平。

（2）组团绿地

它是指小区居民公共使用的绿地，一般为1 000m²左右，也叫居住区或小区公园、组团绿地、花园，可根据居住区原地形、原有绿地和四周山林绿地等进行布局，在其中种植花草、树木，设计儿童活动设施、休息座椅、园艺雕塑等。

（3）居住区宅旁绿地

它是指居住区内住宅建筑四周的绿地和庭院绿地。

（4）居住区道路绿地

它是指居住区内道路两旁的绿地，包括行道树和小块草坪等。

（5）公共建筑及设施专用绿地

它是指居住区内各类公共建筑和公共设施旁的绿地，包括居住区内的文化娱乐活动中心、托儿所、幼儿园、中小学、商店、饭店、农贸市场、医院、门诊所、锅炉房、物业服务公司、派出所等部门所在地周边的绿地。

（五）绿化管理规定

物业服务企业要采取各种形式，对物业住户进行宣传教育，并制定严格的管理制度来切实维护居住区内的绿化。

1.爱护绿化，人人有责。

2.不准损坏和攀折花木。

3.不准在树木上敲钉拉绳晾晒衣物。

4.不准在树木上及绿地内设置广告招牌。

5. 不准在绿地内违章搭建。

6. 不准在绿地内堆放物品。

7. 不准往绿地内倾倒污水或乱扔垃圾。

8. 不准行人和各种车辆践踏、跨越和通过绿地。

9. 不准损坏绿化的围栏设施和建筑小品。

10. 凡人为造成绿化及设施损坏的，根据政府的有关规定和公共契约的有关条文进行罚款处理，如属儿童所为，由家长负责赔偿。

第三节　物业安全管理

一、物业安全管理的含义

物业安全管理是指物业服务企业采取各种措施和手段，保证业主和使用人的人身和财产安全，维持其正常的工作和生活秩序的管理工作。它是住户安居乐业的保证，是整个社区及社会安定的基础，同时也是树立物业服务企业良好信誉的重要内容。

传统的物业安全观已经不能适应时代的发展，新时期下物业安全管理的环境发生了很大变化。首先，物业的安全隐患越来越多。随着物业配备的设备越来越复杂、场地越来越现代化，不安全因素也大幅增加。安全事故发生的类型也日益增多，如煤气中毒、火灾、爆炸等；其次，国家制定和实施了一系列相应的法律法规，如生产安全事故责任追究制度，要求生产单位的负责人要对本单位的安全生产工作全面负责，如果有事故发生要追究生产安全事故责任人员的法律责任。这就硬性要求物业服务者必须重视物业安全的管理，尽量减少安全事故的发生；最后，人们的安全意识有了很大的提高。随着生活质量的提高，人们更加重视生活和工作环境的安全状况，都希望有一个轻松、愉快的工作和生活环境，尽量远离危险和不安全因素，所以物业服务企业要对物业安全进行更高要求的管理。

物业安全管理的具体内容包括治安管理、消防管理和车辆交通管理。

二、治安管理

治安管理的目的是保障所管物业区域内的财物不受损失，人身不受伤害，维护正常的工作、生活秩序。

（一）治安管理的机构设置及岗位职责

物业治安管理可由物业服务企业聘用社会上的专业秩序维护公司具体实施，也可自己组建秩序维护部来实施。物业服务企业秩序维护部的班组设置应与其所管物业的类型及规模相适应。图7-1是××大厦秩序维护部机构设置图。

1. 维护部经理岗位职责

（1）制订秩序维护部工作计划，建立健全各项秩序维护工作制度。

（2）主持部门工作例会，组织秩序维护部全体秩序维护人员开展各项治安保卫工作。

（3）组织较大案件的调查处理工作。

（4）考察本部门各岗位秩序维护人员的工作表现，处理有关秩序维护工作方面的投诉。

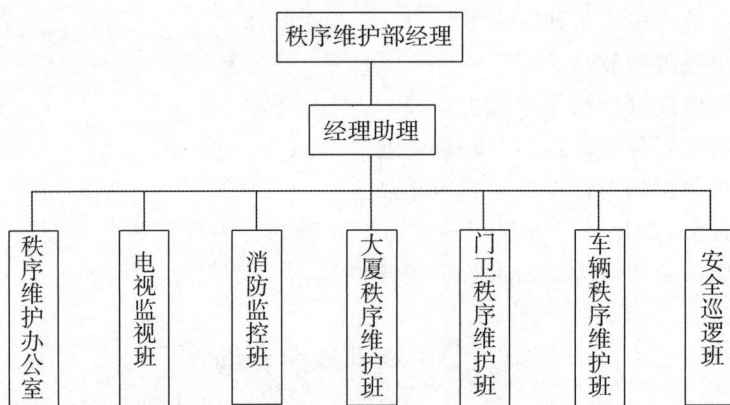

图7-1 ××大厦秩序维护部机构设置图

（5）完成总经理下达的其他任务。

2.秩序维护部经理助理岗位职责

（1）在秩序维护部经理外出时代其行使职责。

（2）参与对秩序维护部员工及公司所有人员的急救措施培训。

（3）随时检查在岗秩序维护主管及秩序维护人员的工作，要求其严格遵守公司的规章。

（4）负责检查所有在岗秩序维护人员的仪表、精神面貌和工作态度。

（5）负责秩序维护部与其他部门的沟通。

（6）检查所有事件的书面报告。

（7）完成秩序维护部经理布置的其他任务。

3.秩序维护办公室岗位职责

（1）24小时保持与各秩序维护班的通信联系，检查各值班岗位人员到岗、值勤情况。

（2）接待住户及来访人员的投诉，协调处理各种纠纷和治安违规行为，并做好处理记录。

（3）及时检查秩序维护器材的使用性能，做好保养和及时更换工作，保证能正常使用。

（4）当出现紧急情况时，用对讲机进行人员的指挥调度。

（5）做好秩序维护人员的出勤统计，工资、奖金、福利发放工作。

（6）做好各种内外文件、信函资料的整理归档工作。

4.电视监视班岗位职责

（1）24小时严密监视秩序维护对象的各种情况。

（2）发现监视设备故障要立即修复。

（3）记录当班的监视情况，严格执行交接班制度。

5.大厦秩序维护班岗位职责

（1）严格按着装要求着装，着装整齐，佩戴齐全，准时上岗。

（2）值班中不准擅离岗位，不准嬉笑打闹、看书报、吃东西、睡觉，不准听收音机和做其他与值班无关的事。

（3）严密注意进出大厦的人员，严格执行来客登记制度，对于无任何身份证件者、形迹可疑者、衣冠不整者，秩序维护人员有权制止其进入。

（4）对于带有危险品进入大厦的人员，秩序维护人员应严格检查并登记，或由秩序维护人员代为保管危险品。

（5）值班人员要经常上下楼巡逻，大厦入口处保证24小时有人执勤。

（6）执勤中要讲文明、讲礼貌，处理问题要讲原则、讲方法，态度和蔼。

6.门卫秩序维护班岗位职责

（1）认真检查出入车辆，指挥车辆按规定线路行驶，确保门前畅通无阻。

（2）严格制止闲杂人员、小商贩、推销人员等进入辖区。

（3）认真履行值班登记制度，详细记录值班中发生、处理的各种情况。

（4）坚持执行客户大宗及贵重物品凭证出入制度，确保客户财产安全。

（5）积极配合其他班组秩序维护人员做好安全防范工作，把好管区的大门。

7.安全巡逻班岗位职责

（1）实行24小时巡视检查，防止不安全事件的发生。

（2）对形迹可疑人员进行必要的询问，必要时检查其所带物品。

（3）制止辖区内的大声喧哗现象。

（4）制止辖区内的打架斗殴事件。

（5）看管好辖区内的车辆，防止撬车、盗车事件的发生。

（6）接到住户报警，要立即去现场处理，同时向办公室汇报。

（7）监视所管物业，及时消除火灾及其他事故隐患。

（8）回答他人的咨询，必要时为其做向导。

（9）协助住户解决遇到的其他困难。

8.消防监控班岗位职责

（1）按时上下班，值班时不得擅离岗位。

（2）严格按规定时间、范围集中精力严密观察，对于可疑情况，要做好记录并录像。

（3）发现刑事案件、治安案件、火灾、事故等时，应迅速按照程序上报处理。

（4）在当班时严守工作纪律，监控室内禁止无关人员入内。

（5）监控室监控范围和摄像头的开关时间均应保密，严禁泄密，不准向无关人员介绍。

9.车辆秩序维护班岗位职责

（1）负责车辆调度、指挥。

（2）检查车库和道路卫生。

（3）防止交通隐患事故的发生。

（4）提醒司机锁好车辆，车内不留贵重物品。

（5）观察车况，记录车辆损坏情况并请司机认可。

（6）协助门卫控制进出人员和货物。

（7）疏导送货物的人员自货梯进出大厦。

（8）认真做好出入口车场收费工作。

（二）治安管理的工作内容

1. 建立健全物业安全保卫组织机构。

2. 制定和完善各项治安保卫岗位责任制。

3. 秩序维护员的配备及其培训。

4. 建立正常的巡逻制度。

巡逻是物业安全管理的又一保障，其范围严格限定为物业的公共区域；方式主要有定时巡逻和不定时巡逻、穿制服巡逻和着便衣巡逻、白天巡逻和夜间巡逻等方式；巡逻路线可分为往返式、交叉式、循环式等几种，但无论采用何种方式，其巡逻路线都不宜固定不变。

[案例分析 7-2]

家中被盗，是否能让物业公司赔偿

原告小张的房子位于某小区第 12 幢 7 层，被告 W 公司是该楼盘的物业服务公司。小张的房子在 3 个月前被盗了，小偷把房间里的现金、首饰全都拿走了，还损坏了一些家具、电器，导致小张遭受了 5 万元的经济损失。

小张认为，家里被盗是因为 W 公司没有尽到保护小区住宅安全的职责。所以小张起诉了 W 公司，要求法院判决 W 公司承担自己所受损失的赔偿责任。

经法院审理，小张和 W 公司存在有效的《物业服务合同》，且合同中约定，如果W 公司提供的物业服务不达标，业主有权要求物业服务公司改进，物业服务公司没有改进的，业主有权要求物业服务公司为自己所遭受的损失承担赔偿责任。

依据双方签订的《物业服务合同》，物业服务公司需要尽到的房屋管理职责包括：

（1）每日巡查 1 次小区房屋单元门、楼梯通道以及其他共用部位的门窗、玻璃等，做好巡查记录，并及时维修养护。

（2）维护公共秩序。

① 小区主出入口 24 小时站岗值勤。

② 对重点区域、重点部位每 1 小时至少巡查 1 次，配有安全监控设施的，配备专门人员实施 24 小时监控。

③ 对小区和单元楼门设置门禁系统。

④ 对进出小区的装修、家政等劳务人员实行临时出入证管理等。

小张的房子被盗时，该房所属的第 12 幢楼并没有设置门禁系统，小区时常有外卖人员自由出入，存在一定的安全隐患。

所以法院判决，W 公司对小张房屋被盗的损失承担部分赔偿责任。

宣判后，W 公司不服，向当地中级人民法院提起上诉。经二审审理后，中级人民法院驳回了 W 公司的上诉请求，维持原判。

为什么小张可以要求 W 公司承担自己的损失呢，下面我们来分析其中蕴含的法律知识。

分析：

（1）物业服务企业对小区和业主负有安全保障义务。

物业服务企业的安全保障义务主要是指物业服务企业根据物业管理合同的约定，作为经营者或者管理者对他人的人身、财产负有的合理限度内的安全保护义务。

就上面的案例来说，该物业服务公司有义务为维护小区物业管理的公共秩序安全提供相应的安保工作，如来访人员登记，设立小区门禁系统等。案例中W公司管理的小区安全制度存在隐患，外来人员可以随意出入小区，所以法院认定W公司没有尽到管理职责。

（2）物业服务企业需要为业主的损失承担赔偿责任。

物业服务企业因违反安保义务的违约行为造成业主损失的，应依据物业服务企业的过错大小来确定其赔偿责任的大小。业主对保存于自己房屋内的财物负有主要的保管义务，物业服务企业负有的是协助安全保障义务，属于附随义务。物业服务企业应在合理的限度内，根据其过错程度在其能够防止或制止损害的范围内承担相应的补充赔偿责任。

根据《物业管理条例》第35条的规定，物业服务企业应当按照物业服务合同的约定，提供相应的服务。物业服务企业未能履行物业服务合同的约定，导致业主人身、财产安全受到损害的，应当依法承担相应的法律责任。

在本案中，小张对被盗所遭受的损失并无过错，其遭受的损失是由犯罪分子的犯罪行为造成的，物业服务企业并非直接侵权人，物业服务企业不必承担主要的赔偿责任。但W公司并未对外来人员进行有效的管理、登记，也没有在单元门设置门禁系统，W公司的安保措施显然不足且疏于管理，其在管理上未尽职尽责。基于此，一审和二审法院认定W公司应对小张的损失承担部分赔偿责任。

（三）治安管理中常见问题的处理

1.对突然死亡事件的处理

（1）保护现场，禁止无关人员入内。

（2）及时、迅速地通知秩序维护部并向公安机关报案。

（3）如人员尚未死亡，应同时通知附近的医院或急救中心进行抢救。

2.对打架斗殴、流氓滋扰的防范和处理

（1）报警。一旦发现打架斗殴、流氓滋扰事件，在场员工要及时报告秩序维护部，并通知最近的秩序维护人员控制事态。

（2）秩序维护人员接到报告后要立即赶到出事现场，将殴斗双方或肇事者带到秩序维护部办公室处理。

（3）秩序维护人员在现场检查有无遗留物，查清有无公物损坏以及损坏程度、数量等。

（4）如事态严重，有伤害事故发生，秩序维护部应及时与公安机关联系。

（5）在将斗殴者带往秩序维护部途中，要提高警惕，查看双方身上有无凶器。

（6）如斗殴双方有受伤人员应与医院联系，请医生进行紧急处理。

（7）通知秩序维护部经理将其送交公安机关。

（8）尽量在不惊扰客人的情况下采取一切可能的手段，迅速做好处理工作。

3.对抢劫、暗杀、凶杀、枪杀等暴力事件的处理

（1）第一时间报告秩序维护部。

（2）秩序维护部人员携带必要的器具，如电警具、对讲机、记录本、手电等迅速赶到现场，确认后做好现场保护工作，通知公司有关领导立即赶到现场。

（3）根据案情，由秩序维护部立即报告公安机关。

（4）布置秩序维护人员保护现场，划定警戒区，控制人员进入，维持现场秩序。

（5）向当事人、报案人、知情者了解案情并记录。

（6）对现场进行拍照。

（7）协助抢救伤员。

（8）配合公安人员勘查现场。

（9）如发现罪犯正在行凶或准备逃跑，应立即抓获并派专人看守，待公安人员到来后，交公安人员处理。

（10）如有人质被绑架、扣押案件发生，应立即报告公安机关，控制事态发展，采取必要措施，并做好善后工作。

4.对贩卖毒品、吸毒的防范和处理

（1）一旦发现贩毒、吸毒嫌疑人，要及时报告秩序维护部，并通知最近的警卫。

（2）秩序维护部接到报告后，由当班主管带领人员赶赴现场，采取措施。

（3）注意收集现场贩毒、吸毒证据，查清物业设施是否遭到损坏以及损坏的程度、数量。

（4）如有贩毒、吸毒事件发生，一律交公安机关处理。

（5）在抓获贩毒、吸毒嫌疑人时，要提高警惕，查看嫌疑人身上有无凶器。

5.对失窃案件的处理

（1）秩序维护部接到报案后，秩序维护人员或值班经理（夜间）应迅速到案发现场。

（2）携带访问笔、记录本、照相机、手电、手套等所需用品。

（3）认真听取失主对丢失财物的过程的说明。

（4）及时通知公司领导，并留下与失窃案件有关的人员。

（5）失主明确要求向公安机关报案或丢失财物价值较大时，秩序维护部应立即报告公安机关，并保护好现场。

（6）注意现场犯罪分子遗留或抛弃物品的保护，以备技术鉴定用。

（7）如需提取失主物品做鉴定，必须征得失主的同意。

（8）找案件涉及人员谈话，调查了解案件发生的情况，摸排出重点人员。

（9）对摸排出的重点人员要尽快取证，做到情节清楚，准确无误。

（10）查清问题后，要向领导汇报，批准后方可处理。

[案例分析7-3]

（1）报警器误报惹了祸。一天某物业管理公司值勤保安接到住户联网的报警信号后即赶赴现场，在楼道听到业主家中有响声敲门无人开门，于是保安就用工具将门强行破开，发现业主家中住有一位老太太，而报警信号属于报警器误报。物业管理公司的领导闻讯立即向住户赔礼道歉，并修理好损坏的房门。后来业主对物业管理公司提出赔偿要求。

（2）报警求助处理不当。一次上海某住宅小区物业管理处接到一业主的报警信号，派出 2 名保安前往处理，保安来到报警业主家门口，经敲门无人应答，思考再三没有破门而入，而是守候在业主家门口，事后才知业主家发生了刑事案件，业主以物业管理处不及时破门救助为由，把物业管理公司告上法庭。

上述两个案例反映了这样的矛盾：物业服务企业收到报警信号后，该不该破门而入，强行入室？

《中华人民共和国刑法》第 245 条规定：非法搜查他人身体、住宅，或者非法侵入他人住宅的，处三年以下有期徒刑或者拘役。

《中华人民共和国刑法》第 20 条、第 21 条规定：为了使国家、公共利益、本人或他人的人身、财产和其他权利免受正在进行的不法侵害或正在发生的危险，而采取的制止不法侵害的正当防卫或者不得已采取的紧急避险行为，造成损害的，不负刑事责任。

那么物业管理公司是否应当承担侵权责任？

分析：在第一种情况下，保安的行为不构成非法侵入住宅罪，但对业主财产权利的侵害显而易见，可视具体情况与业主沟通，可向业主赔礼道歉或给予一定的精神赔偿。在第二种情况下，保安人员的做法存在严重失误，有不作为之嫌，至少存在管理瑕疵。

因此，在应急处理中，可按照下列方法处理类似事件：

（1）当业主发出紧急求助信号时，首先应正确判断并在第一时间报警。

（2）平时加强对业主和周围环境的了解，扩大员工知识面，增强判断突发事件性质的能力。

（3）在正确判断业主家正在发生火灾、煤气泄漏、刑事案件等特别严重事件的情况下，依据法律上紧急避险或正当防卫的规定，可果断破门而入实施救助。

（4）在判断没有严重事件发生时，要及时设法与业主取得联系，以便业主采取必要措施。

（5）当判断发生困难又恐业主家发生严重事件时，要有除物业管理公司以外的第三人在场见证方可进入，第三人可拟请派出所、居委会、业主委员会、业主的亲戚朋友或者邻居。

（6）在实施正当防卫及紧急避险行为时，应采取效果最好、损失最少、业主最能接受的方式。

（7）有关物管服务中需要紧急进入业主家的情况，最好能够通过书面形式（比如《业主手册》等）告知。

[实战演练 7-1]

住宅区应该提供怎样的安全服务

近几年来，住宅区内的刑事案件时有发生，从盗窃、抢劫、行凶到爆炸，这严重影响了住宅区的治安秩序，也引起了全社会的关注。当业主出现人身、财产的损失时，矛头会直指物业服务企业。那么，物业服务企业应该提供怎样的安全服务呢？

提示：

秩序维护不是第二警力，在物业管理区域内的秩序维护服务是物业服务内容的组成部分，这种服务属于企业行为，秩序维护人员没有任何执法权。物业管理是一种委托代理行为，秩序维护人员的权利和义务是与被代理人在合同中约定的。但这种约定的权利不能超越被代理人本身的权利，被代理人就是业主群体，其权利和义务都以物业的权属关系为基础。秩序维护人员所能提供的服务仅仅是维护物业使用秩序，所能处理的多为民事问题，对于刑事案件和治安案件无权处理。秩序维护人员在救助时，所能行使的权利仅为《中华人民共和国刑法》规定的正当防卫。

三、消防管理

（一）消防管理的目的和方针

1.消防管理的基本目的

消防管理的基本目的是预防火灾的发生，最大限度地减少损失，为业主的生产、生活提供安全环境，增强城市居民的安全感，保卫其生命和财产的安全。消防，包含着"消"与"防"两层含义，即灭火和防火两个方面。灭火是在起火后采取措施进行扑救；防火是把工作做到前头，防患于未然。

2.消防管理的方针

我国消防管理的方针是"预防为主，防消结合"，要求把预防火灾放在首位，采取一切措施防止火灾发生。

（二）消防管理的主要内容

1.消防宣传教育

首先，通过对消防法规的宣传，增强每个人的消防意识和社会责任感。其次，普及消防知识，包括各种防火知识、灭火知识和紧急情况下的疏散与救护知识。

消防宣传教育可采取定期培训、宣传板报、发放消防须知、在重大节日如春节或干燥季节给住户写信提醒注意预防火灾等形式。

2.建立专业人员与群众相结合的消防队伍

专职消防员的职责是消防值班、消防检查、消防培训、消防器材的管理与保养和协助公安消防队灭火。业余消防员的职责是：

（1）认真学习有关消防知识，掌握各种消防器材操作技术和使用方法。

（2）积极做好防火宣传教育活动，深入辖区开展安全检查，做到及时发现、及时整改。

（3）定期检查所管区域消防器材、设备的完好状况。

（4）一旦发生火灾事故，立即向消防单位报警，组织人员扑救，并注意查找起火原因，采取适当措施，力争把火扑灭；同时，组织群众撤离，做好现场安全保卫和善后工作。

3.制定完善的消防制度，包括：

（1）消防中心值班制度。消防中心值班室是火警预报、信息通信中心，消防值班员必须遵守值班纪律，认真做好值班监视工作。

（2）防火档案制度。防火档案主要包括火险隐患、消防设备状况、重点消防部位、前期消防工作概况等记录，以备随时查阅。

（3）消防岗位责任制度。

（4）定期进行消防安全检查制度。

（5）专职消防员的定期训练和演习制度。

（6）其他消防制度。

4.管理好消防设备

现代建筑物内部都设有基本的消防设备，以保证消防的需要。消防设备的管理主要是对消防设备的保养与维护。物业服务企业应做到以下几点：

（1）熟悉各种消防设施的性能（见表7-10）。

表7-10　　　　　　　　　　　各种消防设施的性能

名称	种类	用途	使用方法
灭火器	二氧化碳灭火器	适于扑灭电器、油类及酸类火灾	离着火点3cm的距离，一只手拿喷筒口对着火源，另一只手打开开关即可灭火
	泡沫灭火器	适于扑灭油类或其他易燃固体和液体物质火灾	先将灭火器倒置稍加摇晃后，再打开开关对准火源喷射灭火
	干粉灭火器	适于扑灭电器设备火灾和其他易燃固体物质火灾	拔下铅封或横销，用力压下压把，对准火源根部进行灭火
消防栓	—	适宜扑灭一般火灾	打开消防柜（箱），展开水龙带，开启供水开关，然后手握水枪向火源喷射高压水，达到灭火目的
自动报警系统	区域自动报警系统	适用于社区小范围内火灾的警报	—
	集中自动报警系统	适用于社区大范围内火灾的警报	—
	控制中心报警系统	适用于社区内大型建筑、高层楼宇火灾的警报	—

（2）熟悉消防法规，了解各种消防设备的使用方法，制定本物业的消防制度并发放宣传图册，使管理人员和住户熟悉相关知识。

（3）禁止擅自更改消防设备，特别是住户进行二次装修时，必须严格审查。

（4）定期检查消防设备是否完好，对使用不当的应及时改正。

（5）公共通道必须保证畅通，不准放置无关物品。

（6）加强消防值班巡逻工作，发现火警隐患应及时予以处理。

5.紧急情况下的疏散

当发生火灾或其他意外事故，而又无法制止或控制险情时，就应立即报警，切断火源或事故源，并积极组织人员疏散，尤其是高层住宅和商贸楼宇，疏散路线长，人员疏散困难。一般做法是先及时切断火源；然后利用楼宇内的分割装置，如商场内的防火卷帘等将事故现场隔断，阻止灾情扩大；组织人员通过紧急通道、疏散楼梯等迅速撤离。紧急情况下的疏散不仅依靠现场的科学组织，也离不开平时的训练。

[案例分析 7-4]

遇到火警消防栓不出水怎么办？

李先生入住某高层住宅小区还不到1个月。一天，李先生家厨房内发生火灾，其家人急忙跑到楼层消防栓处，打开水源开关，拉着软管一边向屋里跑，一边打开喷枪开关，结果喷枪内滴水未出。幸亏楼层灭火器箱内有几瓶灭火器，在闻讯赶来的周围邻居和物业管理公司值班保安的帮助下，及时扑灭了火焰。后经了解，消防栓喷不出水，是因为小区内有居民盗用消防栓里的水，物业管理公司担心水费超标，所以擅自将消防栓的阀门关掉了。因此，李先生向该小区物业管理公司提出赔偿经济损失的要求。

物业管理公司擅自将消防栓的阀门关掉是否正确？

分析：消防管理涉及物业辖区内的人身、财产安全，是物业管理公司各项管理中的重点工作。物业管理公司在发现有人使用消防栓的水时，应该依法耐心说服并制止，必要时可进行适当处罚，但绝不能因噎废食，关掉消防栓。同时物业管理公司应按照规定配置消防设施和器材，设置消防安全标志。

本案例中物业管理公司的正确做法应是：

（1）物业管理公司针对李先生的投诉，深刻认识到自己的错误，与李先生协商，赔偿了部分财产损失。用较好的态度，争取业主不追究法律责任。

（2）物业管理公司立刻整改消防隐患，避免被消防部门处罚。

（3）大力落实各项消防措施，加强消防巡查。另外，物业管理公司还应充分利用这一典型案例，宣传《中华人民共和国消防法》的有关规定，要求广大业主配合做好消防工作，不得随意使用、挪用消防器材，树立消防意识，促成小区的安全环境。

日常消防工作应注意事项：

（1）要加强消防设备设施及消防器材的配置，使用先进的消防安全系统。

（2）要加强消防设备设施的维修保养，使这些设备设施始终处于良好的使用状态。

（3）要加强辖区内的消防巡查，重点检查易出现隐患的区域或部位，巡查消防设备设施是否齐全完好。

（4）要加强消防宣传，树立"群防群治"的意识，树立全民全员的消防安全意识。

（5）要做好火灾处置预案，定期组织学习消防演习，培训员工和用户的火灾应变处理能力。

四、车辆交通管理

车辆交通管理的重点是车辆，目的是防止车辆乱放和车辆丢失，营造出规范有序的交通秩序和环境。要达到这一目的，必须做好停车场（库）的建设和交通管理制度建设。

（一）停车场（库）建设

1.停车场（库）位置规划应考虑的因素

（1）经济实用。建设停车场（库），既要为住户提供停放车辆服务，又要能回收投资并获得利润，所以规划时既要考虑建设成本，又要考虑建成后能否充分利用。

（2）因地制宜。物业区域的停车场（库）应该成为与整个物业协调一致的组成部分，所以物业服务企业必须对所管物业区域的环境（建筑格局、道路交通等）有全面的了解，以便因地制宜地规划停车场（库）位置。

（3）充分利用楼群之间，商店、机关等单位门前的空地建立临时停车场，和正式的停车场结合起来，以利于车辆的管理。

2.停车场（库）内部设计要求

内容如下（见表7-11）。

表7-11　　　　　　　　　　　停车场（库）内部设计要求

序号	项　目	说　明
1	停车场（库）的光线	停车场（库）内光线应充足，既有利于车主停放车辆，也有利于防盗，可以采取自然光和灯光结合的方式
2	停车场（库）的设施	停车场（库）应设置清楚而又足够的指示信号灯、适当的指示标语和消防设备
3	停车场（库）的区位划分	根据物业区域的车辆情况，对停车场（库）内停车的位置做合理的区位划分

停车场（库）区位划分如图7-2所示。

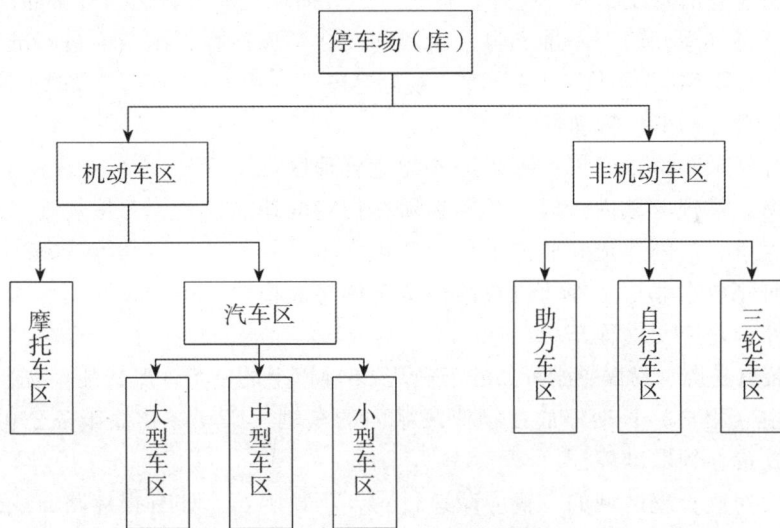

图7-2　停车场（库）区位划分

[实战演练 7-2]

停车场的产权归属

随着城市化进程的推进，私家车数量的增加，停车场成了住宅小区必备的配套设施。有关停车场所有权的归属问题也成为大家争论的焦点。那么，小区停车位的权属该如何划分呢？

提示：

根据《中华人民共和国民法典》第二百七十五条的规定，建筑区划内，规划用于停放汽车的车位、车库的归属，由当事人通过出售、附赠或者出租等方式约定。占用业主共有的道路或者其他场地用于停放汽车的车位，属于业主共有。

所以，小区建筑规划内，规划用于停放机动车的车位、车库，该部分属建筑规划的一部分，由业主购买后取得所有权，该部分属于法定的车位（车库）。占用业主共有的道路或者其他场所用于停放机动车的车位，该车位没有在建筑规划范围内，不属于法定的车位，而是为了业主的方便，小区物业公司意定的车位，该车位的使用权受《中华人民共和国民法典》的保护，但属于业主共有。

（二）建立健全各项管理制度

1. 门卫管理制度（职责）

（1）严格履行交接班制度。

（2）对进出车辆做好登记、收费和车况检查记录。

（3）指挥车辆进出和停放。

（4）对于违章车辆，要及时制止其违章行为并加以纠正。

（5）检查停放车辆的车况，发现漏水（油）现象要及时通知车主。

（6）做好停车场（库）的清洁工作。

（7）定期检查消防设施是否完好、有效，如有损坏，要及时通知有关部门维修更新。

（8）停车场（库）门卫不准私自带亲戚朋友在车库留宿，闲杂人员不准进入车库。

（9）值班人员不准做与执勤无关的事，要勤巡逻、多观察，发现问题及时上报上级部门。

2. 机动车辆（汽车）管理规定

（1）所有外来车辆未经许可不得进入物业管理区域。

（2）在物业管理区域内停放的车辆必须在指定的地点停放，并按规定交纳一定的停车费，行车通道、消防通道和非停车位置禁止停车。

（3）任何停放在非指定停放位置的违章车辆将被拖移，车主领回车辆时，除需按章交付保管费外，还应交纳拖车费。

（4）凡装有易燃、易爆、剧毒品的车辆及2.5吨以上的货车，严禁驶入物业管理区域。

（5）业主（租户）长期停放在物业区域内的车辆，必须在物业服务公司办理手续，交纳车辆停放费，领取准停证。

（6）驶入物业管理区域的车辆应减速行驶，不得鸣笛。如有损坏路面或公用设施的情况，应按价赔偿。

（7）车辆入库后，车主不要将贵重物品放在车内，否则损失由车主自负。

（8）不准在物业区域内的道路、广场、空地上学习驾驶机动车或试车。

（9）车辆管理员必须严格执行车辆出入规定，如有可疑情况，应及时报告。

（10）停车场内严禁儿童玩耍。

3. 摩托车、自行车管理规定

（1）业主（租户）的摩托车和自行车若需要保管，应到小区管理处办理住户登记手续，服从车辆管理员的管理。

（2）需要在物业管理区域内托管的车辆，必须领取存车牌，交纳管理费。

（3）摩托车、自行车必须存放在指定位置，未按规定存放造成丢失的，责任自负。

（4）无牌照车辆丢失时，物业服务公司不负责任。

（5）车辆管理员的工作受全体住户的监督，住户可向物业服务公司反映管理员的失职行为。

4.交通管理规定

（1）无小区车辆通行证的车辆不准驶入本小区。

（2）住宅区内允许机动车行驶的道路应施画道路标线，车辆一律右侧通行；不准车辆在住宅区交叉路口急转弯，防止行人躲闪不及，造成交通事故。

（3）在住宅区内道路上行驶的机动车辆不准鸣喇叭，防止噪声扰民；不准在住宅区道路上停放机动车辆，保持道路畅通。

（4）在住宅区内道路上行驶的机动车辆要限速缓行，并设减速墩强制减速，确保居民和行人安全。

（5）不准在住宅区内道路、广场、空地上学习驾驶机动车或无证驾车，避免碰撞行人，造成伤亡事故。

（6）机动车司机在住宅区内发生交通肇事，应立即停车抢救伤员或维护好事故现场，并联系公安交通管理部门处理。

[案例分析7-5]

提供停车位但客户轿车丢失怎么办？

近日某商业大厦内的客户轿车丢失。当客户进入大厦时，大厦停车场的车辆管理员对该车辆进行了发卡工作，停车卡上写有"本大厦停车场只提供车辆的场地使用，不负责车辆的保管，请各位车主自行保管！"。该客户现因车辆丢失要求赔偿，但是物业管理公司拒绝赔偿故产生争执。

本案例争论的焦点是物业管理公司提供的停车位构成的是"停车位有偿使用合同关系"还是"保管合同关系"。

分析：本案例物业管理公司提供的仅是停车位和停车秩序这种"停车位有偿使用合同关系"，这在写有"本大厦停车场只提供车辆的场地使用，不负责车辆的保管，请各位车主自行保管！"的停车卡上已经表明。事实上，停车位本身并未造成车辆丢失，车辆的丢失也不是因为停车秩序造成的，所以物业管理公司提供的停车服务不是保管合同关系，物业管理公司没有对车辆进出进行检验的义务。故本案例中物业管理公司不用承担赔偿责任。

本案例中物业管理公司应据理力争，坚持不予赔偿。在具体做法上，可向客户陈述上述理由，协商解决。但如果客户仍固执己见，要求物业管理公司提供赔偿，那么物业管理公司应使用法律手段保护自己，准备好所需各类证据，到人民法院提请诉讼，维护自己的合法权益。

[知识链接 7-2]

物业服务企业的安全防范义务

一般义务的来源有两种：一种来自合同的约定，另一种来自法律的直接规定。一般而言，物业服务企业的大部分权利义务来自物业服务合同，但是作为物业服务企业的主要义务之一的安全防范义务，直接来源于《物业管理条例》的规定。《物业管理条例》第四十六条规定："物业服务企业应当协助做好物业管理区域内的安全防范工作。发生安全事故时，物业服务企业在采取应急措施的同时，应当及时向有关行政管理部门报告，协助做好救助工作。"物业服务企业的安全防范义务包括物业消防管理和小区治安管理两部分。

（1）物业消防管理

物业消防管理就是预防和消除火灾，整改治理火灾隐患，以保障小区内业主的生命、财产安全。物业消防管理通常包括如下义务：①定期检查、维修消防设施和器材，设置消防安全标志，确保消防设施和器材的完好、有效。②定期组织防火检查，及时消除火灾隐患。当物业服务企业发现消防安全隐患后，应当通知有关责任人及时改进。如果责任人拒绝改进的，物业服务企业应当及时告知业主团体或直接通报有关行政主管部门。物业服务企业怠于履行约定的消防管理义务造成损失或损失扩大的，应当承担民事责任。③开展防火安全知识宣传教育。④保障疏通通道、安全出口畅通，并设置符合国家规定的消防安全疏散标志。⑤当物业管理区域发生火灾时，物业服务企业应当积极进行救助工作，并及时通知消防机关，否则应当承担相应的法律责任。

（2）小区治安管理

小区治安管理就是采取各种措施，并执行相关制度使物业小区保持安全、稳定、和谐的秩序，让业主们能够安居乐业。小区治安管理义务包括以下具体内容：①执行门卫值班制度，以防闲杂人员自由进出物业小区；②实施秩序维护巡逻制度，以便及时发现并排除治安隐患；③制止不遵守管理规约等规章制度的各种行为；④检查进出小区的车辆，并维护小区内车辆的停放秩序；⑤防范并制止其他妨害小区公共安全秩序的行为。

📢 本章小结

本章首先介绍了物业综合管理的含义和特点，明确了物业综合管理的运作形式和基本要求，然后分别介绍了物业环境管理和物业安全管理的内容。物业环境管理包括物业环境污染的防治、物业保洁管理和绿化管理。物业安全管理包括治安管理、消防管理和车辆交通管理。

◎　主要概念

物业综合管理　物业环境管理　物业安全管理

💡 基础知识练习

一、单项选择题

1.生活居住环境按照（　　）的不同，可以划分为内部居住环境和外部居住环境。

A.环境空间　　　　　B.环境性质　　　　　C.环境功能　　　　　D.环境层次

2.（　　）的特点包括：经常性、针对性、动态性。

A.车辆交通管理　　　B.绿化养护管理　　　C.消防管理　　　　　D.治安管理

3.（　　）的具体内容包括：治安管理、消防管理、车辆交通管理。

A.物业维修管理　　　B.物业治安管理　　　C.物业保洁管理　　　D.物业客服管理

4.1992年4月15日颁布的《全国城市文明住宅小区达标考评实施细则》规定，住宅小区人均公共绿地应达到1.5m²以上，绿地率达到（　　）。

A.10%　　　　　　　B.20%　　　　　　　C.30%　　　　　　　D.40%

5.重量超过（　　）、体积超过0.2m³或长度超过1m的旧家具、办公用具、废旧电器和包装箱等，应按管理部门规定的时间放到指定的收集场所，不得随意投放。

A.5kg　　　　　　　B.10kg　　　　　　　C.15kg　　　　　　　D.20kg

二、多项选择题

1.物业综合管理除具有物业管理委托性和有偿性的基本特点外，还具有（　　）的特点。

A.综合性强　　　　　B.专业性强　　　　　C.政策性强　　　　　D.功能性强

2.物业服务企业必须切实加强物业综合管理，确保服务质量，其加强管理的主要措施是建立、健全规章制度并严格落实。规章制度建立的作用有（　　）。

A.确保按国家有关规定与行业标准来执行

B.规范服务人员的行为

C.明确服务对象的权利和义务

D.管理相关物业人员

3.物业环境管理的内容包括（　　）。

A.各种污染的防治　　B.保洁管理　　　　　C.绿化管理　　　　　D.房屋维修

4.物业环境管理的原则有（　　）。

A.以防为主、防治结合的原则，即在加强管理的同时，控制污染源，防止新污染，并对已发生的污染采取有效措施进行治理

B.物业服务企业专业管理与业主和非业主使用人参与管理相结合的原则

C.环境保护与资源利用相结合的原则

D.污染者承担相应责任的原则

5.清洁卫生的工作标准有（　　）。

A.五定　　　　　　　B.七净　　　　　　　C.六无　　　　　　　D.日产日清

三、判断题

1.物业保洁管理的工作范围是整个物业管理区域。　　　　　　　　　　　（　　）

2.治安管理的目的是保障所管物业区域内的财物不受损失，人身不受伤害，维护正

常的工作、生活秩序。　　　　　　　　　　　　　　　　　　　　　　　(　　)

3.我国消防管理的方针是"预防为主，防消结合"，要求把预防火灾放在首位，采取一切措施防止火灾发生。　　　　　　　　　　　　　　　　　　　(　　)

四、简答题

1.怎样进行物业环境污染的防治？

2.如何做好物业环境的保洁管理？

3.物业服务企业的安全管理与公安机关的治安管理有什么区别？

4.做好水体污染的防治，物业服务企业必须履行什么职责？

5.简述如何防治噪声污染。

🎯 实践操作训练

【实训情境设计】

假如你是某物业服务公司的一名管理人员，现在和公司其他工作人员一起负责一项接管物业的安全管理工作，试设计一份项目安全管理工作计划。

【实训任务要求】

1.学习讨论物业安全管理的基本内容。

2.根据物业的特点设计安全管理工作计划。

【实训提示】

1.由任课教师设计一个教学情境，也可以从实际中选择一个实例作为实训对象。

2.组织学生进行实地参观，调查物业安全管理的实际状况。

3.学生分组设计物业安全管理工作计划。

【实训效果评价表】

将实训效果量化，参照表7-12进行评价。

表7-12　　　　　　　　　　　　实训效果评价表

评价内容	分值（分）	评分（分）
安全管理的工作内容构成	30	
实地调查报告	30	
书面工作计划	40	
综合评价	100	

注：考评满分为100分。60分以下为不及格；60～69分为及格；70～79分为中等；80～89分为良好；90分及以上为优秀。

拓展阅读

品牌物业公司保洁员仪容仪表及行为规范

第八章 物业分类管理

○ 学习目标

[知识目标]

了解物业分类管理的含义与特点，物业分类，住宅小区的特点，写字楼的含义、类型和特点，商业场所的含义和类型，工业区的类型和特点；理解物业分类管理的必然性，住宅小区物业管理的含义和特点，写字楼物业管理的模式；掌握住宅小区物业管理的内容，写字楼物业管理的内容，商业场所物业管理的内容和工业区物业管理的内容。

[能力目标]

能认识到物业分类管理的重要意义，并根据物业分类管理的发展趋势，选择物业分类细分市场方向；会运用物业分类管理的基本知识和方法，深入特定物业类型，把握各类物业的特点，开展具体的物业管理活动。

[素养目标]

具有创新的服务理念；具有良好的职业道德和敬业精神；具有良好的职业岗位适应能力；具有良好的团队合作和人际沟通能力。

▶▶▶▶▶▶ 引例

中国特种物业服务市场快速发展

我国的物业管理无论从物业管理类型还是物业服务内容上都经历了由简单到复杂、由低端到高端、由单一到丰富的发展历程。早期的物业管理始于对居住类物业的管理服务，经过四十多年的探索，已经发展到如今涵盖居住物业、工业物业、商业物业及其他特种物业（以下简称"特种物业"）等各种物业业态的经营管理。物业服务企业通过多年不断拓展市场，探索与实践各种业态物业的物业服务与物业经营管理，促进了我国物业管理市场的细分，物业市场规模和容量不断增加。中国物业管理服务细分领域占比格局如图8-1所示。

（一）特种物业的分类

从行业发展实践来看，特种物业是一个逐渐扩大的集合体概念。综合业界探讨和行业实践，我们可以把特种物业项目划分为以下10个子业态类别：

1.政府办公类物业：包括各级党政机关、司法机关办公设施等；

2.教育院校类物业：包括大学、中等专业学校和初级、高级中学等；

3.文化场馆类物业：包括图书馆、科技馆、档案馆、博物馆、科研院（所）、电台、电视台、音像影视制作基地等；

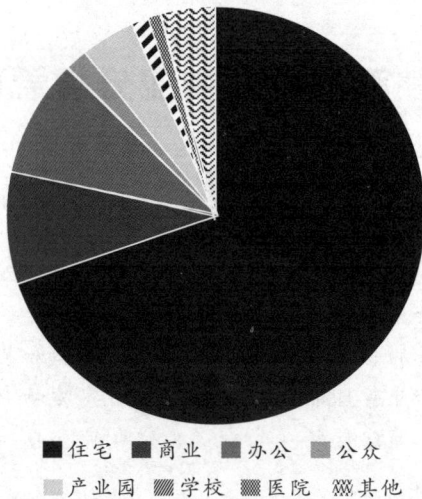

图8-1 中国物业管理服务细分领域占比格局

4.卫生院所类物业：包括医院、社康中心、卫生所、药检所等；

5.体育场馆类物业：包括体育场馆、健身房、游泳馆、高尔夫球场等；

6.交通站场类物业：包括车站、机场、码头、高速公路服务区、轨道交通及综合交通枢纽等；

7.金融设施类物业：包括银行、证券、保险机关办公设施等；

8.文化娱乐类物业：包括影视剧院、音乐厅、歌舞厅、游乐场、卡拉OK厅；

9.市政文旅类物业：包括公园、文旅景区、政府储备地等；

10.康复养老类物业：包括疗养院、养老院、康复中心等。

（二）特种物业的主要特点

1.产权单一：各类特种物业的产权基本为相关单位或机构所有，即为单一产权，不存在产权多元化的现象。

2.业态多元：特种物业名义上是一种独立业态，实质上是多种不同类物业形态的集合体概念。

3.公益性明显：特种物业不论其具体服务功能是什么，都属于公共服务，具有很强的公共性，社会影响面广，受到社会的广泛关注。

4.物业服务费相对更有保障：专用物业由于产权单一，对物业服务企业而言，物业服务费的收缴有较好的保障。

（三）品牌物企多元业务布局，特种物业成最佳赛道之一

在政策和资本市场的推动下，优秀的物企逐渐从探索期的单一运营模式转向多元化经营，其中特种物业成为众多物企争相布局的领域。上市物企在持续扩大管理规模的同时，亦大力拓展物业服务项目的多元类型。例如，碧桂园服务以高速公路为突破口，进驻广东南粤高速、山东高速等；保利物业新增在管的特种项目包括中华人民共和国司法部办公楼、湖南工商大学、长沙市隆平水稻博物馆等；中海物业签约干部休养所、海军舰艇基地等军队项目，中标深圳大剧院、大型电信公司内地省市办公楼，新获学校、医院、旅游景点等项目合约，在政府服务、民航系统、高铁系统均获得突破；永升生活服

务业务拓展到高速公路服务站、轨道交通、轮渡码头及景区旅游点等细分板块；招商积余拓展项目涵盖了政府、高校、场馆、医院、公共交通等特色业态；佳兆业美好收购江苏恒源物业，布局政府、医院物业；时代邻里成功进驻港珠澳大桥站口岸、佛山西站、东莞鸦片战争博物馆等项目；银城生活服务通过收购一家医院物业服务商51%的股权，成功进军医院物业管理领域。

从全国情况来看，物业管理行业服务业态全面拓展，中国上市公司500强企业各业态管理项目和面积均有所提升。根据《2020年中国物业管理年鉴》的资料，中国上市公司500强企业管理面积达到133.77亿 m²，包括学校物业、医院物业、公众场馆物业和其他物业在内的"特种物业"在管面积达到22.82亿 m²，占比为17.06%，并呈现逐年上升态势。

资料来源：张林华，赵向标.其他特种物业的管理服务与经营管理［J］.住宅与房地产，2022（07）.

物业分类管理不仅是物业服务需求发展的趋势，而且是物业服务企业提高整体效益，提升企业和行业综合经济实力的重要途径。现代物业的多样性、复杂性和动态性特性，以及物业服务企业化、现代化、专业化的要求，决定了物业管理工作的分类管理、细化管理的必然趋向。从理论上讲，物业的分类管理要求是由物业管理激烈的内部市场竞争、行业的社会分工发展和物业管理日益社会化的趋势决定的。

第一节 物业分类管理概述

一、物业分类管理的含义与特点

（一）物业分类管理的含义

物业分类管理是指物业服务企业为了实现物业服务活动的目标，根据不同类型物业的性能、特点及变化，业主和物业使用人的需要，以及物业管理工作的资源条件情况，运用现代物业管理方法开展的有针对性、专门化的物业管理活动。

物业管理作为一种以企业化的方式开展的物业公共事务管理，应在保持物业功能正常发挥的前提下，始终以满足业主及物业使用人的需要为主旨。为达到这一目的，物业服务企业必须对物业及房地产、管理科学等相关学科领域的变化有敏锐的察觉和恰当的应对，只有这样才能不断满足业主及物业使用人的需要，从而使物业服务企业在激烈的物业服务市场竞争中取得成功。

（二）物业分类管理的特点

1.主体的多样性。

物业分类管理是以专业化为前提的，各种不同类型的专业公司的存在是物业分类管理存在和发展的基础。

2.对象的特定性。

物业分类管理是以特定的物业及业主为服务对象的，是物业管理的具体化和细化，它区别于物业管理实务的理论部分所指的抽象意义上的物业和业主。

3.活动的竞争性。

没有物业服务市场或物业服务市场的竞争性，物业分类管理就失去了发展动力，物业分类管理也没有了存在和发展的基础。在传统的物业"管制"模式下，不可能有物业的分类细化管理。

4.目标的双重性。

物业分类管理以追求业主、物业使用人的满意度和物业服务企业自身效益为目标，这是由物业管理的行业独立性和物业服务企业的独立法人实体的性质决定的。

5.手段的先进性。

物业分类管理在物业管理及相关物业服务领域的科学技术应用上具有先导性和快速反应性的特征，以满足业主的现代化、时尚化、人性化的需求。

二、物业分类管理的必然性

1.物业管理业务的覆盖面越来越宽

从理论上讲，凡有物业的地方就应有物业管理。从国外的物业管理实践情况来看，物业管理的起步是从居住物业开始，然后向非居住物业发展，几乎覆盖了所有物业及与物业服务相关的业务领域。

2.物业管理行业的发展需要

随着物业服务企业的数量增加、规模扩大以及社会化、专业化的发展，物业管理与房地产开发同业经营成为物业服务企业及物业管理行业进一步发展的制度性障碍。物业分类细化管理的呼声越来越高，行业定位的要求越来越高。《物业管理条例》明确了房地产开发与物业管理相分离的原则，为物业的分类管理提供了政策依据，物业分类管理因此获得了行业发展的政策空间。目前，物业管理作为一个行业已成为不争的事实，但只有物业细分化管理上的成功，才能体现物业管理作为独立行业的重要性。

3.不同物业有不同的特点，管理的侧重点也就不同

物业具有种类繁多、构成复杂、关系众多、利益多元化等不同特点。物业服务企业很难用一种模式、一种方法、一种措施、一种手段来管理不同类型和特点、不同关系和性质的物业。因此需要进行科学的物业分类，由不同专长的物业服务企业和物业管理专家来管理。

三、物业分类

目前，在分析物业的类型时，主要从物业的用途将物业划分为居住物业和非居住物业，非居住物业包括商业物业、工业物业和特种物业。

1.居住物业

居住物业是指住宅及其附属的设备和设施，住宅包括公寓、普通单体住宅、住宅小区和别墅等。通常居住物业也特指住宅小区物业。

2.商业物业

商业物业是指能够带来经济效益的商务场所，包括商业场所（卖场）、写字楼、贸易中心、会展中心、餐饮服务场所等。

3. 工业物业

工业物业是指所有用于或适合于开展工业活动的场所，包括工业厂房、货仓等。

4. 特种物业

特种物业是指除了上述几种物业之外，有必要、有可能运用物业管理的方法实施管理的物业，可根据不同的用途细分为学校物业、公众物业、办公物业、医院物业等。它们的共同特点是这类建筑被设计用来从事与其性质一致的特殊事业。

第二节　住宅小区物业管理

一、住宅小区的特点

住宅小区是按照城市建设综合开发的方针，即"统一规划、合理布局、综合开发、配套建设"而建设的居住区，与传统的城市住宅相比，有许多不同的特点。

1. 居住功能单一，相对封闭独立

住宅小区功能单一是指小区内的一切设施都是为小区内的居民居住便利而设计、建造的。它不包括工业生产、农业生产等其他社会功能。住宅小区内的居民居住集中，并且相对封闭独立。这也是住宅小区的基本特点。

2. 住宅小区人口密度高，人口结构复杂，形成相对独立的社区文化

人口的增加、城市化进程的加快，使得城市建设用地日益紧张；建筑科学技术的飞速发展，又使得住宅小区的高层建筑随之兴起，并有不断增高和加速之势。这两点形成了现代化住宅小区人口密度高的特点。

住宅小区内居住着众多不同阶层、职业的家庭，不同的生活习惯、爱好、文化程度、道德水准、经济收入水平等决定了小区人口结构的复杂性，这些复杂性反映出不同的居住环境要求和居住行为的差异。这些差异有时会产生各种各样的问题、矛盾和纠纷，这也给住宅小区的物业管理提出了更高的要求。

3. 住宅小区房屋产权多元化，公用设施社会化

随着住房制度改革的深化、住宅房屋商品化的推进，住宅小区的房屋基本上由小区内的居民个人购买，产权归居民个人所有。一个住宅小区由众多拥有房屋所有权的居民家庭组成，从而形成住宅小区房屋产权多元化的局面。与住宅房屋产权多元化相对立存在的是住宅小区公共设施的社会化。尽管住宅小区房屋产权归居民个人所有，但是每个房屋产权人所拥有的权利只限于住宅小区内区分所有权的建筑物专有部分，而区分所有权的建筑物专有部分以外的共有部分及小区内的公用绿地、公用设施等则属于全体业主共有，从而形成公用设施社会化格局。这就需要住宅小区物业服务公司在开展住宅小区物业管理工作时区别对待，对不同所有权采取不同的管理方式。

4. 规划建设更加合理，配套设施日益齐全

现代城镇居民住宅小区都是经过政府有关部门多次商讨、规划建设而成的，是多专业、多人才、多智慧共同努力的结果。经过多年的发展，目前，大多数住宅小区规划建设合理，配套设施齐全，居住舒适、安全、美观、便利。例如，北京方庄住宅小区，整

体布局以十字路和环路构成基本骨架，把整个小区划分为芳古园、芳城园、芳群园、芳星园4个大区，小区内合理分布着135幢住宅楼以及大型购物中心、百货商场、中小学校等共570多个生活服务配套设施。

规划建设合理、配套设施齐全的住宅小区为后续的物业管理打下了良好的基础，但也对物业管理提出了更高的要求。

二、住宅小区物业管理的含义和特点

（一）住宅小区物业管理的含义

住宅小区物业管理是指住宅小区内的业主通过选聘物业服务企业，由业主和物业服务企业按照物业服务合同的约定，对房屋及配套设施设备和相关场地进行维修、养护、管理，维护物业区域内的环境卫生和公共秩序的活动。

（二）住宅小区物业管理的特点

1. 社会性。

住宅小区是人们生活、居住的地方，是整个社会的组成部分，它的管理必然具有很强的社会性。小区内居住着各行各业的人，人口结构十分复杂，所以物业服务企业应争取住宅小区内的居民及社会各方面力量的支持与帮助。例如，住宅小区的治安状况与整个社会的治安状况紧密相关，社会治安状况的大环境必然对小区的小环境产生巨大影响。所以，在小区的治安管理工作中应加强与所在地公安部门的沟通。

为了做好住宅小区的物业管理工作，保证住宅小区内的公共秩序和全体居民的利益，住宅小区物业服务企业应制定一些物业管理规章、制度，禁止居民有违背公共利益的住、用行为。为了让小区居民遵守这些规章、制度，物业服务企业要寓管理于服务中，将物业管理的专业化服务与居民的自治管理相结合，要向住宅小区内的居民及社会各界做好宣传、沟通工作，让小区内的居民自己制定管理规约，从而形成自我管理的约束机制，达到小区居民满意、政府满意、物业服务企业也满意的理想工作目的。

2. 统一性。

住宅小区内部的各个组成部分是一个整体，如果仍然采用传统的房屋管理模式进行管理，各自为政，其弊端显而易见。因此，对小区内的保洁、绿化、安全保卫、进出小区的车辆、公共设施设备的维修、养护以及装修业主房屋等进行统一的管理是现代住宅小区物业管理的主要特点之一。它的优点是既可保证有效控制成本，又能提高综合服务质量，使业主直接享受到物业服务的成果。

3. 服务性。

住宅小区物业管理的目的是满足小区内居民居住生活的需要，为其提供一个优美、安全、舒适、满意的居住环境。因此，物业服务企业应该强化服务意识，本着服务至上的宗旨，为居住在小区内的人们提供周到的服务。从事住宅小区物业管理的服务企业通过向居住在小区内的居民提供优质服务，达到管理的目的。其不仅要提供物业服务合同范畴内的基本服务，还要结合小区的特点、业主的需求提供有针对性的个性化服务。

4. 复杂性。

管理工作的复杂性主要体现在居民的构成复杂，对物业管理服务的内容和标准要求不一；房屋产权具有多元化的特点，使得管理难度增大；在住宅小区物业管理的过程中经常涉及市政管理部门、水电气暖供应部门、公安部门以及街道办事处等，需要协调各种关系，明确职责；由于居民的收入水平和物业管理消费意识差别较大，目前住宅小区物业服务费用收缴工作难度较大，具有相当的复杂性。

5.艺术性。

为了使住宅小区的环境幽雅、整洁、美观，给居住在小区内的人们提供一个良好的生活、休息和学习环境，物业服务企业应注意从艺术的角度美化环境。例如，强化小区的绿化管理，使人们感受到大自然的魅力；加强小区内的房屋装修管理，禁止私搭乱建，维护小区整体风貌的艺术性；加强小区内园林艺术小品的建设、维护，美化人们的视觉，使居住在小区内的人们始终感到心情舒畅等。

三、住宅小区物业管理的内容

住宅小区的物业管理是指对住宅小区内的房屋建筑及其设备、市政公用设施、绿化、卫生、交通、治安和环境容貌等管理项目进行维护、修缮与整治的活动。我们在本书的第3章有关物业管理的基本环节中，介绍了现代物业管理的几个基本阶段：早期介入、前期管理和日常管理等。住宅物业作为城市房屋的重要组成部分，其管理的内容也应当包括以上三个方面。就日常管理而言，住宅小区物业管理的内容包括管理、经营与服务三个方面。下面我们就着重分析住宅小区日常管理的基本内容。

（一）住宅小区房屋建筑的维护、修缮管理

房屋建筑是住宅小区的主体，也是住宅小区物业管理的核心和关键。房屋建筑管理的根本任务就是要在保证房屋正常使用和整洁美观的基础上，力求维护和延长其使用寿命，提高其有效价值。房屋建筑管理主要包括三方面的工作：

（1）房屋建筑的维护。其主要是维护规划、设计的严肃性，禁止单位或个人随意破坏、改动房屋结构、外墙面和室内平面布局；禁止在门口空地、阳台等处乱搭乱建；禁止随意凿洞、乱开门窗；禁止随意改动室内各类设施的构造；禁止未经允许的室内二次装修等。

（2）房屋建筑的保养。其主要是维护和延长房屋建筑的使用寿命和美化外观，对正常使用下的自然损害进行预防和治理，以做到防患于未然。它包括对住宅内外的共用部位，如承载结构部位（包括楼盖、屋顶、梁柱、内外墙体和基础等）、外墙面、楼梯、走廊通道、门厅及其他各类共有设施的定期与不定期检修和维护；对住户自用部位和自用设备以及住户有无违章情况的经常性检查、监督等。

（3）房屋建筑的修缮。其主要是保证房屋使用安全，保持和提高房屋的完好程度与使用功能，对小区内房屋自然或人为的损失进行维修、拆改和翻修。房屋建筑的修缮要根据地区和季节特点，与抗震加固、白蚁防治、抗洪、防风、防霉等相结合。小区管理部门应定期勘查房屋，掌握房屋完损情况，如发现损坏，应及时修缮。

（二）住宅小区附属设施设备的维修、保养

附属设施是住宅小区赖以存在和发展的物质基础。它对住宅小区的物业经营和居民生活的正常进行具有双重服务功能。因此，管好住宅小区的附属设施既有利于改善小区居民的生活，又有利于住宅小区物业管理的发展。同时，住宅小区附属设施状况直接影响小区的形象和声誉，从而影响小区的物业价值和营销活动，因而管好附属设施也有利于开发商的市场竞争和开发效益。附属设备包括给排水、供电、采暖、电梯等设备。确保这些设备的正常、安全运行，是小区物业管理的主要任务之一。这些设施设备的技术性强、安全要求高，运行和管理人员需具有较强的专业知识和操作技能，以确保其正常使用，方便住户，保证安全。

（三）住宅小区的安全管理

住宅小区的安全管理是指对小区内的治安和消防进行管理，防火、防盗、防破坏、防爆炸、防自然灾害，维护小区内广大住户的生命、财产安全和正常的工作和生活秩序。为此，小区管理机构必须成立专职治安队，增加治安人员和充实秩序维护设施，实行专业治安和群众防治相结合，为住户解除后顾之忧。

[案例分析 8-1]

谢绝外来人员进入住宅区的做法是否合法？

某小区实行封闭式管理，门口挂有明显的"私家花园，谢绝外来人员进入"的标牌。一天上午，某外来人员以参观健身为由要进入小区，在小区保安拦阻制止的情况下，此人大发雷霆并且出口辱骂保安，扬言要到有关政府职能部门投诉并到媒体上宣扬此事。他的理由是小区内的公共场地既然是"公共"就应该公开自由进出，小区管理部门这样的做法不合法。

上述案例矛盾的关键在于谢绝外来人员进入住宅区的做法是否合法？

分析：从法律角度来看，禁止或谢绝外来人员进入住宅区无可厚非。无论是商品房住宅区还是政府建造的福利、微利住宅区，所有权都属于全体业主，而住宅区本身也属于全体业主购买或租户租用的私有产权范围，非供大众出入的如公园、娱乐场等共用场所；用业主自有财富建造的住宅小区不是公共物品，而是业主私有财产，这种建立在对业主私有财产侵犯的基础上的资源共享，显然是违反宪法、法律的行为。

小区保安应当：

（1）讲解有关的法律知识，阐述这样做的法律依据。通俗地讲小区所有的设施、场地都是核价分摊到每户业主的购房款里面的，是全体业主的私有财产，不是市政公共场所。

（2）提示对方换位考虑，他自己是否也希望住在一个安宁、安全的环境里。

（3）如业主亲友来访或政府部门执行公务，为安全起见，可根据公安部门的要求，对外来人员身份进行确认、登记或者由业主代为登记。

资料来源：佚名. 物业安全管理案例分析 [EB/OL]. [2019-06-05]. http://www.360doc.com/document/19/0605/19/43415425_840629980.shtml.

（四）住宅小区的公共秩序管理

维护小区内的公共秩序是为了给人们提供一个安全、宁静、舒适的生活环境。小区内不允许乱停、乱放车辆；不允许占用道路或在其他公共场所堆放物品，更不允许占道作业和摆摊设点；禁止在公共场所喧哗，破坏公共场所安宁；禁止个体摊贩随意进入小区叫卖等，以维护小区公共秩序。

（五）住宅小区的环境卫生管理

住宅小区的环境卫生管理主要是指对住宅小区内的道路、绿化带等公共场所的卫生进行清扫，对垃圾进行清运，对垃圾桶及卫生用具进行定期清洗、消毒等，禁止在小区内饲养家禽、家畜，加强防疫、灭鼠、灭蚊蝇等工作。为此，物业管理部门要制定小区环境管理的规章、制度，做好宣传教育，禁止乱摆、乱放、乱丢、乱倒、乱堆物品等不良现象，保持小区整洁；采取有效措施，积极治理小区污染，特别要对造成小区空气、水、噪声污染等行为严加禁止，控制污染源；积极修造环卫设施，做好经常性、群众性的环卫工作，包括设置生活废弃物统一堆放处理点、果皮箱、公厕，教育和发动小区居民做好日常环境维护等。

[知识链接 8-1]

物业如何做好垃圾分类管理工作

随着我国城镇化进程的不断加快，社会经济的持续发展，各种垃圾的产生量也在不断增加，垃圾处理的问题日趋严峻，已然成为一项关乎民生和社会可持续发展的问题。国家在垃圾处理上一贯坚持的原则是"减量化、资源化、无害化"，而作为垃圾处理的源头，垃圾分类是垃圾"三化"处理的前提和基础，只有对垃圾做好分类，才能做好后续的科学处理。

我国"垃圾分类"口号的首次提出，是在中华人民共和国成立初期，在"勤俭建国"的大背景下，1957 年 7 月 12 日，《北京日报》的头版头条发表了《垃圾要分类收集》的文章，这是中国国内第一次出现了垃圾分类的口号；2000 年，住建部在北京等 8 个城市试点生活垃圾分类收集；2017 年，国家发改委、住建部先后下发《生活垃圾分类制度实施方案》《关于加快推进部分重点城市生活垃圾分类工作的通知》等文件，提出建立城镇生活垃圾强制分类制度，生活垃圾分类从自觉自发转变为强制实施。

垃圾分类已经迫在眉睫并且成为趋势，作为垃圾分类的源头，物业服务企业自然而然地承载着不可推卸的责任和义务，物业服务企业应该在垃圾分类中发挥至关重要的作用，积极响应国家政策，提前规划和布局，全力以赴做好垃圾分类工作。

建立"政府主导，企业参与"的市场化机制，垃圾分类由政府部门牵头主导，企业参与配合，垃圾分类的工作非常烦琐，如果单纯由政府负责落实，工作开展将会相当困难，建议充分利用杠杆撬动市场，让众多物业服务企业积极参与，化整为零推动垃圾分类工作。

垃圾分类涉及垃圾的分类、存放、运输、处置等多个环节，其中垃圾分类处于首位，应加大对垃圾分类配套设施的投入力度，健全垃圾分类和存放设施，实现分类运输，进一步完善垃圾分类配套建设体系。加大财政资金引导扶持，物业服务企业是微利行业，在开展垃圾分类过程中会产生一定的费用支出，建议财政资金对垃圾分类给予适当的补助，或者根据垃圾分类情况制定奖励标准，让物业服务企业能长期开展垃圾分类工作。实行垃圾分类成果与信用评价挂钩，物业资质取消后采取信用评价机制，建议将垃圾分类效果纳入物业服务企业的信用评价体系，督促物业服务企业重视垃圾分类质量和效果。推行垃圾分类奖励措施，建立垃圾分类激励机制，如垃圾分类换积分，积分可兑换礼品或者直接抵减物业服务费。成立志愿服务组织和义工组织，建立辖区志愿服务团队、义工团队，垃圾投放高峰期由志愿服务团队或义工团队进行引导、说服教育。各楼实行楼长制，楼长负责本楼道垃圾完全分类无遗漏。定期举办垃圾分类交流活动，相互交流垃圾分类经验、心得，定期展示垃圾分类成果，让实行垃圾分类的居民感受到垃圾分类的成果。同时，加强与社区的联系，通过垃圾分类推动社区生活服务，通过社区生活服务促进垃圾分类。开展"先试点、后推广"计划，坚持先易后难，循序渐进原则，在条件成熟的小区进行试点，逐步扩大推广范围，制订切实可行的垃圾分类实施方案和执法监督计划，保证分类垃圾得到分类处理，并通过分类处理体系建设促进垃圾分类长效化。试点成熟后逐步扩大推广范围，由点到面，由面盖全。

资料来源：佚名. 物业如何做好垃圾分类管理工作［EB/OL］.［2019-04-25］. http://www.sohu.com/a/310262949_100089560.

（六）住宅小区的绿化管理

住宅小区的绿化管理主要是指加强小区的绿化工作和养护工作。绿化带、公共花园、道路两旁的树木、花草及小景点等都应有专人养护管理；小区内所有绿地不得占用或挪作他用，任何人都应自觉保护绿化及有关设施；禁止小区内的居民攀折树枝、花木，利用绿化地、树枝晾晒衣物或其他物品，踩踏草地等；对违章者应予以制止，并视毁损情况予以罚款。

（七）住宅小区的专项服务和特约服务

住宅小区的专项服务和特约服务是物业管理公共服务以外的服务。公共服务是全体住户都享受的服务，如公共区域的设备设施管理、安全保卫、卫生保洁、绿化等。专项服务是为一部分住户提供的服务，如车位出租、车辆管理、代订报纸和杂志、代邮寄信件和包裹、订送牛奶等。特约服务是应住户的个别约请而提供的服务，如打扫室内卫生、代换煤气罐、代出租房屋、代接送老弱病残、代接送小孩上学等。

（八）住宅小区的精神文明建设

住宅小区管理虽然重在对小区物业进行管理，但更需做好住户的工作，取得住户的配合与支持，要在专业管理中体现群众化。住宅小区物业管理的成效，在很大程度上取决于小区居民的生活方式、精神状态以及社会纪律、社会公德等。因此，做好小区的精神文明建设，既是社会主义精神文明建设的要求，也是促进小区管理工作的重要手段。

住宅小区管理机构要通过文化宣传、体育活动、社团活动等方式加强小区居民的团结，使其做到家庭和睦、以礼待人、助人为乐、讲究卫生、爱护公物、遵守公共秩序、遵守行为准则，从而全面推动住宅小区物业管理水平的提高。住宅小区的精神文明建设可以参照国家颁布的《全国城市文明住宅小区达标考评实施细则》，主要做好以下几个方面的工作：

（1）制定小区居民精神文明公约。

（2）开展文明单位（主要包括文明小区、文明楼、文明家庭和文明居民小组等）建设活动。

（3）开展社区活动，利用各种传媒工具和文娱活动场所组织各种公益活动。

（4）使小区居民能够遵守各项管理制度，文明居住，并能积极参加各项公益活动，邻里间团结友爱、互相帮助。

[知识链接 8-2]

开放式街区经典案例解读

"我家小区的围墙是不是要拆掉了？"日前，已建成小区逐步开放的消息一出，从网友到市民都炸了锅。事实上，这种看似新潮的开放式社区，其实很早以前就被报道过。

我国的封闭式小区历史要追溯到 20 世纪 50 年代，单位家属院这种建筑形式的出现，使得小区的雏形逐步显现。到了 20 世纪 90 年代，开发商为了提高环境品质，正式出现了封闭式小区。封闭式小区的优点缺点都异常明显，它有利于为小区居民营造一个相对安静、舒适的居住环境。但从另一个角度来说，封闭式小区又确实造成了城市空间的紧张。

随着大社区越来越多，道路系统形成很多"断头路"，道路的标线密度比较低，间隔比较大，造成了道路拥堵，造成了城市病。

如果我国要打开封闭式小区的围墙来做城市规划，恐怕首先要打开人们心中的心墙。所以，让我们来看一看国外的经典开放式街区的案例。

佛罗里达州 Seaside 小镇始建于 1980 年，是位于郊区的滨海居住度假小镇，该小镇是美国最早建立在新城市主义原则之上的社区之一，已经成为建筑学和城市规划等学科的幻灯片案例。Seaside 小镇也是开放式社区的最早践行者之一。

开放式社区的园林是开放的，交通也是开放的，可以做到公用、共享，这在经济节约型社会是非常有意义的。

交通的公用机制也会促使支路更好地发挥作用：忙时缓解交通压力，闲时发挥停车功能。

公共区域的园林由物业打理，同时，市政部门具有监督职能，能够保证园林的美观、整洁。

开放式社区的优点很明显：

（1）邻里空间更加开放，各个社区的交融比较多，社区活动参与度比较高。大家可以共同建社小区，不像封闭式社区只能听物业的。很多更有创意的玩法出现，不是很好吗？

（2）设施共享度更高。我们经常看到，有些小区的设施是闲置的，还有很些小区的设施没有达到应有的水平。开放式社区能够让资源共享，同时促使更多的人参与社区建设。

（3）停车位的增加无疑是最大的贡献之一。美国的这个社区甚至可以在公共区域停下飞机。

开放式社区的成功案例不只国外有，在以封闭式小区为主流的中国，也早有一些地产开发商把目标瞄向了开放式小区，比如深圳的万科城、上海的大华梧桐城邦等，这几个开放式社区都做得非常成功。

现在我们就讲讲国内开放式小区的典型案例——宜宾莱茵河畔小区（以下简称"莱茵河畔"）。这个小区已经成为当地一道靓丽的风景线。

整个楼盘内的道路全部向城市开放，住宅的安全防护体系后退至单元门口。住宅楼单元门直接朝向道路，俨然一副现代城市的街景。

那么宜宾当地的老百姓又是怎么评价这个没有围墙的小区的呢？

莱茵河畔被认为是当地最好的楼盘，"洋气、时尚"的同时，也兼具了"舒适、安全"。

环境卫生和绿化景观怎么样？莱茵河畔被评为"四川十大最美街道"。

物业管理怎么样？是否人员复杂，环境脏乱？早在2011年，莱茵河畔就荣获了"全国物业管理示范小区"的称号。门禁系统分级管理，非常安全。

至于封闭式小区中人们最大的心病——停车位，宜宾的莱茵河畔小区，非常有效地解决了这个问题。

白天来商业消费的消费者将车辆停在这里，傍晚开走；晚上下班的住户归来，清晨又驶出小区。两者互不冲突，车位利用实现了最大化。

开放式社区对于我国的主流社会来说是一个新的冲击，但也不得不承认在城市化进程中，这是一个很大的进步，也是城市化的必经之路。开放式小区这个概念我们不能一味地否定，而是要根据我国的实际情况，不断落实、完善这一新方向。无疑，未来在开放式小区这一概念中也蕴含着巨大的商机。

资料来源：万维设计. 开放式街区经典案例解读 [EB/OL]. [2021-07-22]. https://www.sohu.com/a/478947653_472448.

第三节　写字楼物业管理

"写字楼"一词是由国外传入的，这种物业按中国的习惯通常被称作办公楼，主要是作办公用途。写字楼内租户较多，出入人员复杂，因而管理起来难度更大。

一、写字楼的含义、类型和特点

（一）写字楼的含义

写字楼（Office Building）即办公用房，其使用者包括营利性的经济实体和非营利性的管理机构，它是随着经济的发展，为满足公司办公、高效率工作的需要而产生的。曾有人提出："写字楼的作用是集中进行信息的收集、决策的制定、文书工作的处理和其他形式的经济活动。"

现代办公楼正向综合化、一体化方向发展，由于城市土地紧俏，特别是市中心区地价猛涨、建筑物逐步向高层发展，使许多中小企事业单位没有足够的资金和精力修建独立办公楼，因此，房地产综合开发企业修建办公楼，分层出售、出租的业务迅速兴起。

（二）写字楼的类型

根据不同的分类方式，现代写字楼可以分为多种类型。

1.按建筑规模划分。

建筑面积在1万平方米以下的为小型写字楼，在1万～3万平方米之间的为中型写字楼，在3万平方米以上的为大型写字楼。

2.按功能划分。

写字楼按功能划分，可分为：单纯型写字楼，主要满足办公功能；商住型写字楼，既提供办公，又可在套内或楼内住宿；综合写字楼，以办公为主，同时具有休闲、娱乐、购物、金融、餐饮等多种功能。

3.按现代化程度划分。

写字楼按现代化程度划分，可分为：普通写字楼，即没有现代化功能的传统写字楼；智能化写字楼，即具有楼宇自动化系统（Building Automation System）、通信自动化系统（Communication Automation System）、办公自动化系统（Office Automation System）、消防自动化系统（Fire Automation System）、秩序维护自动化系统（Security Automation System）等高度自动化功能的写字楼。

4.按综合条件划分。

写字楼按综合条件划分，可分为：甲级写字楼，楼宇所处地理位置优越，交通条件良好，建筑物物理状况优良，建筑质量达到或超过有关规范要求，收益能力与新建同类写字楼相当；乙级写字楼，楼宇所处地理位置良好，建筑物物理状况良好，建筑质量达到有关规范要求，但建筑物功能不是最先进的，存在自然磨损，收益能力低于新建同类写字楼；丙级写字楼，楼宇使用年限较长，建筑物某些方面不能满足有关规范要求，建筑物自然磨损明显，功能陈旧，能够满足低收益承租人的需求，租金较低。

（三）写字楼的特点

一般来说，写字楼具有如下显著特点：

1.单体建筑规模大，机构集中，人口密度大。

写字楼多为高层建筑，楼体高、层数多、建筑面积大，办公单位集中，能聚集成百上千的各种公司机构，人口密度大，涉及面广。

2.装饰标准要求高、设备复杂。

为了吸引租户，显示其身份与高效办公需求，现代写字楼的外部大多会有独特的格局、色彩和装饰。同时，为了保证租户各个方面的需求，内部还需装备完善的设施，如给排水系统、供电系统、中央空调系统、秩序维护系统、消防系统、电梯系统、通信系统、照明系统、自控系统等。因此，也给维修、养护与管理带来了较大的难度。

3.功能齐全、自成体系。

现代写字楼一般还要拥有自己的设备层、停车场，以及商场、会议、商务、娱乐、餐饮、健身等工作与生活辅助设施，进而满足租户在楼内高效率工作的需要，这也造成其管理与服务内容的复杂化。

4.使用时间集中，人员流动大。

写字楼的使用时间主要集中在上班时间，由于机构集中，导致人员往来众多，写字楼管理应根据使用时间制定适当的办法，同时还应对往来人员进行有效控制。

5.地理位置优越，交通条件良好。

大多数写字楼都地处城市繁华地段，具有非常便利的交通条件，但也给交通管理带来一定的压力。

二、写字楼物业管理的模式

（一）自管式物业管理模式

这种模式是指写字楼的投资者在楼宇建成后围绕物业管理提出的要求和方方面面的业务，自行注册成立物业服务企业，对建成后投入使用的办公楼宇进行管理和经营，并与相关的专业公司建立业务联系。这种物业管理模式的优点在于：管理单位由于充分参与物业前期的规划、设计、施工、验收等全过程，对物业的情况了解比较清楚，包括楼宇的结构、设计的特点、施工的质量，以及上述方面存在的问题，都有透彻的了解，因此对情况比较熟悉，没有复杂的交接和磨合期，进入角色快，并在后期的管理中对物业的某些方面的不足能有所弥补。这种模式的局限是其在专业方面缺乏丰富的经验、技能技巧以及专用设备和工具，只能借助专业公司来协同完成。其形成一套成熟的管理制度和规范也需要一定时间的积累，并且在运作过程中通常费用较高，而效率也往往不能令人满意。在初期还可能因服务不到位、工作衔接等不好造成用户投诉较多。

（二）托管式物业管理模式

这种模式是指投资者在楼宇建成前后，直接选聘或通过招投标选定专门的物业服务企业，将管理写字楼的业务全权委托其承担，并用物业服务合同来明确和界定双方的权利、责任和义务关系。物业服务企业接受委托后，依据过去管理类似物业的经验和本写字楼的特点及物业服务合同的要求，对办公楼宇实施全面的管理和经营，并对其保值、增值向开发商全面负责。这种模式可充分发挥物业公司专业管理的优势，提高运营的效率，降低成本费用，特别是还可能借助比较著名的物业公司的品牌效应，提高办公楼宇的出租、出售率和相应的租金水平与出售价位。这种模式的局限在于物业公司对于办公楼宇的前期建设情况及存在的缺陷不了解，需要一个熟悉的过程，另外在物业出租过程中也存在很多问题。比较稳妥的办法是在办公楼宇建设前期甚至更早一些介入，为日后有针对性地、高效科学地管理本物业奠定基础。

三、写字楼物业管理的内容

针对写字楼自身的特点，在进行物业管理时，应着重注意以下几个重点内容：

1.保持清洁卫生

写字楼由于人员出入量大，极易出现脏、乱现象，必须保持大楼内、外清洁卫生。商场、电梯间、卫生间、公共区域的卫生每日由专人定时清洁。大楼外墙也应隔一段时间清洁一遍，以保持楼宇良好的外观形象。

2.保证水、电正常供应

写字楼内大公司聚集，人员众多，计算机、传真机、复印机等办公设备全天使用，如果水、电不能正常供应，将直接影响工作效率。因此，要重视对楼宇水、电设施的管理和维修，如对低压变电房、备用发电机组、电缆、电线、水泵、水箱、蓄水池、上下水管道等各项设施的管理和维修。

3.加强治安保卫工作

安全关系到物业服务企业的声誉。由于写字楼人员流动量大，且隐蔽死角多，必须加强治安保卫工作。对电梯间、楼梯间及各种隐蔽地方，秩序维护人员要定时巡逻检查，并建立严格的监督机制。工作日，要做好人员的出入管理和车辆的停放管理。节假日，对进入写字楼办公区域的人员要有严格的登记查证制度。

4.保证电梯正常运行

电梯是高层写字楼中最重要的交通工具。对电梯要制定严格的运营和养护制度。通过合理的运行和科学的养护，可以提高电梯的安全性，延长其使用寿命，达到节省开支、提高效益的目标。

5.确保消防安全

物业的消防工作非常重要，对写字楼来说更是如此。一旦发生火灾，扑救不及时，损失不可估量，因此必须要特别注意预防各类火灾的发生。高层楼宇造成火灾的因素很多，如管理不善、线路老化、意外因素等。物业管理工作中除了要保证消防设施的完好和消防通道的畅通外，还要加强对员工和用户进行防火教育和宣传工作。要建立起一支以秩序维护人员为主的业余消防队，遇到紧急情况，随时可以出动，以控制火势蔓延，减少损失。

6.做好应对突发事件的准备

由于写字楼结构、设备和人员的复杂性，物业服务公司必须时刻保持警惕，准备处理各种随时可能发生的事情，如电线短路、电梯运行中出现故障、发现火情、有刑事案件发生等。发生这类事情时，物业管理人员应冷静应对，将损失控制到最低，使业主和租户满意。

第四节 商业场所物业管理

商业场所包括各类商场、购物中心、购物广场及各种专业性市场等，其中，融购物、餐饮、娱乐、金融等多种服务功能于一体的大型商场物业也称公共性商业物业。

一、商业场所的含义和类型

（一）商业场所的含义

商业场所是指同时供众多的商品零售商或其他商业服务机构租赁并据此获取收益的大型经营性物业。

（二）商业场所的类型

（1）根据建筑结构的不同，商业场所可以分为敞开式和封闭式两种形式。前者由露天广场及低层建筑物等组成；后者是结构封闭的公共商业楼宇。

（2）根据建筑功能不同，购物中心可以分为综合型的专业购物中心和商住混合型的购物场所。

（3）根据建筑规模、辐射范围以及经营特点，购物中心可以分为：市级购物中心，其建筑面积通常在30 000平方米以上，服务范围可辐射整个城市，主要由一家或几家大型百货公司承租，并兼营其他服务；地区购物中心，其建筑面积通常在10 000～30 000平方米，服务范围为城市区域内的某一部分，主要由中型百货公司承租，并兼营其他服务；居住区商场，其建筑面积通常在3 000～10 000平方米，服务范围主要为某一居住小区，通常以日用百货商店或超市为主要承租人。

二、商业场所物业管理的内容

1.公共经营秩序的管理

要保证良好的公共经营秩序，就要对经营者的行为进行必要约束，可以通过租赁合同、规约的方式，明确业主、经营者与物业服务企业的责任、权利和义务，以此规范各方的行为；也可以由市场监督管理部门、物业服务企业、业主、经营者代表共同组成管理委员会，由管理委员会制定管理条例，以保证良好的经营秩序。在管理中，要特别注意做好各承租客户装修的管理。由于承租客户通常会根据自己的需要对承租的店铺加以装修，在此过程中有可能对房屋的设施、结构以及外观进行不当的改动，这样不仅会危害物业本身，还可能影响其他承租客户的营业。因此，对各承租客户的装修一定要严格管理，以确保设备设施的正常运行，减少对其他客户的影响，保持商业场所内外良好的整体形象。

2.秩序维护管理

商业场所面积大、商品多、客流量大，容易发生问题，因此秩序维护要坚持值班制度，并安排便衣秩序维护人员在场内巡逻，在关门时要进行严格的清场；在硬件方面，应设电子监视器和报警装置，确保商业场所的货品不会失窃。

3.消防管理

商业场所店铺多，有很多易燃物质和火源，特别是设有餐饮业的商业场所更增加了引发火灾的危险。因此，在商业场所除了配备完善的消防设施以外，还应当在各处设置明显的紧急出口标志，并且组织一支业余消防队，定期开展消防演习。在发生意外时，除了灭火外，还需引导、指挥、帮助顾客有秩序地疏散，将灾害损失降到最低限度。

4.设备管理

要做好设备管理工作，保证电梯、手扶电梯、中央空调、电力系统等设备的正常运行，以保证顾客的购物和商家的经营活动正常进行。

5.环境卫生管理

由于商业场所人多、废弃物多，对保洁工作有更高要求，要有专门人员负责场内流动保洁，把垃圾杂物及时清理外运，随时保持场内卫生。对商业场所外部所辖地面的保洁也很重要，要安排专门人员随时清扫，保持整洁外观，优化购物环境。

6.交通管理

方便的内外交通、足够的停车场也是商业场所的必要条件。物业服务企业应尽量争取公共交通在商场前设站牌，甚至可以自备客车在公共交通站和购物中心之间接送顾客。商场内要保持交通通畅，尽可能提供电梯与自动扶梯。购物中心要有足够的场地供停车用，并分别设置货车、轿车、自行车的停放保管区。

7. 租赁管理

商业场所物业管理的一项重要工作就是做好商业形象的宣传推广，扩大知名度，树立良好的商业形象，以吸引更多的消费者。与其他经营性物业不同，商业场所的物业服务企业不仅要保持物业高出租率，以维持自己的经营收入，而且还要关心、帮助承租各个店铺的客户，增加店铺的营业额。增加营业额的方法就是尽可能增加商业场所的人流量。为此，物业服务企业要为商业场所树立形象，经常组织各类促销活动，物业服务企业同时应树立鲜明、有特色的商场形象，以特色的商业标志、商品、服务和特殊的营销策略吸引顾客，并且在管理中要不断突出这些特色，以留住老顾客，吸引新顾客，形成稳定的客流，从而建立起良好的商业品牌形象。

第五节　工业区物业管理

一、工业区的类型和特点

（一）工业区的类型

工业区可分为如下几类：

（1）无污染工业区。进入工业园区的工业项目对空气、水不产生污染，亦无气味、无噪声污染。

（2）轻度污染工业区。进入工业园区项目不使用大量有毒、有害物质，不产生废水、废渣，不产生噪声污染，无燃煤、燃油的锅炉等设施。

（3）一般工业区。进入工业园区的工业项目必须设置防止污染设施。

（4）特殊工业区。进入工业园区的工业项目如大量使用有毒有害的化学品，则必须设置完善的防治污染设施。

（二）工业区的特点

（1）厂房建筑物标准化，功能齐全，适合工业化生产，采光、通风条件良好，便于分隔，配套设施完善。

（2）消防工作量大，容易出现问题，需要加强消防安全工作。例如，厂区内储存的易燃易爆物品和有害危险品，容易发生火灾和险情；生产企业随意搭建，共用部位与防火通道易受堵塞；因机器用电不当，容易引发火灾；消防设备种类不全和应急措施不落实会造成较大损失等。

（3）安全隐患多，注意排查。例如，笨重的机器与存放过量的货物超过楼面结构所能承受的荷载，就容易出现险情；机器运行时震动太大，会造成险情；在厂房进行间隔改造、安装设备时损坏厂房结构等也会造成险情。

（4）环保的工作量很大，污染问题难处理。厂房内机器的油污容易弄脏走廊等地方，而且厂房内人员众多，要保持厂房内外整洁的难度较大；生产过程中排放的有害气体、有害尘埃、噪声等要花费较多的人力和财力。

（5）建筑物易损坏，需要经常维修养护。由于厂房内机器的运行容易引起建筑物的震动，因此必须加强建筑物的保养和维修，确保工业区物业的安全。

二、工业区物业管理的含义和内容

（一）工业区物业管理的含义

工业区物业管理包括工业厂房与仓库等房屋建筑的管理，以及厂房、仓库以外工业区地界桩、建筑红线以内的给排水系统、围墙、道路、绿化等公共设施及场地的管理。

（二）工业区物业管理的内容

工业区物业管理的作用是使工业企业内部精简机构、节约成本，剥离企业的社会服务功能，让企业集中精力抓生产、促发展，促进企业后勤服务社会化、专业化。

要做好工业区物业管理必须努力扩大服务范围，让企业安心生产。工业区物业管理的服务范围可分为常规物业公共服务、延伸配套运营服务和延伸专业工程服务三大部分。

1. 常规物业公共服务。

包括治安保卫、环境保护、清洁卫生、绿化、公共设施（水电、空调、电梯、消防监控设施等）的巡视和维护、会务、报刊信件收发、出入口管理、车辆管理、厂房装饰装修管理、仓库管理、配餐和运输等。

2. 延伸配套运营服务。

受业主委托，承担商业、体育、娱乐等配套物业设施的运营，如工业区及配套办公生活区内的商场、超市、酒店、体育馆、电影院等。这些已远远超出了普通住宅物业管理的范畴，由于人力、精力、成本等的原因，工业区物业业主往往直接将配套的"第三产业"部分乃至全部委托给提供基础物业服务的物业服务企业运营管理。

3. 延伸专业工程服务。

延伸专业工程项目主要有厂房和生产设备设施的安装、修理、改造，专业清洗和特种保洁等。一些业主将延伸专业工程项目也交给物业服务企业来做，这种延伸专业工程项目直接接触业主的核心生产操作部分，物业服务企业几乎成了业主的一部分，与业主"融为一体"。

（三）工业区物业管理的要求

（1）安全第一。由于产品生产的特殊性，企业经常需要使用和存放一些易燃易爆材料，为了厂区和员工人身安全，必须制定严格的易燃易爆和其他危险品（如放射性物质）的使用、保管制度，严格执行岗位责任制和专人定期检查制度，以消除安全隐患。

防盗工作也是工业区物业安全管理工作的重要工作之一。如果产品和原材料丢失或损坏，会给企业造成经济损失，尤其是一些特殊的材料，因此，对各种成品、半成品、原材料应制定严格的保管制度，以及货物进出厂区和仓库的登记管理制度。

（2）保证道路畅通。工业区内的交通是否畅通，关系到原材料是否能够顺利到达生产厂区，关系到企业生产的产品能否及时送出。因此，要做到厂区内的货物存放井然有序，装卸货物必须在指定区域内进行，不得妨碍其他企业的生产经营秩序和区内的整体交通秩序。

（3）美化环境，文明生产。厂区的绿化美化，是现代工业生产的标志之一。做好工业区绿化美化，既可以为员工提供一个良好的生产工作环境，又有利于提高工作效率，减少工伤事故的发生。另外，科学、合理地绿化环境，也是防治工业区空气和噪声污染的一项经济有效的措施。

（4）保证重点设备的正常运行。水电供应是工业区各企业进行正常生产经营的基础，因此，工业区物业管理水电供应设备要进行有计划的保养检修，确保其性能完好和正常运行。

电梯是工业区多层楼式厂房和仓库的垂直运输工具，如电梯发生故障，将会使产品或原材料无法按时到达各个部位，妨碍生产的顺利进行。

工业区内各种管网是为各企业的生产提供能源、排放废水的必要设施，因此，也要按计划进行定期和不定期的精心养护和维修，以确保这些管网的畅通。

[案例分析 8-2]

某园区业主正陪同老年夫妇在该园区商业街休息，此时商业街的遮阳伞被突然刮来的一阵大风吹起，伞杆中间脱开，伞杆上半部正巧砸到桌子西侧的老人，致使其额头浮肿。老人要求物业公司赔偿。请分析此案例对物业公司有哪些启示。

分析：遮阳伞自身存在结构缺陷（上半部分直接插入下半部分，中间为套管连接，无任何措施固定），易脱开，但物业工作人员在进行巡查时只是单纯地用肉眼来观察此类设施有无破损，并没有对伞的牢固性进行测试，因此没有意识到也没有发现这里面存在的安全隐患。此案例的启示如下：

（1）园区内有一些日常不太引起关注的公共设施，如遮阳伞，悠闲椅等，从表面上看，对业主造成的安全隐患可能并不大，但是由于被频繁使用，实际上也是存在较大隐患的。对这些设施的巡查要点和频次要建立相应的标准。

（2）对于公共设施的日常巡查不只是进行一些简单的目视，而应该从客户的角度，去亲自体验一下，如坐坐休闲椅，看看是否稳固；摇摇遮阳伞，看看是否会脱落；试试办公室投影仪的遥控开关是否好用等。只有这样，才可能提前发现客户未发现的问题，并作出相应的改进。

（3）在购买或者从地产公司移交这些物品时，要进行质量检查，避免购买或移交不合格的物品并由此产生安全隐患。

第六节　医院物业管理

一、医院物业管理的含义和特点

（一）医院物业管理的含义

医院物业服务是指物业服务企业依据服务合同，运用现代化管理手段和专业技能，为医疗机构的诊疗活动提供支持和保障的服务，即物业服务企业在医院开展的传统基础服务及医院后勤延伸服务的总和。

（二）医院物业管理的特点

（1）服务对象的特殊性。医院物业服务的对象包括医护人员、医疗服务人员、病患、家属及陪护人员，人群属性不确定性极强，增加了医院物业服务的难度。

（2）服务项目的专业性。由于医疗卫生事业的特殊性，医院物业服务的专业性非常强。另外，由于服务专业性比较强，服务标准比较严，因此服务人员必须要经过专业的培训才能上岗工作。以保洁服务为例：要根据不同功能划分清洁区、半污染区及污染区等区域，避免不同区域之间的交叉感染风险。病房、大厅、手术室等不同区域的服务标准和服务流程都存在较大差异。

（3）服务环境的风险性。医院物业服务环境具有以下几个风险：一是医院的病原菌扩散交叉感染风险。医院人流量大，病人呕吐物、排泄物、分泌物的污染发生频次高，交叉感染风险无所不在、无时不在。对物业服务人员来说，要提高自我防护意识，严格执行消毒和防护制度，做到保洁工具严格区分，不能混淆使用，且要有明显颜色标识。手术室、产房、重症监护室等特殊科室应配备专用保洁工具，必要时配备专职保洁服务人员。二是设备运行的连续性和不间断风险。医院的一些特殊设施设备必须保持24小时不间断运行，如出现故障，除非重大紧急情况，否则不能采用停水、停电等方式进行维修，以保证病人在手术中的生命安全，否则会造成无法挽回的后果。三是医患矛盾，易发生纠纷风险。如遇病患者出现意外等情况，物业人员既要有理智的头脑，又要有灵活应变的能力，一旦发生突发事件，要耐心劝阻当事人，控制事态发展，缓解矛盾冲突，及时报告相关情况。同时注意防范自身风险，如清洁湿拖地面应正确摆放安全警示标志，预防自身和他人由于地面湿滑发生意外事故等情况。

（4）服务后勤的保障性。物业服务企业要依据物业服务合同约定，运用规范化、标准化管理方法，为医院正常运行提供基础服务保障和支撑，为医护人员和病患者提供良好的诊疗就医环境，确保医院各项活动的正常运行。从医院医疗保障的角度分析，医院物业设施设备需要持续、稳定地安全运行；从人员安全保障角的度分析，医院作为人员比较密集的场所，消防和治安要求比一般公共场所更加严格。

为医院提供服务的物业服务企业，核心的目标是满足院方发展及保障诊疗工作的要求。因此，深入研究医院物业服务的特点，了解医院项目对物业管理服务的特定要求，并制定相应的方法策略，是物业服务企业开展各项工作的前提，也是实现客户满意的必要途径。

二、医院物业管理的内容

（一）房屋及附属设备设施的维修养护与运行管理

房屋及附属设备设施的维修养护与运行管理主要包括对房屋建筑、中央空调系统、锅炉、高低压配电系统、备用发电机、消防报警系统、给排水系统、电梯、水泵系统、照明系统、污水处理系统、楼宇智能系统、通风系统、制冷设备、广播系统、停车场（库）等的维修养护和运行管理。保证24小时的水、电、气、热供应，以及电梯、变配电、中央空调、锅炉房、氧气输送系统等的正常运转。电梯运行有专职人员提供站立服务，层层报站，做到微笑服务。

　　物业管理企业应根据医疗要求和设备运行规律做好维修养护计划，提高维修养护的效率，保证设备设施的完好率，不得出现任何有损患者的安全事故。物业维修技术人员必须有一定的理论水平和丰富的实践经验，在出现紧急情况时能采取有效的应对措施。

　　（二）安全保卫服务

　　安全保卫服务主要包括门禁管理、消防安全巡查、安全监控、机动车辆及非机动车辆管理、处理突发事件等，尤其要做好手术室、药房、化验室、太平间、财务室等重要或特殊区域的安全防范工作。保安部门要加强对医护人员的安全保护，对于打架、斗殴或发生医疗纠纷的情况，要及时、慎重地进行处理。加强对医院出入口的监控，有效开展防盗工作，防范治安刑事案件。

　　定期组织消防安全工作检查，彻底消除消防安全隐患。要配备专职的消防工作人员，成立义务消防队伍，进行消防业务知识培训，定期开展消防演习。

　　（三）环境管理服务

　　医院的卫生保洁工作主要包括对医院各病区、各科室、手术室等部位的卫生清洁，对各类垃圾进行收集、清运。在垃圾处理时要区分有毒害类和无毒害类，定期消毒杀菌。医用垃圾的销毁工作要统一管理，不能流失，以免造成大面积感染。

　　医院的保洁人员应具备较高的素质，掌握基本的医疗医护知识，清楚遇到突发性事件的处理程序，严格遵守医疗医护消毒隔离制度。保洁人员要勤快，做到随脏随扫，同时保持安静的就医环境。负责消毒杀菌的工作人员必须熟悉院区环境，掌握四害常出没的地点，熟练使用各种消毒杀菌药物，保证院内没有虫鼠传播病菌和白蚁侵食物业设施。

　　有效开展对医院公共区域的绿化美化工作，定期对树木和绿地进行养护、灌溉和修剪，杜绝破坏和随意占用绿地的现象。

　　（四）洗涤服务

　　洗涤服务主要包括病区脏被褥用品的收集、清点、分类放袋、分类处理等，传染性及被血、便、脓污染的衣物要密封；回收各类被褥、工作服，进行洗涤，病人衣服与医护人员工作服要分开，遵守衣物分类洗涤原则，回收的脏被褥要及时消毒浸泡；干净被褥的分类、分科、各病区干净被褥的分送，要按时下发到科室，并做好清点登记；每天做好破损物品的修补等记录。

　　（五）医院的膳食管理

　　物业服务企业可以在医院的委托下，开展膳食管理。医院膳食管理不同于一般餐饮经营，主要是满足患者的医疗康复、职工的生活服务和院内的综合服务这三个方面的要求，除追求色、香、味之外，更应该注重营养搭配和医疗辅助作用。医院的膳食服务要做好从采购、制作到销售过程的卫生监管，绝对不能出现任何的食品安全事故。

　　（六）护工服务管理

　　物业服务企业可以根据医院物业服务合同的要求，为患者提供护工服务。护工服务是医院物业管理的特色，是对医院和护士工作的延续和补充。通常由专业护工为病人提供生活护理、心理护理、健康宣教、饮食指导、病情观察等服务。护工一般应具有一定的医学专业知识和技能，在护士长和护士的指导下，8小时工作制3班运转或12小时工作制2班运转照顾病人的生活起居。

[实战演练 8-1]

物业服务微创新案例：打造医院物业管理卫生间文化

存在问题：医院卫生间的清洁度、舒适度直接影响着患者的就医体验。但由于使用人群特殊并且人流量大，医院卫生间易滋生蚊蝇，从而造成有害细菌和病毒的传播。

解决办法：某物业公司从硬件和软件两方面严格整改，效果突出。在硬件方面，完善医院卫生间硬件设备设施：安装定时喷香器，保持卫生间清新无异味；安装儿童护理台和儿童安全座椅，为携带小孩的患者或患病的儿童提供便利；安装"小心地滑"提示牌，提醒患者注意安全。在软件方面，完善提升管理水平：对门诊、急诊等重点卫生间的保洁工作流程进行改进，确保卫生间的保洁频次；在门诊卫生间增设专职管理人员，对卫生清洁状况进行监督和检查；安排专人对重点卫生间进行清洁，及时发现和处理问题，始终保持洗手间无异味、地面无水渍和污渍；制定"卫生间签到表"，督促保洁人员定期对卫生间进行保洁作业；自筹经费采购一批发财树，对卫生间进行装点，为医患营造舒心的如厕环境。

取得成效：通过适度的人力和资金投入，让医院卫生间实现了空间宽敞明亮、设备设施齐全、地面干净、空气清新的服务目标，得到了院方及患者的赞誉。

启示：物业管理无小事。物业管理细节体现了物业从业人员的素质，服务水平的高低，也影响着物业管理公司的企业形象。服务无止境，物业服务企业需要不断创新，做到精益求精，才能适应行业发展需要。

资料来源：作者根据相关资料整理所得.

📢 本章小结

本章主要介绍了物业分类管理及主要类型物业的管理服务基本知识，是对物业管理基本理论和方法的具体运用。本章首先介绍了物业分类管理的含义、特点，物业分类管理的必然性，介绍了物业按照用途划分的几种类型；然后，分别介绍了住宅小区、写字楼、商业场所、工业区、医院物业管理的含义、特点和内容。

◎ 主要概念

物业分类管理　住宅小区　写字楼　商业场所　工业区　医院物业管理

💡 基础知识练习

一、单项选择题

1.按照（　　　）可将物业划分为居住物业和非居住物业。

A.物业的用途　　　　B.物业流程　　　　　C.物业规划　　　　　D.物业分类

2.（　　　）是指能够带来经济效益的商务场所，包括商业场所（卖场）、写字楼、贸易中心、会展中心、餐饮服务场所等。

A.居住物业　　　　　B.工业物业　　　　　C.特种物业　　　　　D.商业物业

3.中型写字楼建筑面积一般在（　　　）平方米。

A.1万～2万　　　　　B.1万～3万　　　　　C.2万～3万　　　　　D.3万

4.写字楼物业管理的方式可分为委托服务型物业管理和（　　　）。

A.委托经营型物业管理　　　　　　　　B.自主服务型物业管理

C.自主经营型物业管理　　　　　　　　D.委托职能型物业管理

5.地区购物商场的建筑规模一般在（　　　）平方米。

A.1万～2万　　　　　B.1万～3万　　　　　C.2万～3万　　　　　D.3万

二、多项选择题

1.根据建筑规模、辐射范围以及经营特点，购物中心可以分为（　　　）。

A.市级购物中心，其建筑面积通常在30 000平方米以上

B.地区购物中心，其建筑面积通常在10 000～30 000平方米

C.居住区商场，其建筑面积通常在3 000～10 000平方米

D.社区商店，建筑面积不等

2.工业区的类型分为（　　　）。

A.无污染工业区　　　　　　　　　　　B.轻度污染工业区

C.一般工业区　　　　　　　　　　　　D.特殊工业区

3.工业区物业管理的要求包括（　　　）。

A.安全第一　　　　　　　　　　　　　B.保证道路畅通

C.美化环境，文明生产　　　　　　　　D.保证重点设备的正常运行

4.根据建筑结构的不同，商业场所可以分为（　　　）。

A.敞开式　　　　　B.封闭式　　　　　C综合型　　　　　D.商住混合型

5.物业分类管理以追求业主和物业使用人的满意和物业服务企业自身的效益为目标，这是由物业管理的行业独立性和物业服务企业的独立法人实体的性质决定的，是物业分类管理的（　　　）特点。

A.主体的多样性　　　　　　　　　　　B.对象的特定性

C.活动的竞争性　　　　　　　　　　　D.目标的双重性

三、判断题

1.按建筑面积划分，大型写字楼的建筑面积一般在4万平方米以上。（　　　）

2.写字楼的特点是单体建筑规模大，机构集中，装饰标准要求高，设备复杂，功能齐全，使用时间集中，人员流动大，地理位置优越，交通条件良好。（　　　）

3.工业区物业管理的要求是环境卫生第一。（　　　）

四、简答题

1.简述物业分类管理的含义与特点。

2.住宅小区物业管理的特点是什么？

3.写字楼物业管理的模式有哪些？

4.商业场所的类型有哪些？

5.医院物业管理的特点是什么？

⊙ 实践操作训练

【实训情境设计】

假如你是某物业公司一住宅小区项目的负责人，准备为该项目申报市级"物业管理优秀住宅小区"称号，试了解相关程序和要求，并准备相应材料。

【实训任务要求】

1. 了解物业所在城市申报市级"物业管理优秀住宅小区"的条件；

2. 了解申报程序和需要提交的材料；

3. 了解评选标准、评分细则和程序。

【实训提示】

1. 到市房地产行政管理机构或登录其网站了解评选的程序及要求；

2. 根据要求准备相关材料。

【实训效果评价表】

将实训效果量化，参照表8-1进行评价。

表8-1   实训效果评价表

评价内容	分值（分）	评分（分）
申报项目需要具备的条件	20	
申报程序要求	20	
评选的标准	20	
需要提交的材料	40	
综合评价	100	

注：考评满分为100分。60分以下为不及格；60~69分为及格；70~79分为中等；80~89分为良好；90分及以上为优秀。

拓展阅读

智慧社区

主要参考文献

［1］裴艳慧，伍爱春．物业管理招投标实务［M］．北京：北京理工大学出版社，2021．

［2］苏宝炜，李薇薇．物业管理笔记［M］．北京：中国铁道出版社，2021．

［3］国务院法制办公室．《物业管理条例》注释与配套［M］．北京：中国法制出版社，2019．

［4］邵小云．物业管理实用流程制度表格文本（实战精华版）［M］．北京：化学工业出版社，2019．

［5］靳勤，黄安心．物业管理基础［M］．武汉：华中科技大学出版社，2021．

［6］福建省物业管理协会，福建江夏学院工商管理学院．物业服务项目管理实务［M］．厦门：厦门大学出版社，2021．

［7］殷闽华，刘秋雁，周建群．物业管理案例分析［M］．北京：中国建筑工业出版社，2022．

［8］鲁捷，于军峰．物业管理实务［M］．北京：北京交通大学出版社，2021．

［9］张雪玉．物业环境管理［M］．北京：北京理工大学出版社，2022．

［10］张晓荣．智慧物业管理平台的设计与应用［J］．中国物业管理，2023（02）．

［11］隋海泉．物业管理公司绩效考核工作研究［J］．商讯，2023（03）．

［12］杨春雷．物业管理企业并购中的财务风险及应对措施探讨［J］．企业改革与管理，2023（02）．

［13］唐靖．物业管理企业经济管理工作现状及优化策略探讨［J］．企业改革与管理，2023（02）．

［14］施薇．看物业管理行业八大趋势［J］．城市开发，2023（01）．

［15］杨智敏，董晨曦．构建物业管理长效机制［J］．城市开发，2023（01）．

［16］程鹏．关于物业管理行业高质量发展的两点建议［J］．城市开发，2023（01）．

［17］许茜．《物业管理投标书编制实训》课程的设计思考［J］．城市开发，2023（01）．

［18］刘翠霞．写字楼物业管理成本的控制策略探析［J］．城市开发，2023（01）．

［19］陈斌．物业管理行业的新变化及应对建议［J］．中国物业管理，2023（01）．

［20］陈佳佳．新时期，物业管理价值体现［J］．城市开发，2023（02）．